辽宁省高等学校优秀人才支持计划资助

从"世界观哲学"的演进
看马克思"新世界观"的实质

CONGSHIJIEGUANZHEXUEDEYANJIN
KANMAKESIXINSHIJIEGUANDESHIZHI

陈丽杰　著

中国社会科学出版社

图书在版编目(CIP)数据

从"世界观哲学"的演进看马克思"新世界观"的实质 / 陈丽杰著 .
北京：中国社会科学出版社，2013.11
ISBN 978-7-5161-3453-5

Ⅰ.①从…　Ⅱ.①陈…　Ⅲ.①马克思主义哲学—研究
Ⅳ.①D8-0

中国版本图书馆 CIP 数据核字(2013)第 252186 号

出 版 人	赵剑英	
责任编辑	冯春凤	
责任校对	胡新芳	
责任印制	王炳图	

出　　　版	中国社会科学出版社	
社　　　址	北京鼓楼西大街甲 158 号（邮编100720）	
网　　　址	http://www.csspw.cn	
	中文域名：中国社科网　010-64070619	
发 行 部	010-84083685	
门 市 部	010-84029450	
经　　　销	新华书店及其他书店	

印　　　刷	北京君升印刷有限公司	
装　　　订	廊坊市广阳区广增装订厂	
版　　　次	2013 年 11 月第 1 版	
印　　　次	2013 年 11 月第 1 次印刷	

开　　　本	710×1000　1/16	
印　　　张	15.25	
插　　　页	2	
字　　　数	280 千字	
定　　　价	45.00 元	

目　录

序

对哲学的阐释有诸多的框架和路径，这意味着哲学或许可以从各种不同的角度来探讨。例如在希腊哲学的发展中，似乎呈现出一种特有的，并与当时的精神境遇和价值追求相吻合的哲学形态或者哲学样式。在希腊哲学的发展初端，对"始基"的探讨蕴含着对哲学初始形态的理解，并在相当的程度上制约着对以后哲学发展的内在轨迹和潜在走向。在这里，可以列举出一个哲学类型的"范本"，借助这一"范本"的本真规定和历史延异的过程分析，或许能够在比较内在的前提下，进一步管窥到哲学发展的潜在机理和特有的运行方式。

本书研究的主要问题是对西方形而上学的推进中，始终存在着一个哲学本身和世界观的相互关系的问题。本书研究的一个哲学范例就是要揭示出对哲学本身与世界观之间的二者相互关系及其历史演进的发展逻辑。众所周知，哲学和世界观的概念是有着历史的间距的，哲学特别是本体论概念和古希腊哲学是同源的，而世界观的概念的产生与近代哲学的发展，特别是与康德哲学提出的"时间"范式和先验前提密切相关。因为最早的哲学起源于古希腊时期的自然哲学，由自然哲学渐次发展到巴门尼德的"存在"概念，进而确立了柏拉图和亚里士多德的形而上学体系，经历过一个精神不断地提升之过程。其实，无论理念论的设计抑或是形而上学的框架都在相当的程度上勾画出哲学的早期图景和超验性的价值。就实质来说，最早呈现的这些形而上学奠基方式都在本质上映现出在哲学规定中所包含着的世界观功能。本书研究的一个重要成果就是指出，在哲学演进的历史与逻辑中，哲学作为关于人与世界关系的理论表达和设计思路，一直都具有着"世界观"的一般属性，尽管在相当一段时间之内，哲学理论之中没有"世界观"的概念，但哲学一直以"本体论"的形式为人类承担着对"整体"、"无限"的世界做出"终极解释"的任务，本体论哲学与"世界观"也就具有了内在的通约性。"世界观哲学"也因此可以看作人以反思方式对世界终极性存在的确认、理解的理论表达。

本书的立意是新颖的，论证的思路是缜密的，立论的前提是充分的，得出的结论是比较令人信服的。进一步的分析似乎还表明，对哲学与世界观二者关系还有拓展的理论空间。例如，哲学的概念和世界观的概念既存在着历史的间距，又存在着内涵阐释方向的区别。按照康德的理解，对人的本性的先验结构的分析证明，感性和理性以及超验性的特点确认了人的本性的特点。对康德来说，世界观与近代哲学理解的图式有关，世界观概念的出现与人和时间的对峙相连。这样看来，世界观本身在一定程度上与经验的方式有着关联。进一步的分析会在新的层面上理解德国古典哲学的实质和马克思哲学的价值。本书在新的论证基础上，从马克思"新世界观"内含哲学的批判精神、理想精神和超越精神的视域上指出，马克思的"新世界观"作为其所处时代的"精华"，仍然为人类提供哲学的反思层次上"世界"的图景，因此，"新世界观"在某种意义上还是"哲学"；但由于"新世界观"更具有不同于传统"世界观哲学"的现实性、实证性和历史性的特点，从根本上区别并超越了传统"世界观哲学"，"新世界观"实质已经"根本不再是哲学"，而只是"世界观"了。

作者陈丽杰是鞍山师范学院的教授，在对马克思主义哲学的理解和马克思主义理论的当代阐发中有着自己的独特把握和阐明。她在攻读博士学位期间，努力钻研，深入思考，逐渐形成了自身独特的研究视角和分析的理论框架，并在此期间发表了一系列与博士学位论文相关的学术成果，产生了比较好的学术反响。当然，从另外一个方面看，她还有进一步在学术研究中的发展潜质。而且，在对马克思哲学的研究中，还需要在一些比较重要的问题上深入探究，勇于创新。例如，在对"世界观哲学"和马克思的"新世界观"的历史关联和二者的本质差别上还有进一步思考的空间。希望她努力前行，艰苦跋涉，在对马克思主义哲学的创新探讨方面取得新的进展。

陆杰荣

2013 年 9 月于辽宁沈阳

摘　要

　　在哲学演进的历史与逻辑中，哲学作为关于人与世界关系的理论表达，一直具有"世界观"的一般属性，尽管在相当一段时间内，哲学理论中没有"世界观"的概念，但哲学一直以"本体论"的形式为人类承担着对"整体"、"无限"的世界做出"终极解释"的任务，本体论哲学与"世界观"也就具有了内在的通约性。"世界观哲学"也因此可以看作是人以反思方式对世界终极性存在的确认、理解的理论表达。然而，内在于意识之中的"哲学"所信守的那种不变的"世界观"解释，在面对意识之外不断变化的现实世界时，客观上必然引发哲学的"世界观"发生变化。"世界观哲学"一次次否定曾经的"解释"并返回"原初"，走入了循环解释的"怪圈"。马克思"新世界观"超越了传统"世界观哲学"的局限，开启了现代哲学发展的新途径。无论在理论意义上还是在现实意义上，马克思的"新世界观"都具有萨特所说的"不可超越性"，这也是引发国内外学术界对马克思"新世界观"持续关注以及本书从"世界观哲学"演进的角度对马克思"新世界观"实质进行系统研究的原因所在。

　　本书从西方传统哲学与"世界观"的关系入手，阐释了传统"世界观哲学"如何以内在于人的意识之中的预设的、永恒的、抽象的"本体"解释现实世界存在与变化并表达人与世界的关系，梳理了传统"世界观哲学"在传统本体论、近代知识论和德国古典哲学阶段的精神主旨、理论特点和演进变化。指出在传统本体论哲学阶段，人们从人自身之外寻找整体世界的根据，并以超验的、预设的、永恒的、绝对的"本体"作为解释世界上其他存在的"终极根据"，从而以"本体论"思维方式将"世界观"与哲学牢固地联系在一起，导引着后世哲学以此理路构建出多种解释世界的哲学理论。近代知识论哲学因人的自我意识的提升，将人的思维与存在剥离开来，强调主体与客体的符合从而保证认识世界的有效性，从而将世界划分为主体与客体相对立的二元世界。因此，近代知识论哲学的"世界观"开始打上了"自我"的烙印，并增加了人的感性因素的成分。德国古典哲学是对人与世界的历史性、现实性予以思辨思考的"世界观哲学"。康德确定了"实践理性"高于"理论理性"的原则，从而也就确定了人在现实世界自由行动的合法性。黑格尔确立客观的"绝对精神"为世界的最高存在，又以辩证法将历史现实融入"绝对精神"的自我异化、自我扬弃、自我实现的过程之中，这样黑格尔就以辩证法化解了现象世界与本体世界的对立，实现了主观与客观、主体与客体的抽象统一，从而将传统"世界观哲学"推向了最高峰。然而，无论传统"世界观哲学"怎样变换形式，传统"世界观哲学"的本体论思维方式始终将"世界观"置留在哲学抽象意识的规定之中，从而造成了人与世界的现实性、历史性的缺失，丧失了哲学"改变世界"的功能。

正是基于这种对传统"世界观哲学"的认识与理解，本书着重阐述了马克思对传统"世界观哲学"的批判，对比分析了传统"世界观哲学"和马克思"新世界观"在理论出发点、思维方式和理论任务上的不同，详细论述了马克思"新世界观"内在的唯物史观与人本学相统一的基本性质，呈现出现实性与理想性、实证特点与形而上维度、历史现实与哲学性质相统一的主要特点。通过一系列的论述、分析，本书指出从马克思"新世界观"内含哲学的批判精神、理想精神和超越精神的特殊性上看，"新世界观"作为其所处时代的"精华"，仍然为人类提供哲学的反思层次上"世界"的图景，因此，"新世界观"在某种意义上还是"哲学"；但由于"新世界观"更具有不同于传统"世界观哲学"的现实性、实证性和历史性的特点，从根本上区别并超越了传统"世界观哲学"，"新世界观"实质上已经"根本不再是哲学"，而只是"世界观"了，因此，"新世界观"具有传统"世界观哲学"不可比拟的理论价值和现实意义。

ABSTRACT

In the history and logic of the evolution of philosophy, as the theoretical expression of relationship between human and the world, philosophy is always being of the common nature of "worldview". Though there has been no the notion of "worldview" for a very long time, philosophy has always been engaging the task of contributing "the ultimate interpretation" of "the whole" and "the infinite" in the form of "Ontology" for the human being. Thus the intrinsic commensurability comes into being between "Ontology" and "worldview". "The worldview philosophy" could be taken as the theoretical expression of the conformation and understanding of the ultimate existence of the world in a reflective way of thinking. However, the changeless explanation of "worldview" embraced by "the philosophy" inherent in the mind, facing the always changing real world outside the mind, must be induced to change. "The worldview philosophy" denied past interpretation and turned back to the very beginning again and again, being in the vicious circle of cycling interpretation. Marxs "new worldview" surmounts the limitation of traditional "philosophy of worldview", creating a new way for the development of modern philosophy. Either in theoretical or realistic meaning, Marxs "new worldview" is of the nature of "unsurpassable" (Sartre) ; and this is also the reason why it has caused continual interest at domestic and overseas academia and the authors systematical studying from the evolution of "the worldview philosophy".

Starting with the relationship between western philosophy and "worldview", the author explains how the traditional "worldview philosophy" interpreted the existence and changes of real world and expressed the relationship between human being and the world, by a foregone eternal abstract "noumenon" which is inherent in the mind. The author also unscrambles spiritual explanation, theoretical characteristics and evolution of "traditional worldview philosophy" in the phases of ancient Ontology, modern epistemology and German classic philosophy. The author points out that people were in search of the basis of the entire world outside them and saw the ultra foregone eternal abstract "noumenon" as the "ultimate basis" to explain the others existence in the world, therefore they link "worldview" to philosophy firmly by the thinking mode of "ontology" and they steer the future philosophy to construct a series of philosophy theories to explain the world through this line of thinking. The author also points out that because of the promotion of peoples self-awareness, modern epistemology philosophy separates peoples thinking and existence and puts emphasis on the coherence of subject and object in order to ensure the validity of realizing the world ; then it divides the world to be a dualistic world in which subject is in opposition to the object. From then, modern epistemology philosophy bears the stamp of "egoism" and adds the elements of peoples perceptual factors. German classical philosophy is "worldview philosophy" which speculates on the historicity and reality of human being and the world. Kant set up the principle that "rational practice" is above "rational theory" and this principle decides the validity of freedom of people in the realistic world. Hegel takes the objective "absolute spirit" as the highest existence of the world and he merges the history reality with the course of self-dissimilation, self-abrogation and self-realization of "absolute spirit" through dialectics. Therefore, Hegel eases and irons out differences between the phenomenon world and the noumenon world, realizes the absolute unification of subject and object and advances the traditional "worldview philosophy" to the peak. However, the ontological mode of thinking of traditional "worldview philosophy" limits "worldview" to the rules of abstract awareness of philosophy, which causes the loss of reality and historicity of human being and the world as well as the loss of function that philosophy "changes the world".

Based on the realization and understanding of the traditional "worldview philosophy", the author puts great emphasis on Marxs criticism of traditional "worldview philosophy", analyses the differences of theoretical starting points, ways of thinking and theoretical tasks and discusses in detail the basic nature of Marxs "new worldview", i.e. the intrinsic unity of historical materialism and humanism, showing the unity of reality and idealization, positivism and abstract, historical facts and philosophical natures. By the systematical discussion and analysis, the author points out that Marxs "new worldview" which was the essence of the age is still providing image of the world at a philosophical reflective level from the inherent philosophical criticism, idealism and surpassing nature. Thus "new worldview" is still philosophy in a sense. However, with the characteristics of reality, positivism and historicity, it is thoroughly different from and surpasses traditional "worldview philosophy". The essence of "new worldview" is no longer philosophy at all, but just a worldview. Thus the "new worldview" is of theoretical and realistic meaning which is unmatched to traditional "worldview philosophy".

第一章　绪论

哲学作为一门古老的学科，它所关注的对象从来没有离开过人与万物共同组成的"世界"。因此在相当一段时间内，尽管在哲学理论之中没有"世界观"的概念，但哲学一直以独特的形式（"本体论"）为生活在有限的、现实的世界中的人承担着对无限的、理想的世界做出"终极解释"的任务。也就是说，哲学既要解决人在"现实的"物理世界所面临的问题，也要解决人在"理想的"信仰世界想要实现的问题，要对人的"现实"和"理想"做出统一的回答，因此，哲学从产生之初就以兼具科学与神学的双重品性表达着人类寻找真实世界、解释表象世界的美好愿望。从词源学上看，哲学实质上是人"看"（seeing 也就是"观"）世界的方式，是人的视觉能力的一种表现。然而，人"观"世界总是希望到变化着的现象世界后面寻找变化的原因和根据，于是人不再简单地以眼睛去"观"世界，而是用心灵理智去"观"世界，就有了与表象相对应的理念（idea），就有了 eidos 的原初含义。古希腊哲学确立了现象世界之后的"本体"世界是世界存在与变化的根本原因的哲学理路，哲学被等同于本体论（或者说是形而上学），本体论哲学与"世界观"也就具有了内在的通约性，"哲学的目的就是树立世界观"[①]。而"本体论是一种理论化的世界观"。[②]但从"世界"概念的构成来看，"世界"具有"时间"和"空间"的双重规定，"时间"是流动的，"空间"是变化的。同时，"世界观"是"人""观世界"的一种认识与理解，也要受到"观世界"者的主客观条件的限制。因此，传统哲学那种以预设的、不动的"本

---

① 大卫·K. 诺格尔：《世界观的历史》，胡自信译，北京大学出版社 2006 年版，第 153 页。
② 张志伟等：《西方哲学问题研究》，中国人民大学出版社 1999 年版，第 89 页。

体"承担解释变动的"世界"的理论,与变动的现实"世界"并非一致,甚至出现"背离"。不同时代的哲学家对"世界"做出了各不相同的"理想化"的解释,哲学也一次次否定曾经的"解释"并返回"原初",重新赋予"世界"新的规定,哲学也因此表现出"非直线"的发展状态。如何突破传统哲学的"怪圈",科学地回答人的"现实"与"理想"是现代哲学的共同主旨。马克思在总结传统哲学发展的基础上,以特有的敏锐洞察力及对人与世界现实的历史的理解、把握,坚决"否定"传统哲学,甚至提出了"消灭哲学"的论断,赋予哲学现实与历史的规定,对人的"现实"与"理想"做出了统一且科学的回答,创造出具有"时代精神"的"新世界观"。因此,把握马克思"新世界观"的实质对于理解马克思哲学,推进马克思哲学研究的深入发展具有重要的理论价值和现实意义。

一 传统哲学与"世界观"的关系

人类最早的哲学,起源于人对外部世界的"惊异",是人类认识周围自然现象的最初的理论思维。这种理论思维是在否定原始宗教和神话中幻想意识的基础上产生的,其主要目的就是要说明现实世界存在与发展的原理和原因,也是人类早期科学的认识形式。尽管在哲学产生之初并没有"世界观"的概念,但"世界观"的思想却一直内含在所有早期哲学理论之中,并与人的意识活动密切相连且指向"人"生成与存在的"世界"。在整个传统哲学阶段,尽管各个时代的哲学家对哲学的定义给出了各种各样的回答,但不可否认的是,人是生活于世界之中的人,人的生存依赖世界。无论哲学领域怎样分化、怎样扩大、怎样变化,人对"世界"自身的认识始终是哲学的基础部分,"哲学"本身一直面对着"世界",内含着一个"观世界"的解释。所以,才有哲学家认为"历史地看,哲学与世界观其实是一回事儿,所有的重要哲学归根到底都是一种世界观",[1] "哲学按其概念便是世界

① 大卫·K.诺格尔:《世界观的历史》,胡自信译,北京大学出版社2006年版,第149页。

观哲学"①。而马克斯·舍勒在论述"哲学与世界观"时认为："世界观哲学一词仅意味着有关对人类而言保持恒定不变，但相互之间又变换不断的所有世界观的哲学。"②从舍勒的这段话可以看出，"世界观哲学"所理解的世界实质是将客观世界看作是永恒的、不变的世界，表达的是人一劳永逸地理解与把握世界的精神诉求。

在传统哲学阶段（黑格尔哲学之前），传统哲学一直在寻找"世界"的"终极存在"，以实现对"世界"的"终极解释"和对人的"终极价值"的确认。这个"终极存在"在希腊早期自然哲学中被称为"始基"，柏拉图称其为"理念"，亚里士多德称其为"实体"，康德称其为"物自体"，黑格尔称其为"绝对精神"……无论怎样变换称谓，对世界"本体"的认识与理解——"本体论"构成了传统哲学理论的基础，即"本体论"是传统哲学中认识论、方法论和价值论的基础。而在传统哲学中，"哲学和世界观的内涵及其性质基本上是互为一体甚至可以说是相互重合的。哲学通常都具有一般的世界观的属性，这一世界观的功能往往是通过哲学本体论的样式加以承载与实现的"③。从这个意义上讲，"本体论"是"世界观"，而以"本体论"为主要内容的哲学就与"世界观"表现出内在的"一致"和"同一"。因此说，"世界观哲学"就是人借助反思方式对世界终极性存在的确认与理解，从根本上解释人与世界存在与变化的理论表达。

二　"世界观哲学"的发展理路

从哲学存在的根据上看，哲学是"人以世界为中介的自我意识、自我理解、自我发展、自我创造、自我实现的一种理论活动、理论表达"④。"哲

① 海德格尔：《现象学之基本问题》，丁耘译，上海译文出版社2008年版，第7页。
② 马克斯·舍勒：《哲学与世界观》，曹卫东译，上海人民出版社2003年版，第27页。
③ 陆杰荣：《马克思"新世界观"的现实性向度及其实质》，《中国社会科学》2007年第6期。
④ 高清海：《哲学的憧憬》，吉林大学出版社1995年版，第5页。

学的奥秘在于人。"①哲学的人性根据决定了哲学必然要表现出"人"面对现实、有限、相对的世界，不断超越现实追求理想、超越有限追求无限、超越相对追求绝对的品格，因此海德格尔指出，"哲学以理论性世界认识的方式针对着世界之整全和此在之终极，针对着世界和人生的何所来、何所往、何所为，这一点不单把它与仅考察世界和此在的某一特定区域的特殊科学区别开来，也使它与艺术和宗教的态度相区别，后两者并不首先植根于理论态度之中"。②然而"人"受主客观条件的制约，"人"所认识与把握的"世界之整全和此在之终极"（世界观）与真实的"世界之整全和此在之终极"终有差异。因此，在传统哲学发展过程中，尽管各种哲学理论通常都具有一般的"世界观"的属性，但人预设的"本体"与外部变化不断的世界，总是表现出差异。"世界观哲学"永恒地解释世界的"理想"与现实世界之间存在无法克服的矛盾。这种哲学的"理想"与现实世界的矛盾缘自人，也决定了各种"世界观"与"哲学"之间由开始的"互为一体"、"相互重合"，到逐渐的"松动"与"分化"，直至传统"世界观哲学"被西方现代哲学所"否定"，也是传统哲学理论发展的必然。

在传统本体论哲学阶段，"世界观哲学"从人自身之外寻找整体世界的根据，认为人肉眼所看到的世界是现象世界，而在现象世界之后的"本体"，终极性地决定世界万物的存在与变化。因此，"世界观哲学"的根本目标就是寻找并确定人理想中的"本体"，并以这个预设的、永恒的、不变的、绝对的"本体"解释世界上的其他存在，隐匿于哲学本体论之中的"世界观"与哲学牢固地联系在一起，如宗教神学式地统领着人的认识。近代自然科学的发展，提升了人的自我意识。人在对外部世界的普遍性、规律性、根本性的知识问题进行确证的同时，对"自我"的认识能力、认识原则、认识方法予以更为深刻的考察。从笛卡尔确立"我思故我在"的原则开始，近代知识论将人的思维与存在剥离开来，从而将世界划分为主体与客体相对立的二元世界。而近代知识论哲学在对认识主体进行考量中，因为认识主体在认识世界问题

① 高清海：《哲学的憧憬》，吉林大学出版社1995年版，第250页。
② 海德格尔：《现象学之基本问题》，丁耘译，上海译文出版社2008年版，第7页。

上的出发点不同，即对人的感性认知能力在把握世界问题上的作用理解不同，又造成了感性与理性的对立，形成了哲学上的唯理论与经验论分歧。然而，不管是唯理论还是经验论，都不仅仅是完全如古代哲学那样抽象地"观"世界，而是把目光相对多地投向了人，强调主体与客体的符合，从而保证知识的有效性。这样，知识论哲学的"世界观"开始打上了"自我"的烙印，并增加了人的感性因素的成分。德国古典哲学是越来越趋向对人的理性认知能力空前自信的哲学，同时也是对人的历史性、现实性予以思辨思考的哲学。康德首先将人的理性对世界本体的思考导向了实践，并确定了"实践理性"高于"理论理性"的原则，从而也就确定了人在现实世界自由行动的合法性，是对人的理解上的重大进步。黑格尔确立客观的"绝对精神"为世界的最高存在，又以辩证法将历史现实融入"绝对精神"的自我异化、自我扬弃、自我实现的过程之中，并把人对世界的认识所形成的知识直至"绝对知识"看作与"绝对精神"同一的过程。这样黑格尔就以辩证法化解了现象世界与本体世界的对立，实现了主观与客观、主体与客体的抽象统一。可以说，黑格尔哲学既预设了一个完满的"本体"——"绝对精神"，又以辩证法解释了人的历史与现实，从而将传统哲学推向了最高峰。然而，费尔巴哈认识到了黑格尔思辨哲学的抽象性，其本质是"变相"的神学，在他看来，"未来哲学应有的任务，就是将哲学从僵死的精神境界重新引导到有血有肉的，活生生的精神境界，使它从美满的神圣的虚幻的精神乐园下降到多灾多难的现实人间"①。可见，费尔巴哈是希望把人对现实感性世界的真实描述规定为哲学任务，他也因此把自己的哲学称为人本主义，从而将哲学进一步导向人的现实生活，为马克思"新世界观"的创立提供了重要的理论"内核"。

总之，传统"世界观哲学"所认识的世界是抽象的本体世界。这个世界的形成与发展是由概念逻辑推导出来的"世界"，这与人生活的现实的、具体的世界相去甚远。因此，当人真正要把命运交给自己时，确定生活的价值与意义，必须要到现实的人及现实的生活世界寻找答案。

---

① 费尔巴哈:《费尔巴哈哲学著作选集》上卷，荣震华、李金山等译，商务印书馆1984年版，第120页。

三 "世界观哲学"的困境

现代哲学在反思"世界观哲学"时发现,"世界观哲学"从总体上看就是以探求世界本体为最高宗旨的本体论哲学。尽管近代发生了"知识论转向",但其核心和基础仍然是本体论。所谓本体论,虽然产生于古代,但在近代才广泛流传开来。作为哲学术语,最早出现于高克兰纽斯(Rudolf Goclenins)1613 年编写的哲学辞典中。"按其辞义,本体论就是关于存在本身的一种学说,即存在作为存在所具有的本性和规定的学说。由于存在本身属于超感官的对象,本体论有时便与形而上学混同使用。"[①]

现代哲学认为,传统哲学力图真实地理解和把握"无限"、"大全"和"绝对"的世界,是"本体论"的思维方式,从而在理论上造成了"人"的"现实性"、"历史性"的缺失。这种本体论"世界观哲学"的主要功能是追求对"世界"的终极解释,无法真实地体现人的价值与意义,遭到了现代哲学的"否定"、"消解"和"拒斥"。其中最有代表性的是分析哲学(科学主义)和存在主义(人本主义)的哲学观点。

维特根斯坦是分析哲学的典型代表。他认为传统哲学追求的本体论问题是永恒无解,也是没法证实的理论,哲学应该学习科学,以科学的实证精神超越传统哲学,以服务人的现实。维特根斯坦前期思想与后期思想截然不同。前期维特根斯坦注重对语言进行逻辑分析,认为科学面对的是表象世界,其命题是可思、可表达的,而传统哲学中的大部分命题超出了语言描述的范围,是不可思、不可表达的,因而也是无意义的。他在《逻辑哲学论》序言中明确指出:"本书将为思维划定一条界线……这种界线只能在语言中划分,而在界线那一方面的事情,就简直是无意思的。"[②]认识与把握世界属于科学的任务,哲学的任务不是发现整体世界的本质特征,而在

---

① 高清海:《哲学的憧憬》,吉林大学出版社 1995 年版,第 210 页。
② 维特根斯坦:《逻辑哲学论》,郭英译,商务印书馆 1962 年版,第 20 页。

于逻辑地阐明思想，使本来似乎是模糊不清的思想清晰和界线分明。在维特根斯坦后期哲学思想中，他的哲学理论发生了重大变化。认为哲学是使语言离开其形而上学用法而重新回到日常用法，强调语言在人类生活世界的使用，而哲学"是一场以语言为手段对我们理智的困惑所进行的战斗"①。如果说维特根斯坦前期哲学思想虽然"否定"传统"世界观哲学"，但仍为他所确认的形而上学保留了一个特殊的地位，那么在其后期哲学思想中则完全否定了形而上学的超越性。总的看，在维特根斯坦的哲学理论中，他否定了传统"世界观哲学"的思维方式，改变了哲学的主题、旨趣和方式，但是他的理论仍然是一种哲学的主张，并不是彻底"消灭哲学"，只是用一种哲学代替了本体论的"世界观哲学"（形而上学）。尽管维特根斯坦本人竭力回避使用"世界观"这个词语，这"很可能是因为世界观与形而上学有关，世界观宣称，它的真理能够揭示事物的本质（这至少是世界观概念的一种解释）"，②但仔细分析他的哲学我们会发现，"维特根斯坦哲学不是要无休止地追寻实在本身，而是要帮助我们思考与人类世界打交道的方式"③。基于这种认识，诺格尔给维特根斯坦哲学起了一个新的名字——"语言世界观"。

人本主义与科学主义思潮一样，反对传统"世界观哲学"的绝对主义、理性主义、本质主义。但与实证主义等科学主义思潮不同的是，人本主义哲学一般并不反对研究"存在"，而是反对研究与人的现实存在没有关系的"终极存在"。存在主义大师海德格尔认为，哲学的根本任务和使命是思考人类生存活动的最根本性的问题，这就是"存在"或"存在"的真理。而传统"世界观哲学"没有思考"存在"，却是在思考"存在者"。他认为："世界观是关于存在者的设定性认识，是对存在者的设定性表态，它不是存在论的（ontologsch），而是存在者的（ontisch）。"④海德格尔这里所说的世界观的

① 维特根斯坦：《哲学研究》，李步楼译，商务印书馆1996年版，第109页。
② 大卫·K.诺格尔：《世界观的历史》，胡自信译，北京大学出版社2006年版，第167页。
③ 同上书，第181页。
④ 海德格尔：《现象学之基本问题》，丁耘译，上海译文出版社2008年版，第13页。

"设定性"的问题,其实就是对传统"世界观哲学""预设"世界本体来解释世界的根本否定,他形象地比喻:"世界观哲学这个概念就是木制的铁。"① 而哲学不应该像实证科学那样回答具体事物的"知识性"问题,它不是思考具体"存在者"是什么,而是思考全体"存在者"为什么是(存在)和怎样是(存在)的问题,即事物为什么是这样和怎么会是这样。正如他所说:"我们应当从哪种存在者掇取存在的意义?我们应当把哪种存在者作为出发点,好让存在开展出来?出发点是随意的吗?抑或在拟定存在问题的时候,某种确定的存在者就具有优先地位?这种作为范本的存在者是什么?它在何种意义上具有优先地位?"② 海德格尔在这里所说的这种能够作为出发点且具有优先地位的存在,就是"此在",即人的存在。"此在"是人的生存状态,是能够观察、体验、理解、选择、回答、解答问题的存在者。人所关注的"世界"应是与"此在""共世"的意义世界,而不是脱离人的生存的"自在世界"。从海德格尔的哲学思想看,他否定了传统"世界观哲学"的思维方式,转向以人("此在")为核心,并"把人的生存状态作为哲学研究的主要对象,对后来整个人本主义哲学的发展具有导向性作用。整个人本主义哲学的延续和发展,就是把本体论式的意向性追求投向人自身,去探寻人的生存活动中那些最为基础最为根本的东西……"③ 这与传统"世界观哲学"的思维方式不同,体现了现代哲学对人的主体地位的认同。

总之,现代哲学不再直接去思考"无限"、"大全"和"绝对"的世界,而是以人的现实视域,在时间的"绵延"中、在文化历史的延续中、在人与世界的现实关系中认识和理解世界。现代哲学提出的"哲学终结"并不是指彻底地消灭哲学,而是一种哲学的完成,是传统"世界观哲学"(本体论哲学)的终结,正如海德格尔所说,"终结一词的古老意义与位置相同:从此一终结到彼一终结,意思即是从此一位置到彼一位置。哲学之终结是

---

① 海德格尔:《现象学之基本问题》,丁耘译,上海译文出版社 2008 年版,第 13 页。
② 海德格尔:《存在与时间》,陈嘉映、王庆节合译,生活·读书·新知三联书店 2006 年版,第 8—9 页。
③ 欧阳康:《本体论的兴衰与哲学观念的变革》,《天津社会科学》1997 年第 2 期。

这样一个位置，在那里哲学历史之整体把自身聚焦到它的最极端的可能性中去了。作为完成的终结意味着这种聚集。"① 即"哲学终结"只是哲学又站在新的"聚集"的"位置"，寻找人生在世的意义，并为人在世界中生存活动提供"路标"。

四 马克思"新世界观"产生的途径和意义

传统"世界观哲学"以预设的、抽象的本体世界作为解释现实世界的根据，人及人生活的现实世界都要从根本上"听命"于人的内在意识设定的"本体存在"，人的现实生活因此失去了现实意义，人的"自由"也被推向遥远的彼岸世界。而人是"现实存在"与"理想存在"的统一。人既要有自己的"理想"，更要关注自己的"现实"。传统"世界观哲学"正是因为失去对人的"现实"的合理解释与回答，因此遭到马克思的批判、否定直到"终结"也是人自身发展的必然。

马克思考察人类历史发现，一定的社会存在总是由一定社会的无数个人在先前历史发展的基础上通过其物质生产活动所构建起来的。这一过程不是以个人的意识为转移的，意识是在人与自然及人与社会之间的物质交换中产生的，即社会存在决定社会意识。因此，不能在人的意识即人类精神中认识和理解世界历史的发展，而应通过对"市民社会"（物质生活关系的总和）的分析寻找答案，"而对市民社会的解剖应该到政治经济学中去寻求"②。即到人在实践活动中形成的"物质生活关系"中寻求对世界及人类社会发展的解答。历史上的宗教神学和传统"世界观哲学"的根本缺陷就在于，他们以人的自我意识预设的"上帝"或"本体"为根据解释现实世界及世界历史，他们所认识的世界当然是人的意识之中的虚幻世界。二者的不同之处在于，"基督徒只有一个逻各斯的化身，不管什么逻辑不逻辑；而哲学

①海德格尔：《面向思的事情》，陈小文、孙周兴译，商务印书馆1996年版，第69—70页。
②《马克思恩格斯选集》第2卷，人民出版社1995年版，第32页。

家则有无数化身"①。马克思在揭示宗教产生的根源时明确指出:"人不是抽象的蛰居于世界之外的存在物。人就是人的世界,就是国家、社会。这个国家、这个社会产生了宗教,一种颠倒的世界意识,因为它们就是颠倒的世界。"②而在对传统哲学的代表——黑格尔进行批判时,马克思指出:"黑格尔把人变成自我意识的人,而不是把自我意识变成人的自我意识,变成现实的人即生活在现实的实物世界中并受这一世界制约的人的自我意识。黑格尔把世界头足倒置起来,因此,他也就能够在头脑中消灭一切界限。"③从这样的批判可以看出,马克思认为不能用宗教神学里的"上帝"或传统哲学设定的"本体"解释世界,因为无论是"上帝"还是"本体",本质上都是人的意识的产物,而以人的意识的产物去理解产生它的人及人所生活的世界(存在),得到的就是"颠倒的世界",形成的世界观就是颠倒的世界观。究其原因就在于,无论是宗教神学还是传统"世界观哲学",都没有认识到是人的"劳动"或者说人的实践活动将人与动物区别开来,同时也创造了世界。马克思明确指出:"整个所谓世界历史不外是人通过人的劳动而诞生的过程,是自然界对人来说的生成过程。"④黑格尔虽然认识到了劳动的创造本质,但他从根本上把劳动理解为抽象的精神劳动,是"绝对精神"异化的劳动,这样全部历史变成了"逻辑的思辨的思维的生产史"⑤,而不是那个与人的劳动实践活动密切相关的"世界"发展史。通过对传统哲学和宗教神学的批判,马克思逐步认识到,实践是人存在的基本方式,"全部社会生活在本质上是实践的"⑥,而"历史的全部运动,既是它的现实的产生活动——它的经验存在的诞生活动,——同时,对它的思维着的意识来说,又是它的被理解和被认识到的生成运动"⑦。马克思正是以"现实的人"为出发点,以人的生成特

---

① 《马克思恩格斯选集》第 1 卷,人民出版社 1995 年版,第 139 页。

② 同上书,第 1 页。

③ 《马克思恩格斯全集》第 2 卷,人民出版社 1957 年版,第 245 页。

④ 马克思:《1844 年经济学哲学手稿》,人民出版社 2000 年版,第 92 页。

⑤ 同上书,第 99 页。

⑥ 《马克思恩格斯选集》第 1 卷,人民出版社 1995 年版,第 56 页。

⑦ 马克思:《1844 年经济学哲学手稿》,人民出版社 2000 年版,第 81 页。

点为依据，以人的实践活动为基础认识理解人与世界的关系，从而摆脱了本体论思维的束缚，克服了传统"世界观哲学"一直停留在意识范围内解释世界的根本缺陷，创立了"新世界观"。如果说传统"世界观哲学"是以抽象的"本体"或"实体"为根据解释人的现实世界，是一个"抽象的"、"逻辑的"、"概念的"推导演绎过程，那么"新世界观"则是一个"现实的"、"历史的"、"经验的"发展过程。

关于"扬弃"了传统"世界观哲学"的马克思的"新世界观"，恩格斯认为，"现代唯物主义，否定的否定，不是单纯地恢复旧唯物主义，而是把两千年来哲学和自然科学发展的全部思想内容以及这两千年的历史本身的全部思想内容加到旧唯物主义的永久性基础上。这已经根本不再是哲学，而只是世界观，它不应当在某种特殊的科学的科学中，而应当在各种现实的科学中得到证实和表现出来。因此，哲学在这里被扬弃了，就是说，既被克服又被保存；按其形式来说是被克服了，按其现实的内容来说是被保存了"[1]。对于恩格斯所说的"现代唯物主义"（马克思的"新世界观"）"已经根本不再是哲学，而只是世界观"的这种观点，需要从两方面加以分析。一方面，"新世界观"从根本上走出内在意识的范围，以"改变世界"为旨趣，体现历史的、现实的、科学的世界观品格，从这个意义上讲，它已经根本不再是"哲学"了。另一方面，从"新世界观"内含的哲学的批判精神、理想精神和超越精神的特殊性上看，"新世界观"作为其所处时代的"精华"，仍然为人类提供哲学的反思层次上"世界"的图景，因此，"新世界观"在某种意义上还是"哲学"。而与传统"世界观哲学"追求的永恒不变的"本体"世界不同，马克思"新世界观"所理解的"世界"是在人的实践活动作用下不断生成发展的世界，而"新世界观"中的人是"现实存在"与"理想存在"相统一的人。按照这样的理解，马克思的"新世界观"就是从"现实的人"出发，以人的实践活动为基础认识、改变现实世界，实现人的最高理想（自由全面发展）的理论表达。

---

① 《马克思恩格斯选集》第3卷，人民出版社1995年版，第481页。

马克思"新世界观"的产生，超越了传统"世界观哲学"的局限，扬弃了传统"世界观哲学"对人的抽象理解，破除了内在于意识范围的世界观理解，辩证地看待人与自然、自然与历史、人与人之间的关系，开启了现代哲学发展的新途径。海德格尔明确指出，"卡尔·马克思完成了对形而上学的颠倒，哲学达到了最极端的可能性"①。马克思"新世界观"关注并致力于解决的人的自由全面发展问题以及为此提出的多种理论概括在当代仍然具有理论价值和现实意义，萨特就明确表示，"马克思主义是当代惟一不可超越的哲学，任何超越它的企图，不是重复马克思主义早已说过的东西，就是回到马克思主义以前的陈旧观点上去"②。西方现代哲学的发展也证明，马克思的"新世界观"无论在理论意义上还是在现实意义上，都具有萨特所说的"不可超越性"，这也是引发西方哲学界对马克思的"新世界观"持续关注并尝试多种解读的重要原因。

五 国内外学术界对马克思"新世界观"的解读

（一）西方哲学对马克思"新世界观"的解读

马克思"新世界观"从产生时起，就不缺乏理论的关注和探究的争辩。各个理论学派从自己不同的文化语境和历史背景出发对马克思的"新世界观"加以解读，形成了多种解读模式。其中，以柯尔施的"哲学解读"、阿尔都塞的"科学解读"、法兰克福学派的"人道（人本）主义的解读"、詹姆逊的"历史解读"和大卫·诺格尔的"世界观解读"具有一定的代表性。

一是以柯尔施为代表的"哲学解读模式"。卡尔·柯尔施在《马克思主义和哲学》中首次将"马克思主义和哲学的关系"作为一个问题提了出来。

---

① 海德格尔：《面向思的事情》，陈小文、孙周兴译，商务印书馆1996年版，第70页。
② 转引自刘放桐《新编现代西方哲学》，人民出版社2000年版，第378页。

他从恢复马克思的哲学批判意识，重建马克思哲学出发，剖析马克思对德国古典哲学的超越，得出了马克思主义既不是传统哲学，也不是实证科学的结论。同时他认为，在马克思那里，唯物主义与历史是相统一的，离开了唯物主义就无法理解人类社会的历史，而离开了历史就无法理解唯物主义。马克思"哲学"强调的就是对现代社会的批判，因而是一种"革命的哲学"。然而，他把马克思"新世界观"中的哲学性和科学性对立起来，这就导致他不能完全准确地解读马克思的"新世界观"。

二是以阿尔都塞为代表的"科学解读模式"。阿尔都塞认为，科学在先，哲学在后，科学决定着哲学的存在与变迁，哲学不是科学。而在马克思主义中，既有科学（历史唯物主义），又有哲学（辩证唯物主义）。哲学（辩证唯物主义）没有实证对象，主要表现为一种实践，不过是一种理论上的阶级斗争。而"历史科学"（历史唯物主义）才是马克思主义最重要的内容。在对所谓"历史科学"的规定中，阿尔都塞以"结构主义"的观念阐述了生产方式在社会历史中的地位，构成了他阐述马克思主义的核心内容，并得出了结构因果观和多元决定论的结论。阿尔都塞试图科学地理解马克思的"新世界观"，并捍卫其科学性。然而人类社会的发展是无法仅用科学就能说明的，社会主体的价值问题才是马克思"新世界观"的核心，阿尔都塞没有触及政治实践中的理论与实践相结合的问题，他捍卫马克思"新世界观"科学性的愿望也不能实现。

三是以法兰克福学派为代表的"人道（人本）主义解读模式"。人道（人本）主义的解读模式的代表人物是马尔库塞和弗洛姆。他们继承马克思哲学的批判精神，试图用人道主义的人本学展开对资本主义的社会批判和文化批判，揭示当代西方社会中一系列"现代性问题"，倡导建立一个人与自然、人与社会、人与人和谐相处的人道社会。马尔库塞在其著作《单向度的人》中指出，物质财富的迅速增加，并不意味着社会的公正与合理，反而压制了人们对于现实世界的批判和反抗向度，形成了人们对于现实世界的顺从意识，人成为"单向度的人"，社会成为"单向度的社会"。弗洛姆则认为，当代西方社会处于"总体异化"的状态中，应以"文化心理革命"改变现代人的命运。然而，法兰克福学派寄希望于通过文化认同和意识形态的作用来实现阶级统治，导致当代西方社会越来越呈现出非政治化的倾向，工人阶级的政治意识、革命意识越来越淡化，"革命主体"（即"新世界观"中强调的"改变世界"的主体）的寻求成为困扰法兰克福学派理论家的主要问题，也使其批判精神背离了马克思"新世界观""改变世界"的精神旨趣。

四是以詹姆逊为代表的"历史解读模式"。詹姆逊认为对对象本质问题的认识，应将认识对象置于历史情景之中，即在真实的、具体的历史背景中加以考察。尽管人们有时不能直接把握历史，但人能够通过"历史文本"来了解它。詹姆逊把马克思的理论思想看作是历史主义，是以哲学的方式对历史和现实的一种认识，并试图历史化、总体化地解读马克思。然而由于他把马克思的历史唯物主义与历史主义等同起来，忽视了对马克思"实践"范畴的认识与理解，也就很难准确地理解马克思"新世界观"的实质。

五是以大卫·诺格尔为代表的"世界观解读模式"。大卫·诺格尔对马克思"新世界观"的现实性有深刻的认识，认为在世界观的问题上，马克思和恩格斯都做出了重要贡献。而马克思的"新世界观"已经不再是抽象概念的思想体系，而是"批判压迫者的社会经济结构及其自私自利的意识形态的必要尺度"①，它的科学性就在于"立足于辩证唯物主义"②。从这个意义上讲，他认为马克思和恩格斯显然是真正的"现代主义者"。"他们是这个时代认识论思想的化身。"③从这样的论述可以看出，大卫·诺格尔对"新世界观"的评价是客观的。但是，他同时也认为，"新世界观"突出了意识形态问题，马克思的《德意志意识形态》中就包含着许多关于意识形态的论述。这又与西方其他以意识形态批判来解释马克思哲学思想的学派相似，也必然存在对"新世界观"理解上的片面性。

总的来看，西方的解读模式对于理解马克思"新世界观"与西方哲学

---

① 大卫·K.诺格尔：《世界观的历史》，胡自信译，北京大学出版社2006年版，第264页。
② 同上。
③ 同上。

的渊源关系，把握马克思"新世界观"的当代价值，有一定借鉴意义，但也存在不可忽视的历史局限性。往往主张用某一种西方哲学流派的思想去"补充"、"革新"马克思主义，主张多元论地理解和解读马克思主义。不能正确理解与认识"新世界观"中人、自然和社会三者之间的关系，不能准确把握马克思"新世界观"的实质，当然无法准确地解读马克思的"新世界观"。因此，对马克思"新世界观"的解读，必须"回到马克思"，既不要固守苏联正统教科书式的解读模式，也不要执迷于西方的人本主义和科学主义，应全面分析马克思"新世界观"思想的深层底蕴，从而揭示"解释世界"的传统"世界观哲学"与"改变世界"的"新世界观"的内在关联和根本区别。

（二）国内学术界对马克思"新世界观"的解读

在国内通行的教科书中，哲学被定义为理论化、系统化的世界观。而马克思哲学被定义为世界观、认识论和方法论的统一，或者有人干脆简单地把它称为唯一科学的世界观。这种对哲学和马克思哲学的理解与把握，越来越受到学术界的质疑。随着对马克思真实语意及思想认识的深入和发展，国内学术界不断突破通行教科书中对"马克思哲学"定义的束缚，对马克思"新世界观"理论进行了深入的探讨和多种形式的解读。归纳起来主要有四种模式。

一是实践论模式。实践论的解读模式具体可划分为实践论人学模式、实践本体论模式、实践生成论模式等多种解读。这些解读模式都立足于实践的思维方式，把实践思维运用于马克思的唯物论、辩证法、认识论和历史观之中，确立实践在马克思哲学研究中的基础地位，其最终的哲学旨趣是把马克思哲学理解为实践唯物主义。实践论模式一般认为，马克思哲学与其他西方流派的不同之处在于，它是以实践的观点为基础去确立人的哲学地位和否定本体思维方式的。马克思在人类思想史上，第一次把实践提升为哲学的根本原则。"马克思的实践观点的创立，就意味着一种崭新的哲学思维方式的诞生，意味着哲学理论被转移到一个全新的基础上，意味着哲学的主题、性质、方式发生了根本性的变化。"① 有的学者认为，"马克思主义哲学即使是对世界的理论解释，也离不开人们对世界的实践关系"②，"马克思的新唯物主义也就是实践的唯物主义（与直观的唯物主义相区别）。……马克思主义的实践的唯物主义就是全面地、真实地反映和把握人与世界的大关系实质的哲学"③。以实践为基础解读马克思的"新世界观"是研究马克思哲学思想的一个很好的路径，然而有的学者提出的"实践本体论"解读模式却受到了置疑。因为"实践本体论"强调的是与感觉经验相关的现象领域，但忽视了与超感觉经验的理性相关的本质领域。有的学者认为："仅仅把马克思哲学理解为实践本体论是不够的。因为实践作为感性活动，是人们可以感觉到和经验到的，而单纯地停留在感觉经验的层面上，是无法把握人类社会尤其是资本主义社会运动的规律的。"④

二是生存论模式。传统"世界观哲学"的所有问题都是源自本体论思维。这种思维方式以预设的、永恒的、绝对的本体解释人与世界，从而丧失了对人的现实世界的关注，人成了抽象的人。生存论认为人的本质特点在于生成性，而不是传统哲学中人的抽象存在，生存论构成现代西方哲学转向的最为重要的一个方面。生存论对马克思"新世界观"的解读也就是按照人的生成性特点来展开的。有的学者认为："马克思关心的根本问题其实就是人的现实的生存，而马克思哲学的理论基础与其说是本体论，倒不如说是生存论。""我们平常所说的作为马克思哲学本体论的人学本体论、社会本体论、实践本体论以及历史本体论等等，其实应该直接看成是人学生存论、社会生存论、实践生存论以及历史生存论。不过鉴于马克思哲学的实践唯物主义本性，笔者主张把马克思哲学中具有本体论意蕴的理论基础称为实践—生存论。"⑤

① 高清海：《哲学的憧憬》，吉林大学出版社1995年版，第250页。
② 夏甄陶：《哲学应该关注人与世界的大关系》，《哲学研究》1995年第9期。
③ 同上。
④ 俞吾金：《马克思对物质本体论的扬弃》，《哲学研究》2008年第3期。
⑤ 邹诗鹏：《当代哲学的本体论转换与马克思哲学的当代性》，《江海学刊》2001年第2期。

　　三是历史唯物主义模式。恩格斯写于 1877 年的《卡尔·马克思》和发表于 1883 年的《在马克思墓前的讲话》两篇文章都认为剩余价值学说和历史唯物主义是马克思的两大发现。在这两大发现中，哲学上的发现就是历史唯物主义。正是因为恩格斯有这样的看法，因此，在对马克思哲学进行解读时，历史唯物主义的解读模式被认为具有充分文本依据的"范式"，并由此演化出"科学世界观解读"、"辩证唯物主义与历史唯物主义统一"等解读模式。有的学者认为，实践概念在马克思哲学的形成、实现哲学变革中是一个重要环节，但"实践唯物主义并不是马克思哲学的最后完成和最高形态。马克思哲学的最高形态是历史唯物主义"[①]。离开历史唯物主义就没有实践唯物主义，实践唯物主义必然是历史唯物主义。"历史唯物主义的主要功能是为人们解决人的感性活动、人的本质以及人和自然的关系等哲学问题提供一种哲学理论原则，是一种不同于旧唯物主义的新唯物主义的世界观。"[②]

　　四是"世界观"模式。近年来，学术界围绕着历史唯物主义与马克思"新世界观"的关系展开了争论。有的学者认为："历史唯物主义"是把"历史"作为解释原则或"理论硬核"的唯物主义，而不是把"历史"作为研究领域或解释对象的唯物主义。在前者的意义上，历史唯物主义是马克思的唯物主义的"世界观"；在后者的意义上，历史唯物主义只是马克思的唯物主义的"历史观"[③]；有的学者认为："恩格斯所说的新世界观指的就是马克思的世界观，而马克思的世界观指的就是主要由马克思制定的唯物主义历史观。"[④]还有人认为："历史观本身也就是世界观：历史唯物主义既是历史观，又是世界观。"[⑤]总的看来，"世界观"模式的解读成为当前一个时期的理论热点，还有待进一步挖掘。

　　国内学术界能够以发展马克思主义，挖掘马克思哲学真实含义，实现

① 刘福森：《作为世界观的历史唯物主义》，《中共天津市委党校学报》2003 年第 2 期。
② 同上。
③ 孙正聿：《历史的唯物主义与马克思主义的新世界观》，《哲学研究》2007 年第 3 期。
④ 段忠桥：《什么是马克思恩格斯创建的历史唯物主义》，《哲学研究》2008 年第 1 期。
⑤ 李荣海：《历史唯物主义的解释原则及其世界观意义》，《哲学研究》2007 年第 8 期。

马克思哲学现实价值为目的，开展学术论争与研究，形成了系列的观点，取得了相对的进展，对于推动中国的哲学及马克思哲学的研究无疑具有重要作用和长远意义。但笔者认为，很多学者将马克思的"新世界观"等同于哲学，或者将"新世界观"同唯物史观并列，将马克思的"新世界观"等同于历史观，而在传统"世界观哲学"与"新世界观"内在关联和演进逻辑方面的研究及在对"新世界观"系统、全面的阐述方面还留有理论空间，有必要进行深入的挖掘和探研，这成为本书选题的重要原因之一。

六　研究马克思"新世界观"的当代意义

综观国内外哲学界对马克思"新世界观"的解读，笔者认为，有必要从新的视角研究马克思"新世界观"的形成与确立，进一步廓清对马克思"新世界观"的认识与理解。从哲学发展过程来看，研究"世界观哲学"与"哲学"未来发展的问题密切相关。"世界观"与"哲学"概念的产生并非同步，"哲学"概念产生于古希腊，而"世界观"的概念则是康德在论述《判断力批判》中首次使用。在哲学演进的历史与逻辑中，哲学作为关于人与世界关系的理论表达，它一直具有"世界观"的一般属性，但哲学的"理想性"与"世界"的"现实性"、"历史性"存在无法克服的矛盾，哲学的"世界观"与"哲学"的关系会以不同的方式表现为"分离"的趋向。内在于意识之中"哲学"所信守的那种不变的、永恒的"世界观"性质在面对意识之外的世界变化的现实境遇中会遇到多种挑战，客观上必然引发哲学的"世界观"发生变化。这样看来，对于传统哲学中"哲学"与"世界观"关系问题的研究，以及传统哲学在各个发展阶段如何一直以自己特有的抽象思维方式"解释世界"问题的研究，是研究马克思"新世界观"历史性变革的奠基性问题。

本书的研究，就是要通过对"从世界观哲学的演进看马克思新世界观实质"的研究，理解和把握"世界观哲学"的产生、基本特征、内在根据、发展逻辑，理解和把握"哲学"与"世界观"在不同的发展阶段所体现出来的"一致"和"分离"问题以及"世界观哲学"的发展指向。特别是通过梳理"世界观哲学"的演进逻辑，辨析马克思"新世界观"与传统"世界观哲学"的区别，确证传统"世界观哲学"的缺陷与不足，阐释马克思"新世界观"的基本性质、理论特点，探求马克思"新世界观"的实质，明晰马克思"新世界观"的当代意蕴，防止以西方现代或后现代哲学规定马克思"新世界观"的倾向，真正理解恩格斯的那句"马克思思想已经不是哲学了，而只是世界观了"的含义，让"哲学"存在的意义在"哲学"所具有的"世界观"的"现实"价值与功能中得到理解和确认，为探究马克思"新世界观"的历史必然性、逻辑可证性和科学发展性，实现马克思哲学研究范式的置换提供理论支撑。

第二章　传统本体论视域中的"世界观哲学"的确立

　　"哲学"的概念在古希腊的毕达哥拉斯之前，其希腊语意为"爱智慧的人"，毕达哥拉斯把它变成一门学问，称为"爱智学"，也就是"哲学"。哲学被称为"形而上学"（Metaphysics）是因为亚里士多德。柏拉图和亚里士多德都没有使用过"形而上学"这个词，而是后来有人在整理亚里士多德著作的时候，把亚里士多德关于"哲学"的这部分内容放到了亚里士多德所著的"物理学"的后面，并给它起了个名字叫 Metaphysics。而这部分内容，在亚里士多德那里被称为"第一哲学"。从词源学角度看，"physics"为物理学之意，"meta"一词为"超出……之外"，"meta-physics"就表明对"physics"（物理学）的"meta"（超越），一方面是物理世界（自然），另一方面是"meta"（超自然），哲学（世界观哲学）成为"超然"于"现象"世界之外的一种沉思活动，它致力于通过反思方式的智慧追问将客观世界融入个人的意识之中，成为追求把握人与世界的"终极根据"，对人与世界做出"终极解释"的理论表达。哲学的超验之思，对"形而上"的世界"本体"的追求，以总体性的方式对"世界"的把握成为传统哲学最为显著的特征。纵观哲学的发展，"西方哲学就其起源和演进的逻辑来看，其基本旨趣和终极寻求是确立形而上学的本体论框架"[①]。而本体论中的"本"是世界上总体存在的"本"，这与"世界观"追求的对总体世界的把握类

---

　　① 陆杰荣、张伟：《哲学境界：诠释马克思哲学的一个新视角》，《教学与研究》2008 年第 11 期。

同，因此可以说，在传统哲学阶段，本体论中的"本体"的确认与理解就是"世界观哲学"的核心。"本体论"解释世界的方式，贯穿整个古代哲学，并影响后世的哲学思考，以至于人们只要认真地思考"哲学"，就不得不回溯"本体论"的"世界观哲学"。

一 传统"世界观哲学"的本体论样式

（一）自然论的"世界观哲学"

古希腊哲学从产生伊始就以理解和把握世界，进而掌握人的自身命运为己任，提出了多种哲学问题并构建了解决问题的哲学设想。古希腊的哲学思想几乎蕴含了后世各种哲学思想的萌芽。正如恩格斯所说：古希腊哲学丰富多彩，在它的"多种多样的形式中，差不多可以找到以后各种观点的胚胎、萌芽"[①]。因此，研究西方哲学的发展演变包括马克思的"新世界观"同样需要了解古希腊的哲学思想。

古希腊哲学思想与古希腊的宗教、神话密切相关并脱胎于宗教与神话。作为远古文化主要形式的神话与宗教，是人类摆脱恐惧的一种重要精神寄托。古希腊人传颂的神话在各民族神话中是最为系统和完整的。古希腊人用它解释世界与人类发生的各种现象，指导人的各种活动。从总体上看，神话中的主要内容包括"世界万物的来源"、"世界万物是怎样运动的"、"人从哪里来"、"人与神及外部世界的关系"等多种问题，归结起来就是关于世界的起源（包括人的起源）问题、世界的变化（包括人的命运）的问题、世界变化的原因问题。古希腊神话中的神是被理想化了的人的自我形象，而自然则是神将其"拟人化"的产物，自然界的运行与发展以及人的命运都是神的主宰。神的情欲和意志在世界中起决定作用，世界的生成由

---

① 恩格斯：《自然辩证法》，人民出版社 1971 年版，第 30 页。

神的自我生成开始，是从一神的生成到多神的生成，再到万物与人的生成的过程，神执掌人类活动的目的和结果，人的命运是不可更改的。古希腊神话中的神与人是同形同性的，神与人有相同的体貌特征和情感欲望，人与神共在的自然界和社会没有自身的秩序和规则，神也要遵从"命运"的安排，神也不能改变人的"命运"。

希腊神话内蕴着明显的世界观特征，同时它也是非理性的。"希腊神话的世界生成图式对后来的希腊哲学的宇宙生成论发生直接的影响；但是，这种图式以神人同形同性观念为基础，用人类的生殖力比拟自然的生成，它只是安排了自然物的时间次序，并没有表达自然界的内在联系、活动秩序和变化原因。"① 因此可以说，神学世界观就是人以超自然的理想化的自我形象对人与世界的存在与变化做出解释的思想表达。古希腊最早的先贤们正是为了寻找比神学世界观更为合理的自然观和道德原则，试图依靠人的理性思维认识把握世界，摆脱神秘命运的摆布与束缚，才开始了对人与世界的哲学思考。正是因为这种哲学思考脱胎于宗教神学，因此在其理论品性上始终与宗教神学的世界观有相似之处，以至于在整个传统哲学阶段，"世界观哲学"一直兼具宗教神学的品性。

尽管早期希腊哲学与远古希腊宗教、神话世界观有着这样那样的联系，而且它们都关注世界的起源、世界的运动、世界运动的原因等问题，但二者解答这些问题的方式是完全不同的。

第一，关于世界万物的本原问题。所有宗教神话都认为，神是万物的主宰者，是世间万物的本原。早期希腊哲学家根本否认这种解释，以带有感性色彩的抽象思维超越了宗教神话的幻想。他们认为世界万物存在的原因就在于物质世界自身内部。人们公认希腊哲学是从公元前6世纪米利都学派的泰勒斯开始的。泰勒斯认为万物的始基是"水"，万物是由水产生的，是水在运动变化中的不同形式，万物最后又都复归于水。当然，泰勒斯说的水，并不是日常生活中人们喝的水，而是哲学在发端之际没有一般性的普遍概念可用，只有使用日常生活中的感性事物来表述普遍性的结果。自泰勒斯的水本

---

① 赵敦华:《西方哲学简史》，北京大学出版社2001年版，第3页。

原说开始，先后有阿那克西曼德的无定说、阿那克西美尼的气本原说、赫拉克利特的火本原说、毕达哥拉斯的数本原说、恩培多克勒的四根说、留基波的原子论等，他们各自根据自己的经验观察和理性思辨给出了"世界是什么"的解答及论证，并从对世界本原的"预设"得出了关于人的结论。总之，早期希腊哲学家是从物质世界本身寻找万物存在的原因的，这与宗教神话当中以超自然的神为万物本原的观点是根本不同的。

第二，关于世界万物运动的根本原因问题。宗教神话认为神控制着万物的生长变化，神是万物运动的唯一动因。早期希腊哲学家，除了根本否认运动的埃利亚学派以外，几乎都把运动的原因归结于自然界本身。他们认为运动是物质世界本身所固有的，物质世界本身具有内在的运动能力，世界依其本性而变化，并不受外在的神的任意支配。因本原的运动是有序的变化，事物的存在和运动具有内在的必然原因。如阿那克西曼德把"无定"分化为万物的过程当作生成，把与之相反的万物归结为"无定"的过程当作消亡，生成与消亡共同构成世界的运动。恩培多克勒认为，火、土、气、水是组成万物的根，万物由于四根的组合而生成，又因四根的分离而消失。四根一直处于运动状态，它们可分可合，但在运动中四根不生不灭；赫拉克利特按照逻各斯的原则思考世界万物的变化，认为一切事物都像火一样变动不居，世界处于永恒的生成变化之中。虽然总的来说，早期希腊哲学还没有完全理性地合理地说明事物运动的内在原因是什么，但它肯定世界万物运动的原因在物质世界本身，并提出了生与灭、一与多、对立与和谐的关系，这与希腊宗教神话中把神当作万物运动推动者的观点是根本不同的。

第三，关于事物运动有无变化规律的问题。宗教神话认为事物的运动变化（包括人的生死）完全都取决于神的意志、神的喜好，并没有其自身不变的规律。而早期希腊哲学家（除埃利亚学派以外）都认为世界万物的运动并不完全由神的意志来统治，而是依照自身一定的规律进行的。尽管他们还没有提出"规律"这一概念，但"逻各斯"的原则越来越深入希腊人的思想之中，并以此思考人所面对的自然世界及世界的变化，用自然本身来说明自然，服务于人的生存活动，这是希腊早期哲学根本不同于宗教神话世界观的又一所在。

综观早期希腊哲学,希腊人抛弃了超自然的人格化的神的观念,而从自然本身寻找说明世界万物存在的根据及变化的原理,试图以真实的认识永久解决人对世界的认识。可以说,"希腊哲学的主题是获得关于宇宙万物的必然性或规律的知识"①。这充分体现了希腊人探索生命必然性、把握人的命运的自由精神。希腊早期哲学思想根植于世界观中,关于世界起源及变化的论述是有一定合理性的,但多数哲学家都赋予主观的色彩,很多是基于经验层面的猜测,缺乏抽象的理性思考及缺乏科学的论证,一般都具有朴素唯物性的自然主义特点。因此可以称其为"自然论"的"世界观哲学"。早期希腊哲学提供的这种建立在经验知识和逻辑论证基础上的对于客观世界的本质及其存在方式的纯粹自然主义的说明,使哲学在产生之初就内含明显的"世界观"规定,导引着后世以此理路构建出多种解读"世界"的理论。在早期希腊哲学之后的苏格拉底、柏拉图到亚里士多德,从某种意义上,都是沿着"解释世界"的主旨来建构各自的哲学体系。

(二)理念论的"世界观哲学"

古希腊哲学从一开始就以解释世界为己任,但在古希腊自然哲学阶段,由于当时人的认知能力的限制,人们按照人性与物性"同一"的理解方式预设了万事万物的"始基"作为"解释世界"的终极根据。这里的"始基"经历了从朴素直观的"水"、"气"、"火"到具有抽象性的"数"(毕达哥拉斯)、"原子"(留基波)的演变。从古希腊埃利亚派(塞诺芬尼、巴门尼德)以后,希腊哲学就努力在认识世界过程中对个别性和整体性(埃利亚派)、现象和本质(德谟克利特)的关系问题做出区别的划定。苏格拉底更是明显地表现出,通过对世界上的变动不居的万事万物做出普遍性、必然性和确定性的规定,即"定义"式的认识与理解,从而得到一些永恒不变

---

① 张志伟:《西方哲学十五讲》,北京大学出版社 2004 年版,第 28 页。

的逻各斯，体现出了浓厚的理性主义色彩和对本质、本体、真相追求的强烈渴望。柏拉图继承了苏格拉底对普遍性定义的追求，以"理念论"为核心，将世界划分为现象世界与理念世界（本体世界）两个部分，创建了哲学史上第一个全面"解释世界"的"本体论"体系。

认识真实的世界是古希腊哲学的精神追求。苏格拉底通过不断的追问、诘难、推理，看到世界（包括人生活的社会）上具体的经验事实和可感事物等"一般性"规定与他提出问题所涉及的事物的共同性有本质区别，但他没有对提出的问题中所关切的概念给出普遍性的定义，也就是说，他的问题没有最终确定的答案。柏拉图迈出了关键一步。柏拉图认为，普遍性定义的东西与可感事物完全不同，世界存在两个部分，即在可感的个别事物组成的"可见世界"之外，还存在一个理智可知的更加真实可信的"可知世界"，也就是由理念构成的"理念世界"。柏拉图的"理念"（idea，eidos 或译为"相"）不是感性直观的观念，而是理性所认识到的具有统一性和本体（存在）实在性的观念。柏拉图认为，可感事物组成的可见世界正如赫拉克利特所说的，是一个不断流动变化的世界，处在永恒的生生灭灭的过程中，其中的事物都是不确定、不真实的，都具有暂时性、相对性和不稳定性。这已为赫拉克利特的"流变"论所充分证明。相对于不断变化的"现象"而言，"理念"是无生灭、不变不动、永恒存在的，也就是完全的、纯粹的、绝对的。对世界上可感事物的真实解释只能由"理念"来完成。"正是由于感性事物不断变化，所以不能有一个共同定义。"[①] 尽管"理念"是看不见的，但它能被思想到，是真实的存在。各种"理念"构成一个独立存在的世界。任何具体的东西都只有"分有"了与它相应的理念，才能存在。但世间万物和它们的理念相比都是不完善的，万物都在努力趋近于自己的理念，却永远也达不到最终的"理念"，只能是理念的"摹本"。这样，"理念"就既是万物的本体和目的，又是万物的共相（种类）和模型。通过"分有"与"摹仿"，柏拉图使两个不同的世界内在地联系起来，

---

① 亚里士多德：《亚里士多德选集形而上学卷》，苗力田译，中国人民大学出版社2000年版，第23页。

使理念的超验性与可感性统一起来。

对于生活在可感世界中的人，柏拉图认为，现实生活中的人就如同始终生活在"洞穴"中一样。洞穴的后壁就是他们的全部视界，他们只把洞壁上的影子当作是真实的存在，而且不认为还有其他的真实。这就像人在日常生活中把看到的可感事物认为是真实存在一样。因此，要想认识真实的世界，人必须走出"洞穴"。而人要实现对"理念世界"的把握，必须借助灵魂。在柏拉图之前的古希腊先哲一般都是通过朴素的直观方式观看外部世界并做出直接的论断。这样的论断已经对理性或灵魂有了相对的肯定，但把灵魂与理性直接联系起来，又形成系统化的理论论述则是第一次。可以说，柏拉图将人的理性发挥到了一个新的高度，并赋予它新的内容。他认为，灵魂有理性、激情和欲望三个部分，而理性把人与动物区别开来，是人的灵魂的最高原则，它是不朽的、与神圣的理念相通的。灵魂的本性是理性，激情和欲望都应服从于理性。

确立了"理念世界"的"真实性"并借助灵魂将人与理念世界联系起来并不意味着问题的结束。如果"理念"是具体可感事物的本原，那么人一定会追问：理念世界来自何处？理念世界的本原又是什么？柏拉图坦率地说："因为要把我现在心里揣摩到的解释清楚，我觉得眼下还是太难，是我怎么努力也办不到的。"[1] 尽管如此，他还是尝试用人们常说的"太阳之喻"把"理念"与"善"联系起来，解决"理念"的本原问题。"理念"是有等级的，处于最高等级的是"善的理念"，它是最高目的，本身甚至不是存在，却是一切存在、一切真理的源泉。这就好比太阳并不是视力，但人的视力想看见事物一定离不开太阳一样。柏拉图把事物比作理念，把视力比作心灵，把善比作可知世界中的太阳，然后把有关太阳的一切功用都比拟到"善"的理念之上。也就是说，柏拉图将"善"看作是处于可知世界领域，并与理性及理性的认知对象相关的东西。正如他所说，"这个给予知识的对象以真理给予知识的主体以认识能力的东西，就是善的理念"[2]。"知

---

① 柏拉图：《理想国》，郭斌和、张竹明译，商务印书馆 1986 年版，第 263 页。
② 同上书，第 267 页。

识的对象不仅从善得到它们的可知性，并且从善得到它们自己的存在和实在，虽然善本身不是实在。而是在地位和能力上都高于实在的东西。"①

柏拉图关于两个世界的划分是其"理念论""世界观哲学"的基础，也成为本体论哲学立论的重要依据和基本观点。总的来看，柏拉图"理念论"的"世界观哲学"具有三个特点：一是普遍性高于个别性。按"理念论"所说，每类事物都有一个同名理念作为存在的根据，人们可感的事物不是真实的，而其对应的理念才是真实的，人要真正认识把握事物，就需要认识把握理念；二是理性高于感性。柏拉图重视灵魂，也更重视理性。他把灵魂看作是由理性、激情和欲望三个部分组成。有时他强调灵魂的统一，有时强调灵魂的区别，但他始终坚持灵魂在本性上高于身体的原则，即理性高于欲望的原则，从而赋予了理性以最高的地位，也是对人存在的肯定。这对后世理性主义的"世界观哲学"的发展乃至昌盛是不言而喻的；三是理念世界的不变性。理念世界是现象世界存在与变化的原因、根据和目的，其自身是静止不变的。善作为最高理念更是永恒绝对的，它赋予人以认知的能力，赋予认识对象以内容。善的本性，使其成为世界永恒追求的终极目的。在柏拉图的理念论中存在着从理念向理念神的逻辑演变，"正是柏拉图对善的理念所作的规定，成为后来西方超验性上帝观念的基本素质……"②

柏拉图构建的理念世界，是由事物到理念，再由理念到善，他所论述的这些普遍概念都不是从感觉经验抽象出来的，而是纯粹的概念，或者说是逻辑概念，它们之间的相互关系是通过逻辑论证推导出来的，是理性思维的对象和产物。"这样，柏拉图的体系就成了非物质主义；或者按照他赋予理念这个词的涵义，我们叫它理念主义（唯心主义）。"③柏拉图思考的问题是深刻的，他不满足于世界的个别性、特殊性，寻求世界的普遍性、确定性，力图从多中寻求少，再从少中寻求一，从而发现事物最稳定、最普遍的本质，他的努力方向超越了那个时代的他人，改变了人对世界的思考方式，为后世西

---

① 柏拉图:《理想国》，郭斌和、张竹明译，商务印书馆1986年版，第267页。

② 赵广明:《理念与神》，江苏人民出版社2004年版，第102页。

③ 文德尔班:《哲学史教程》上卷，罗达仁译，商务印书馆1993年版，第151页。

方哲学本体论体系的进一步发展奠定了基础。从柏拉图到黑格尔，西方主流哲学家的哲学理论体系就是以两个世界的分离为前提而进行的，鉴于柏拉图的影响之大，现代哲学家怀特海曾说："关于全部西方哲学传统的普遍特征，可以最稳妥地概括为：全部西方哲学传统都是对柏拉图的一系列注脚。"①

（三）实体说的"世界观哲学"

传统西方哲学时常被人称为"形而上学"或"本体论"哲学。而无论是"形而上学"，还是"本体论"，这两个核心概念及由此引发的哲学问题都与亚里士多德有着密切的联系。亚里士多德以"实体"（ousia，有的也翻译成"本体"）为核心构建的形而上学范畴体系或者称"实体说"的"世界观哲学"，在相当长时间里影响着人对世界的整体思考，甚至对人的存在方式都产生了巨大的影响，亚里士多德也因此确立了"形而上学"开创者和真正奠基人的地位。

1. 实体说"世界观哲学"的主要内容

亚里士多德认同柏拉图主张的现象服从于本质的基本立场，但是，亚里士多德不赞同柏拉图关于个别事物与其本质理念"分离"的观点。在他看来，"理念"本身是完全不动的抽象思维的产物，如果"理念"与个别事物是分离的，那么理念论就无法合理地说明世界万物的运动变化。为了摆脱柏拉图的困境，亚里士多德把"作为存在的存在"作为他的"第一哲学"（哲学）的专门研究对象，但是，他对"存在"问题的研究思路和内容与柏拉图明显不同。

亚里士多德不再寻求对"存在"的直接定义，因为他认为本原性的"存在"具有最高的普遍性，即"存在不是种"，不可能通过通用的形式逻辑的"属加种差"的方式做出确切的定义。如果人们以一种朴素的直观或经验概念来定义"存在"，则根本无法直接规定"存在"是什么。因此，亚

---

① 转引自威廉·巴雷特《非理性的人》，杨照明译，商务印书馆1999年版，第79页。

里士多德转以"存在"的存在方式即"范畴"来回答"存在"问题。他认为,"存在有多种意义,它或者表示是什么和这个,或者表示质,或者表示量,或者表示这些范畴中的任何一个"①。亚里士多德列出10个范畴概括"存在"的存在方式。这10个范畴是:实体、数量、性质、关系、地点、时间、姿态、所有、动作、承受。在这10个范畴中,ousia(一般被翻译为"实体"),亦即事物"是什么"或"是其所是",在各范畴中居于核心地位,其他9个范畴只是用来描述实体的,是实体的属性。这样,亚里士多德就从研究"存在"转变为研究"存在"的核心范畴——实体及其属性。亚里士多德认为,"实体在最真实、最原初和最确切的意义上说,是既不表述,也不依存于一个主体的东西"②。从亚里士多德对实体的定义和解释上看,实体自身就是主体,实体具有个体性、分离性和不可表述他物的特征。按此理解,只有个别事物才是实体,如个别的马、个别的人。个别事物被亚里士多德称为"第一实体"。对于表述个别事物的属和种,由于除能够表述第一实体外,不能表述其他事物,也不存在于其他主体中,从这个角度看,属和种符合实体的规定。同时由于属和种是从属于第一实体的,只能存在于第一实体中,所以,属和种只能是"第二实体"。

在对实体的名称或概念做出解释后,亚里士多德又对实体的存在与变化做出了进一步的界定。他认为,任何具体的个别事物的存在都是由于质料和形式的结合而成的。质料是将个别事物的种种规定性去掉后(抽象)得出的,是无任何形式的"物质"性存在。如果把只被其他事物所述说,而它本身并不述说任何其他事物的最后的主体视为质料,那么一旦抽掉一切述说它的事物,质料就什么也不是,它失去了一切规定性而成为没有任何规定的纯质料。从思维逻辑上看,质料以及作为质料的最后主体只有逻辑上的根据,只存在于逻辑的推导之中。况且一旦在逻辑上认定存在纯粹的质料,那么,在逻辑上也必然会认定存在纯粹的形式。只有具备了纯粹的形式,才会有与

---

① 亚里士多德:《亚里士多德选集形而上学卷》,苗力田译,中国人民大学出版社2000年版,第152页。

② 转引自赵敦华《西方哲学简史》,北京大学出版社2001年版,第80页。

形式同一的这个物，否则世界上就只存在没有任何规定、没有任何差别的单一质料。只有当质料与形式相符合，才会有一个具体事物呈现给人进而形成人的认识。因此，形式在逻辑上、时间上都是先在的，形式是决定该事物成为该事物的东西，形式是本质，是哲学追求把握的根本性东西，它理所当然也就成了最先的主体。所以，亚里士多德强调，形式是第一实体。

关于事物的变化，亚里士多德认为，质料只是一种潜能、一种可能性，是被动的，而形式是主动的、能动的，是目的的实现。形式作用于质料，质料接受形式，一个事物才成为具体存在。事物的生成变化，事物是其所是或者说事物之所以存在，是从潜在的有到实在的有，也就是从质料到形式、从潜能到现实的过渡。因此，质料和形式的关系是发展过程中的关系。形式作为第一实体是能动的实体，是引起运动和变化的原因，故形式是"动力因"；又由于形式是质料所追求的目的，质料为实现自己，从潜能向现实过渡，形式也是"目的因"。按亚里士多德的看法，万物都要实现自身，追求一定的目的，而低级的事物即使达到了目的，实现了自身，相对于更高一级的事物来说，这目的本身也还只是手段，它需要追求更高一级的形式或目的。这样推导下去，可以推到一个最终的目的或形式，即"形式的形式"或没有质料的形式。这个东西本身是不动的、永恒的，但却是引起万物运动变化的根源，因此它就成为"原始动因"或"第一动因"，即"第一推动者"或"不动的原动者"。正如亚里士多德所说："必然存在着某种永恒的、不运动的实体。"①这个"第一推动者"或"不动的实体"就是神，也是亚里士多德规定的最高实体。当然，亚里士多德所说的神不是宗教意义上的创世主，而是理性神，是不可感觉的不动的永恒的实体，是形而上学意义上的最高实体、终极原因、最终目的。这个最高实体与物理学的研究对象，即可感觉的运动的永恒实体（天体星球）和可感觉的运动的可毁灭的实体（动植物），共同构成了他的三类实体界定。

①亚里士多德：《亚里士多德选集形而上学卷》，苗力田译，中国人民大学出版社2000年版，第291页。

2. 实体说"世界观哲学"的性质

亚里士多德对"实体"的范畴界定和存在界定构成了其"世界观哲学"的核心内容，也成为人在认识世界时必然需要做出回答的问题。因为求知是人的本性，而求知说到底就是探求和寻找事物存在变化的原因，尤其是探求世界万物存在与变化的"本原"，即"第一因"或最初因。亚里士多德认为，关于"第一因"或最初因的知识是最高的科学，能对其他具体科学起指导作用。但是，由于以往的哲学家在寻求世界的"始基"、"本原"和世界存在变化的原因时，要么把次要原因说成首要原因，把部分原因说成全部原因，要么在可感世界之外寻求首要的、全部的原因（古希腊自然哲学家属于前者，柏拉图属于后者），都没有达到"第一哲学"（形而上学）的高度。因此，亚里士多德将"第一哲学"（形而上学）看作是寻求世界万物存在与变化的"第一因"的"科学"，是具体科学的奠基性理论。正如亚里士多德所说："存在着一种思辨作为存在而存在的科学，也包括着那些就它自身而言的依存者。它不同于任何一种各部类的科学，因为没有任何别的科学普遍地研究作为存在而存在的，而是从存在中切取某一部分，研究它的属性，例如数学科学。"①而从亚里士多德对"实体"的判定来看，亚里士多德将"实体"看作是世界存在与变化的根本原因和动力所在，因此，亚里士多德关于"实体"的哲学理论就是他的"第一哲学"（形而上学）的核心，或者说是他的本体论的"世界观哲学"。这样，传统"世界观哲学"从巴门尼德的"存在"，经过柏拉图的"理念"，到亚里士多德的"实体"，终于确定了自己寻找和研究的对象，并构成了传统哲学解释世界的主要脉络。由于"实体说"的"世界观哲学"具有浓厚的经验因素，而且亚里士多德也一直将"第一哲学"视为其他具体科学的基础，并力求沿着科学理论的思维思考世界。这样看来，与柏拉图的"理念论""世界观哲学"相比，"实体说"的"世界观哲学"就是具有一定科学品性的"世界观哲学"。

---

① 亚里士多德：《亚里士多德选集形而上学卷》，苗力田译，中国人民大学出版社2000年版，第73页。

3. 实体说的"世界观哲学"的意义

对实体或存在的不懈追问是亚里士多德"世界观哲学"的精神主旨和真谛所在。他的实体说的"世界观哲学"与柏拉图的理念论的"世界观哲学"比肩于世,他的多个哲学论点直接规划或影响着后世对整体世界的理解。其作用主要表现为:一是亚里士多德的实体说为"世界观哲学"划定了经验论的途径。对于形式的肯定,是柏拉图与亚里士多德共有的一个基本思想。只不过柏拉图把纯形式(理念)看作具有完全的独立性,而亚里士多德则强调,纯形式与感性事物具有更密切的关系。他坚信世界是永恒的,并把它看作是现实的巨大存在,纯形式只是在逻辑上具有优先性,在现实存在上,形式并不与具体事物相分离。这样看来,"他没有柏拉图在冥思苦想超感觉的理念世界时所发现的超验的规范"①。因此可以说,亚里士多德实体说的"世界观哲学"的现实感更强,经验论色彩更浓,"这种健康的经验论与哲学思辨的结合尤为亚里士多德哲学不同于柏拉图哲学的特色"②。二是亚里士多德的实体说的"世界观哲学"确立了"哲学"以知识性方式解释世界的最高地位。亚里士多德将第一哲学(形而上学)视作一切科学的基础和前提的思想,直接影响了近代哲学家对哲学功能与任务的理解,也为哲学在近代成为"科学的女王"奠定了思想基础。这种思想一直延续到传统哲学的最高代表——黑格尔的"绝对哲学"之中。三是亚里士多德的实体说规范、界定了多个哲学范畴,构建了以"实体"为中心的"网状"的范畴体系。亚里士多德之前的哲学家们的很多思想一般是借助形象性的比喻和经验性的描述来表述的,尚不存在能够表现复杂关系内涵的范畴系统。而且就是这些有限的范畴也缺乏明晰的界定,它们往往与经验内容、感官直觉、主观猜测混杂在一起,有的甚至尚未从常识用语中明确区分出来。亚里士多德在《形而上学》中第一次对那些表述哲学观点不可缺少的术语、概念进行了系统的考察,分析了它们应有的含义,明确了它们的不同用法,构建了整体世界的逻辑结构。因此,罗素说"亚里士多德

---

① 策勒尔:《古希腊哲学史纲》,翁绍军译,山东人民出版社1992年版,第215页。
② 同上书,第216页。

是第一个像教授一样地著书立说的人"①。而黑格尔也认为，亚里士多德善于以"概念形式"去把握事物，处处去关心确定的概念，具有"最高的思辨思想"，这点恰恰是"亚里士多德的伟大和巨匠风度之所在"。②

亚里士多德实体概念的提出本来是为了避免柏拉图的两个世界的划分，避免用另一个世界来解释可感觉可经验的现实事物世界，力图从事物世界本身之中找出解释这个世界的道理来。然而，受主客观条件的限制，他未正确解答一般与个别、特殊与普遍之间的辩证关系，他的实体既指个别事物的独立存在——这一点与柏拉图的理念不同，又指事物的形式，实际上就是事物的普遍、一般、共相的独立存在，在这方面又与柏拉图的理念汇合在一起。他公开反对超感觉的理念世界的存在，却承认永恒不变的可感觉的实体的存在，实际上暗含着对超感觉世界的承认，"实体说"就和"理念论"一样最终都走向了神学。因此可以说，亚里士多德的最高实体与柏拉图的最高理念是同一的，他的实体说最后还是脱离了事物世界，与柏拉图走上了同一条道路。正如罗素所说："亚里士多德的形而上学，大致说来，可以描述为是被常识感所冲淡了的柏拉图。"③

二　传统本体论"世界观哲学"的理论

（一）神学与科学品性合二为一的"世界观哲学"

人类生存的世界本是不以人的意志为转移的客观的"自在世界"。人来到这个世界，通过实践活动改变了这个世界，同时又试图以人的理性来认识这个世界，按照自己把握世界的方式来构建人的世界，从而在人的主观

---

① 罗素：《西方哲学史》上卷，何兆武、李约瑟译，商务印书馆1963年版，第211页。
② 黑格尔：《哲学史讲演录》第2卷，贺麟、王太庆译，商务印书馆1960年版，第284—285页。
③ 罗素：《西方哲学史》上卷，何兆武、李约瑟译，商务印书馆1963年版，第212页。

意识中就形成了各种各样新的"属人世界",也就是"自为"的世界。"自为世界"是人在自己的表象和思想中所构成的关于经验世界的整体图景,即"世界图景"。由于人类受到主客观条件的限制,人把握世界的方式和途径是不同的,也就是认识和把握人与世界之间关系的"中介"是不同的,往往导致人所能把握的世界只是"自在"世界的一部分,"世界图景"与"自在世界"并不是"真实"的符合。"从本质上看来,世界图像并非意指一幅关于世界的图像,而是指世界被把握为图像了。"①"世界图景"正是因为人的原因表现出"形式"上的丰富多彩。传统"世界观哲学"就是多种"世界图景"中的一种。它因从一开始就具有宗教神学和科学的双重品性,既被人类寄予整体、全面、永久认识世界的厚望,又一次次因为无法实现"世界图景"与"自在世界"的真实符合成为他人批判的"标靶"。

从"哲学"("世界观哲学")"解释世界"的原初目的看,它因为是对人类多种把握世界的方式进行反思,它似乎包罗万象、无处不在。但仔细考问哲学对世界的认识与把握,"哲学"却又难以定义、准确把握。以至于人们因为"急于理解哲学,常常从反面入手,暂先不问哲学是什么,而问哲学不是什么,似乎排除了不是,剩下的就是该是了"②。按此理解,说"哲学不是什么",最需要明晰的是与"哲学"既根本不同又密切相关的宗教神学与科学。

"哲学"及科学、神学虽然面对的是同一个世界,但由于观察的角度和注重的内容不同,它们所形成的"对象世界"、"世界图景"就各自不同,由此决定了它们之间的根本区别。

科学面对的是人思想意识之外的纯粹的"自然世界"。它是人类运用理论思维能力和理论思维方法去探究自然、社会和精神的奥秘,获得关于世界的规律性认识,并以此规律性认识指导人类的实践、改造世界、造福人类的活动。科学要探究的是自然中的那个"是其所是"、"自然而然"的性质。所以科学活动的本质,是人类认识把握世界规律的一种活动。科学规律是一种必

---

① 海德格尔:《林中路》,孙周兴译,上海译文出版社2004年版,第91页。
② 叶秀山:《哲学作为哲学——对哲学学科性质的思考》,《中国社会科学》2005年第6期。

然性的规律，科学理论是一种求真的理论。"科学力图按照宇宙的尺度而不是按照人的尺度来看待世界。"[1]"科学世界"是"自在"的、"本然"的世界。科学追求的是自然原生形态的存在，它只遵循一个客观性的尺度，也只要求一个客观必然性的结果，即达到认识真理的结果，这是科学理论的根本性质和特点。科学世界观因此具有了给予人类改造、控制和利用自然的力量。

宗教神学面对的是人的主观心灵的"精神世界"。它以"信仰权威"为人确立一个合于人的精神意愿和理想的幻想世界为目的。宗教神学世界完全属于人凭借想象而构造出的虚幻世界。"不是自然，而是社会才是神话的原型。神话的所有基本主旨都是人的社会生活的投影。"[2]马克思也认为，"人创造了宗教，而不是宗教创造了人。就是说，宗教是还没有获得自身或已经再度丧失自身的人的自我意识和自我感觉"[3]。宗教世界是人理想化的世界，是充满着想象甚至虚构的东西。人在神学世界中可以充分发挥在自然世界无法施展的创造本性，通过这个世界去满足在自然的、现实的世界中无法实现的理想和愿望。"人在他的神祇中所描绘的正是他自己，在神的一切中所表现出来的正是人的千姿百态、喜怒哀乐、气质性情，甚至于癖好。"[4]宗教的价值取向是满足人超越现实的绝对愿望，是单一的"应然"世界。在宗教世界中只讲一个尺度，即人性愿望的尺度，只追求一个结果，即符合应然性的至善状态的结果。

"哲学"作为人把握世界的一种方式，与科学和宗教相比，具有明显的不同。比起哲学世界，科学世界和宗教世界都属于单一性质的世界。这就是说，它们注意研究和思考的只是人的"现实"与"理想"两重世界中的单一关系和性质。"哲学"面对的是一个多重结构和多重内容的世界。这里既有自然的世界，又有理想的世界；既有过去的世界，又有未来的世界；既有必然性的世界，又有自由性的世界；既有客体的物质世界，又有主体

---

① 卡西尔:《人论》，甘阳译，上海译文出版社 2004 年版，第 313 页。
② 同上。
③《马克思恩格斯选集》第 1 卷，人民出版社 1995 年版，第 1 页。
④ 卡西尔:《人论》，甘阳译，上海译文出版社 2004 年版，第 137 页。

的观念世界。作为把握世界的一种方式，"哲学"以所有"观世界"的方式为对象，"观"宗教的世界、"观"科学的世界、"观"伦理的世界、"观"艺术的世界。"哲学"在"观"之后还要进行综合，将不同的世界"统一"起来，成为人把握世界、追求世界统一性的一种独特的理论表达。

"哲学"既非神学也非科学，却又既近于神学又似于科学，同二者有着密不可分的联系。与科学相比，"哲学"是"超现实"的，它十分重视人的"应然"结果，把人的自由置于最高的地位；与宗教相比，"哲学"又是"现实"的，它把人的理性张力发挥到极致，努力追求人的"本然"结果，把人的必然视为不可或缺的基础。古代哲学是作为原始宗教神话的对立物出现的。哲学最初表现为早期科学的认知形式，它采取"科学"的态度否定原始宗教和神话中的幻想意识，逐渐从原始宗教神话中脱胎而出。但是，在"哲学"发展的过程中，"哲学"对世界的理解与把握始终具有神学的品性，"哲学思想的全部努力都是要对人的灵魂的不朽性作出清晰而不可辩驳的证明"[1]。也就是说，哲学所面对的世界是"现实"与"理想"的结合和统一，"哲学理论的任务和功能，就在于理解、解释和解决人在自己的生存活动中所造成的这一切两重性的矛盾关系，从而使人能够以人的态度对待人自己，以现实的态度对待人的现实世界，自觉地去为创造人和人的世界而奋斗"[2]。就"哲学"的演进与发展过程来看，它的发展过程就是一个与宗教、科学逐渐分离，又时常倾向于一方的过程。"哲学"一直处于科学与神学之间，既做过"神学的婢女"，也做过"科学的女皇"。从泰勒斯开始对宇宙万物本原的探求，到柏拉图—亚里士多德对理性的崇尚，西方哲学就具有了科学与神学的双重品性。"一方面它力图通过理性寻求宇宙万物的根本原因，引导人们对万物所持的传统的信仰的态度走向理性的态度，体现出科学的理性精神。另一方面对本原的探讨，又导致对最终原因、目的、最高实体的追求，最终导致一个绝对者，即理性神。"[3] "哲学"的内容和功

---

① 卡西尔：《人论》，甘阳译，上海译文出版社 2004 年版，第 117 页。

② 高清海：《哲学的憧憬》，吉林大学出版社 1995 年版，第 4—5 页。

③ 黄颂杰：《论西方哲学的宗教和神学之品性》，《哲学研究》2000 年第 9 期。

能与科学、神学既相似又不同，可以说是科学和神学的"混合体"。正如罗素所说："我们所说的哲学的人生观与世界观乃是两种因素的产物：一种是传统的宗教与伦理观念，另一种是可以称之为科学的那种研究，这是就科学这个词的最广泛的意义而言的。至于这两种因素在哲学家的体系中所占的比例如何，则各个哲学家大不相同；但是唯有这两者在某种程度上同时存在，才能构成哲学的特征。"① "哲学"既有像宗教那样满足人类精神的某种需要的价值性，同时，它又像科学那样表现出对理性的崇尚，不断探求客观世界中的一些根本问题，具有和科学相同的、追求与把握真理的科学性。"哲学"表现出来的这种"应然性"（价值性）与"本然性"（科学性）统一的"双重性"，决定了它在相当长时期内承担着人对世界"整体"、"无限"、"绝对"的认识与理解，展现出特有的价值与魅力。

（二）传统本体论"世界观哲学"的基本特征

从亚里士多德第一次明确提出"本体"这个概念，并在《形而上学》中建立起比较系统的古代本体论体系，对如何定义评价"本体论"就如同给"哲学"定义一样处在永无休止的争辩之中，"哲学与本体论的关系问题"、"本体论与形而上学的关系问题"等问题层出不穷。但不论人们如何定义评价"本体论"，不论支持本体论及本体论思维的理论，还是反对本体论及本体论倾向的观点，不论是历史上的怀疑主义，还是后现代主义对"本体论"与形而上学的"拒斥"，本体论始终像一个不灭的"幽灵"一样挥之不去。因此，对于如何定义"本体论"似乎就变成了一个无关紧要的"小问题"，而如何把握本体论思维及本体论哲学的特征却是任何赞成与反对"本体论"的人都必须认真思考和研究的重要问题。而"世界观哲学"的发展与演进及把握"哲学"发展的方向性问题，同样离不开对本体论思维及本体论哲学特征的认识与理解。总的来看，传统本体论"世界观哲学"具有以下几个明显的特征。

---

① 罗素：《西方哲学史》上卷，何兆武、李约瑟译，商务印书馆1976年版，第11页。

1. 人与世界的同质性

按照古希腊哲学的逻辑，"无中不能生有"，世间万物必然是由一种或多种"有"或"存在"而来。万物（包括人）都是由它构成的，都是从它产生，最后又化为它。这也就是亚里士多德说的，实体始终不变，变换的只是它的形态。按照这种逻辑依次推理，古希腊人认为，最原始的那个"有"或"存在"，应该是万物之源，是万物的元素，是"本原"，是"始基"。人和万物具有共同的本原，都由"始基""生长"变化而来。从源初的性质看，既然人与世间万物是天然一体的，那么，"始基"和宇宙本原的性质也就决定了人的属性。而全部古代哲学从理解人与世界关系的问题上看，都可以归结为寻找宇宙的"始基"、"本原"的活动。对万物之源——"始基"的崇拜和追求成为传统"世界观哲学"的主要特征。

回溯传统"世界观哲学"会发现，古代哲人对"始基"的称谓有许多。从最初的"水"、"火"到"数"、"原子"、"四根"、"存在"，再到柏拉图的"理念"，亚里士多德的"实体"，包括后来基督教哲学中的"上帝"，可以说都是传统"世界观哲学""万物寻宗"思想的结果。而各种各样传统"世界观哲学"中的"始基"以及后来的"衍生"概念都具有以下几个特点。

第一，古代哲学家认为"始基"是不生不灭、超越时空的。古代哲学家一般都承认人与世界上的其他具体事物都处于生灭变化中。但这种变化只局限于感官世界的"现象"之中，而"始基"在人的感官世界之外，是绝对的、永恒的。把"存在"看作是世界"始基"的巴门尼德就宣称："存在者不是产生出来的，也不能消灭，因为它是完全的、不动的、无止境的。"①

第二，古代哲学家认为"始基"是完美无缺、不可分割的。尽管在宇宙万物的"始基"是一个或多个上存在不同的理解，有的认为"始基"是单一的，如水、火、气、存在等；有的认为"始基"是多个，如数、原子、元素等。然而，不论是认为宇宙"始基"是一个还是多个，几乎所有的古

---

① 北京大学哲学系外国哲学史教研室：《西方哲学原著选读》上卷，商务印书馆1981年版，第32页。

代哲学家都强调"始基"具有内在的完满自足、不可分割性。在他们看来，世间万物是从"始基"中产生出来的，但始基本身是连续且不可分割的，万物是获得了"始基"的规定才能够存在的。

第三，古代哲学家认为"始基"是无所不包、无所不在的。从数量上看，古代哲学的宇宙"始基"大致可以分为两种类型：一种在数量上表现为多，是最为细小的存在；一种是数量上为一，是至大无边的存在。"始基"具有无所不包、无所不能的潜能，内部藏有生成万物的种子，潜在地囊括一切、包含万物。古希腊哲学家阿那克西曼德认为："万物的本原是无限者……因为那化生一切的应当什么都不欠缺。"[1] 中世纪宗教哲学把"始基"无所不包的观念推到了登峰造极的地步，基督教神学所崇拜的宇宙创造者——上帝就是一个无所不能、无所不在、全善全能的"大全"之物。

总之，按照古代哲学家的设想，自然界怎样，人就怎样，人的一切本性都是"始基"赋予的。基于这种逻辑，人怎样，自然界就怎样。于是，一些热衷于探索宇宙始基的古希腊哲学家便把视点投向了"人"。"认识自己"也就成了哲学又一新的主题，哲学也就从最初的向外部自然世界寻找整个世界的"根据"转向对人的关注。"至少从苏格拉底以后，西方哲学家即开始自觉寻求一种经过系统理论反思、具有明确目的和意义的理性生活，并力求用一种普遍的公共理性的观念构造秩序良好的政治和社会生活。"[2]

2. 解释世界的超验性

从本体论"世界观哲学"理论关注的对象来看，哲学从产生之初就以独特的方式考察世界的整体性。哲学家们力求通过对世界整体性、根本性、普遍性问题的认识与把握，解开人们感官世界中的其他问题。哲学关注对象的特殊性决定了哲学理论中的概念，并不是如一般经验概念那样从感觉经验中概括出来的，而且人类也不可能在穷尽一切感觉经验之后，再概括

---

① 北京大学哲学系外国哲学史教研室：《西方哲学原著选读》上卷，商务印书馆1981年版，第16页。

② 高清海、孙利天：《哲学的终结与人类生存》，《江海学刊》2003年第5期。

出"哲学概念"来。"就经验来说,哲学概念似乎是一种跳跃,或者说是超越——超验。"①哲学不仅以科学为基础,而且"这也勉强可以说,哲学有时也能走在科学的前面——道理上说,哲学似乎应该走在科学的前面"②。实证主义大师杜威认为,"哲学妄自以论证超越的、绝对的或更深奥的、实在的存在和启示这个究极的、至上的、实在的性质和特色为已任。所以它主张它有一个比实证的科学和日常实际经验所用的更为高尚的认识的官能,并主张这个官能独具优异的尊严和特殊的重要性。如果哲学是引导人到日常生活和特殊科学所启示的实在以外的实在(reallty)的证明和直觉去的,那么这个主张是无可否认的"③。

从传统"世界观哲学"的发展过程来看,传统"世界观哲学"从来不去研究具体事物或现象,也不是以具体的、实证的方法进行研究,它借助人的抽象思维直面那些人的直接经验把握不到的"超验"的东西。哲学对象本身是一个不断"纯净化"和明确化的过程。这种纯净化和明确化并不是说哲学像科学研究对象那样越来越具有实证性,越来越明晰,而是哲学中原有的实证性知识问题越来越分化出去,只剩下了非实证的、超验的、抽象的、最一般的根本问题。在古代,哲学和知识是同义语,哲学和科学是融为一体的。到亚里士多德,他才把科学进行了详细的分类,把专门研究具体事物之外的作为一般的共相、普遍本质或实体即"存在的存在"的学问叫作"第一哲学"。这种超验的、一般的哲学问题,在西方中世纪变成了上帝的代名词以及"名"与"实"的关系问题。传统本体论"世界观哲学"以某种超验的"终极存在"作为追求目标,用它来解释和说明世间万物,把一切都归结为本体的变相。由于它把"终极存在"预设为某种"存在者",又依照"终极存在"是万物根据的逻辑,必然从一个"存在者"追问另一个"存在者",最终追溯并抽象为某一个原始的、本原式的"存在者",把它视为推动一切、派生一切而自身不动的最高"存在者"。然而由

---

① 叶秀山:《哲学作为哲学——对哲学学科性质的思考》,《中国社会科学》2005 年第 6 期。
② 同上。
③ 杜威:《哲学的改造》,许崇清译,商务印书馆 1958 年版,第 13—14 页。

于这个"终极"的"存在者"是超验抽象的产物，因而就与宗教神学"造物主"、"神"、"上帝"有了相近的意味，甚至演变成了"理性神"。亚里士多德就把以"寻求最初的根源和最高的原因"为目的的形而上学视为对具有神性的事物的研究。本体论"世界观哲学"的这种超验性解释世界的方式，在中世纪为基督教神学所利用，哲学作为"上帝存在的本体论证明"也就不足为奇了。

　　既然本体论哲学解释世界的方法是超验的，无法实证的，它本身不是科学却力图把自身建成一门为所有科学提供基础的理论，其结论则是"自由"的。因此，哲学的问题似乎总是回到源头，哲学也就总是处在"危机"与"转换"之中。哲学家们为保证各自结论在"自由"前提下的"准确"，防止各自哲学理论的"无序"，就借助"纯净化"的概念、准确的语言、严密的思维构建各自的哲学理论，在"自由"中寻找规范的"秩序"。从这个意义上说，"创新就是哲学的常规工作"①。因此可以说，与自然科学等实证科学相比，任何哲学理论的"转换"、"创新"都是"世界观——宇宙观的革命"。

3. 理性思维的至上性

　　古希腊人从哲学思考的开端之际，就对感官世界的真实性抱怀疑的态度，他们一直试图通过理论意识为人的生存寻找根据并确定人的生存价值。亚里士多德就说，"求知是所有人的本性"②。这里的"求知"与"人是理性的动物"中的"理性"是紧密相连，甚至是同一的。人被定义为"理性动物"也就意味着是"理性"将人与动物区别开来，人的理性也被人自己赋予了新的"权利"。人的理性获得这种"权利"的深层原因在于，人的理性思维超越了动物的"知性思维"，它既立足于现实又不断寻求超越现实，表现出一种由有限趋向无限的内在超越性。"哲学思维正是人类

---

① 叶秀山：《哲学作为哲学——对哲学学科性质的思考》，《中国社会科学》2005年第6期。
② 亚里士多德：《亚里士多德选集形而上学卷》，苗力田译，中国人民大学出版社2000年版，第3页。

理性思维的这种无限性、普遍性、至极性追求的最典型和最集中的表现和实现。恩格斯把人类思维的这种特性叫做至上性,认为人的思维是至上的和非至上的统一。"①就泰勒斯的"水"与赫拉克利特的"火"而言,这里的"水"与"火"已经超越了现实的感性的有限的具体事物的含义,它更蕴含着人们对经验世界多样性和统一性的理解与追求,是对一种万物都产生于它、根据于它又复归于它的"终极存在"的探索,是对于超现实的、普遍的、无限追问、追求,也就是人类理性追求的哲学表达。亚里士多德把人类的这种理性追求的"终极存在"称为"实体"(也就是"本体"),并把本体问题确定为形而上学的核心问题,把哲学规定为关于第一本体和最高原因的理论,确立了"哲学就是形而上学,就是本体论"的基本观念。自此以后,在相当长的时期内,传统本体论"世界观哲学"就以追求永恒实体和超验本质为基本旨趣,以奠定"解释世界"的基础为主要任务,本体论问题成为整个古代哲学探究人与世界关系问题中的核心问题。即使在中世纪的基督教哲学理论中,经院哲学的理论家们也要通过至极性的"本体论"证明,为万能的上帝寻找其存在的根据。

传统本体论哲学寄托理性寻找世界终极根据的思考,在展现了人类理性求真力量的同时,往往又从某种人类社会特有的信念或观点出发去思考外部世界的整体性问题,并作为一种内在的精神动力鼓舞人们去探求世界的终极根据、终极解释和终极价值的奥秘。因此,哲学在古代本体论阶段既同科学一样具有揭示真理的属性,同时它又以一种价值理论表现出来,体现着人们对"善"与"美"的价值追求。因此,"哲学"在古希腊之时就是认知功能、价值功能和审美功能的统一,也就是统一"真"、"善"、"美"的认识的最高理论表达。应该说,古代本体论哲学表达的超越物理世界、超越现象世界、超越有限世界的众多理论,探索终极存在、终极原因,寻求终极解释和终极价值的哲学追求,既反映了人类理性求真力量的升华与跃迁,同时也把一个理想的、理性的"至真"、"至善"、"至美"的

---

① 欧阳康:《本体论的兴衰与哲学观念的变革》,《天津社会科学》1997 年第 2 期。

"世界"呈现给世人。

本体论"世界观哲学"试图在科学知识之外，去建立一种关于解释世界从而实现支配世界的最普遍原则的知识体系。这样的哲学体系常用理性思辨和简单的类比、想象来构造各自的哲学大厦，而每一体系都宣称自己是关于世界的绝对真理，从而造成传统"世界观哲学"的封闭性。这种哲学理论体系的封闭性是传统本体论"世界观哲学"的"通病"。无论是柏拉图的"理念世界"，还是亚里士多德的"实体世界"，他们都在某种意义上想通过哲学而达到对绝对真理体系的认识，而且往往宣布这一目的在自己的哲学中已经达到。这种以追求"终极存在"为旨趣，以达到对支配万物的本体的完全把握为根本目标而建立起来的所谓绝对真理、绝对知识的哲学理论体系，最终必然走向独断论。

本体论"世界观哲学"的三个基本特征，并不是彼此互相分离、完全独立的，而是有机联系、互相制约、共为一体的。传统本体论"世界观哲学"通过对具体事物背后的抽象一般、现象世界背后的不变本体的追寻，以纯粹超验性的思辨思维建立起各种解释人、社会、世界的知识体系。在这样的哲学理论中，世界的本质被还原为"预设性"的"存在"，而这种哲学理论中所阐述与理解的"人"，还属于与世界同质的"自然人"。随着人的自我意识的觉醒，人必然要不断设计新的"理想"，彻底将人与自然界区别开来，确立人在世界中的主体地位。这一任务随着科学的发展，在近代哲学中得到更为深刻的确认。

（三）"世界观哲学"发展的人性根据

世界观表达的是人面对"同一世界"时的看法。这种对"世界"的看法因为人的改变而改变，从而反映了人理解、把握世界的不同背景、不同框架、不同角度。任何古代哲学理论内含"世界观"的精神旨趣，同时也都是对人类自身关注与聚焦后的精神诉求。从哲学的产生看，哲学源于人摆脱神的控制、寻求理解"世界"的一种精神渴望，是人的主体性觉醒的一种理论表达。从"世界观哲学"的发展看，人的主体意识的发展与提高，是"世界观哲学"变化与发展的内在动力，"人类是一种会讲故事的动物，他们以叙事的方式来界定自己和宇宙，世界观的内容与人性的这个显著特征，似乎具有直接的联系"①。海德格尔也认为，世界观总是扎根于现实生活，按其起源来说"世界观根据此在思索与立场的实际可能性产生于各个实际的人之此在，并且为了这一实际此在而产生。世界观是那种出于、随着并且为了实际此在而向来历史地实存的东西"②。由于人永远处在历史的生成和发展中，"世界观哲学"作为人把握世界的理论表达，当然就只能以多样化的形式并在历史的变化中去把握并表达人性的根本要求。"可以说西方哲学的发展历史就是形而上学的构建与转型的过程。"③换言之，传统"世界观哲学"就是人以形而上的思维构建本体论的产物。这种"世界观哲学"发展的内在动力在于人，即在于人思维上特有的形而上学的本性。海德格尔则明确表示："人的此在只有投入无才能与存在发生关联，超越存在正是此在的本质。但这一超越本身就是形而上学。这就是何以形而上学属于人的本性的缘故。"④海德格尔将"无"、"存在"及人的"超越"本性，即形而上学本性联系起来，表明人的形而上学的"超越性"构成了"世界观哲学"的人性根据，在对世界的整体把握上，"哲学世界观与人的形而上本性表现出内在的一致和统一"⑤。"世界观哲学"与人的本性紧密地融合在一起，体现了人在生成过程中确立的特定的精神追求和精神境界，成为人的本性的最集中、最显著的体现。

人思维上具有形而上学的本性中的"形而上学"不是与辩证法相对立的那个"形而上学"，不是那种用孤立、静止、片面的方法分析问题、处理问题的"方法论"。哲学意义上的形而上学是人立足于"形而下"的世界，超越"形而下"的世界，追求"形而上"世界的精神自觉。正如马克

---

① 大卫·K. 诺格尔：《世界观的历史》，胡自信译，北京大学出版社 2006 年版，第 324 页。

② 海德格尔：《现象学之基本问题》，丁耘译，上海译文出版社 2008 年版，第 17 页。

③ 陆杰荣、张伟：《哲学境界：诠释马克思哲学的一个新视角》，《教学与研究》2008 年第 11 期。

④ 海德格尔：《存在与在》，王作虹译，民族出版社 2005 年版，第 170 页。

⑤ 陆杰荣：《形而上学与境界》，中国社会科学出版社 2006 年版，第 36 页。

斯·舍勒所说:"不管意识到没有,也不管自己努力得来的,还是继承而来的,人始终都必定拥有这样一种[形而上学]观念和[形而上学]的情感。……早在思维意识到之前,人就拥有这片绝对存在的领域。这是属于人的本质,它同自我意识、世界意识、语言和良知一起形成了统一的稳定结构。"①人的形而上学本性是人思维方式上的本性,它表现为人在思维中将人自身加以分化,将自己的意识加以分化。物质与精神、客观与主观、特殊与普遍、有限与无限、相对与绝对的对立都是人意识分化的结果。"世界观哲学"就是人在意识产生各种分化、对立后又希望"统一"各种分化、对立的精神诉求。这里的"统一"绝不是具体事物、现存事物的"融合",而是表现为精神上的"超越"后的"统一"。"世界观哲学"作为一种把握人与世界关系的理论表达,从产生伊始,就以"超越"人对现实生活和现实世界的理解为指向,以"超越"的方式表达人认识世界的要求和旨趣。从这个意义上讲,在"世界观哲学"发展的各个阶段,它就是人以不同的视角关注自身并服务于人的"超越"和人的"创造",即关注并服务于人的形而上学的本性需要的理论表达。"人生活在一个有形的世界,但有形就意味着被给定,而被给定则意味着边界,意味着限制,意味着有限性,因此,超越这一有形世界的界限,向往一个无形的、无限的理想世界,就成为人的一种十分强烈的心理诱惑和生命冲动,形而上学正充当了满足这种诱惑和表达这种冲动的载体,它所欲表达的就是人超越样态中的理想生命形象。"②

按照人的形而上学本性理解,"世界观哲学"内含理想与现实的对立与统一。人的实践活动总是将"生活"分解为"现实"与"理想"相对立的两个部分。"现实生活"的"必然"与"理想生活"的"应然"构成了人行为方式上的矛盾。由于实践活动是不断发展的,在人的实践活动中就永远存在着理想与现实的矛盾。一种理想转化为现实的存在,解决了主观性与客观性的矛盾,随着实践的进一步发展人又会产生新的欲求,形成更高

---

① 马克斯·舍勒:《哲学与世界观》,曹卫东译,上海人民出版社 2003 年版,第 77 页。
② 贺来:《边界意识和人的解放》,上海人民出版社 2007 年版,第 42 页。

的理想，主体与客体也就进入新的对立关系之中。"主体与客体对立的实质是主观与客观的对立，而理想与现实的对立，则是实践中所发生的主观与客观对立的核心。"① 从这个意义上说，"世界观哲学"与人的形而上本性表现出高度的一致，即不断地以"应然"（理想）否定"必然"（现实），又从"必然"（现实）到新的"应然"（理想）的过程。正如高清海所说："人作为主体而从事的活动，就其内容而言，就是把理想存在向现实存在的转化，把观念存在变为现实存在的过程。"② 因此可以说，"世界观哲学"就是人在认识世界过程中的理想性与现实性相互"转化"的理论表达。

按照人的形而上学本性理解，"世界观哲学"的价值在于"超越"。人产生于自然，却又超越于自然。而且人的这种"超越"不是仅对单一、既定、自然之物的超越，又是对"对象"意识的意识的超越，也就是对既定思想意识的超越。人的这种"在世"特点被称为"自为存在"，即人总是要突破自身的及外界的限制，自由地创造属于自己的规定。人既是物质存在（肉体），又是精神存在（思想），"灵与肉的矛盾是人的内在矛盾"③，人的"形而上"本性就根源于人自身的这一矛盾，就是要"统一"、"超越"、"消解"这一矛盾，直至"统一"、"超越"、"消解"主体与客体、主观与客观、自然世界与属人世界的矛盾。"世界观哲学"作为把握人与世界关系的理论表达，体现的就是人的形而上学本性的内在要求。人是"自为存在"意味着人也是"超越性的存在"。人性超越了"物性"是人之为人的根本，人超越了自身才显示出人生的"意义"，人超越了时间的限制"设计"出未来才体现出了"价值"。人不断寻求超越自然规定的"界限"，突破"对象意识"的限制，寻找人与世界关系的新答案，追求"人之为人"的生活和"生存的意义"，"超越"是人的"形而上"本性的根本体现。从人"形而上"本性来讲，人对自身与自然"规定"的"超越"，首先就体现在人的思想意识上的超越。人总是将意识分裂为"对象"意识和对"对象"意识的意识两

---

① 高清海：《高清海哲学文存——哲学体系改革》，吉林人民出版社1997年版，第312页。
② 同上书，第281页。
③ 陆杰荣：《形而上学与境界》，中国社会科学出版社2006年版，第46页。

部分，后者也可以被看作超越"对象"意识的意识。从这可以看出，以人的"形而上"本性为根据的"世界观哲学"就是超越"对象"意识的意识的一种，是把人的意识投向"对象"意识之外的超越，是人超越现实和超越自身的体现。"世界观哲学"的价值正是通过"超越"人已经有的"过去"和正在有的"现在"而在未来中显现。正如海德格尔所说："形而上学是超越存在之物而发出的质疑，以便为了理解的目的而重新获得如其所是的、整体中的存在之物。"① "人的此在只有投入无才能与存在发生关联，超越存在正是此在的本质。但这一超越本身就是形而上学。这就是何以形而上学属于人的本性的缘故。形而上学既不是哲学研究的一个分支，也不是偶然的念头。形而上学是此在的基本现象，是此在本身。"②

　　按照人的形而上学本性理解，"世界观哲学"一直处于生成过程中。从"形而上学"的本义理解，各个具体科学研究的"对象"是给定的、现实存在的，而"世界观哲学"关注的"对象"不是给定的、自然的。"世界观哲学"总是在"设定"着自己的"对象"、"创造"着自己的"对象"。人不可能面对"无限"、"绝对"、"大全"、"无形"、"无"，但人却在自己的思维中设定、思考、追问着"无限"、"绝对"、"大全"和"无"。这种设定、思考、追问就意味着"超越"与"创造"。这种"超越"与"创造"随着人自身的发展可以让人无限地接近"无限"、"绝对"、"大全"和"无"，但却永无止境，就如人永在生成发展中一样，"世界观"也永在生成发展中。也可以说，"世界观不是纯粹思想的产物，而是人类经验发展变化的结果"③。"世界观哲学"的问题永远"在路上"。

————————

① 海德格尔：《存在与在》，王作虹译，民族出版社 2005 年版，第 72 页。

② 同上书，第 170 页。

③ 大卫·K. 诺格尔：《世界观的历史》，胡自信译，北京大学出版社 2006 年版，第 153 页。

第三章　知识论视域中的"世界观哲学"的推进

　　古代哲学是以寻找宇宙的"始基"、"本原"，探求万物本体为重心的本体论哲学。在中世纪，这种本体论哲学发展为以上帝为最高信仰和最高存在的基督教哲学，世俗之人须无条件地服从于这一最高信仰和最高存在。从 15—16 世纪开始，随着社会生产、科学技术的发展，人的外部生存状态有了根本转变，人们坚定了认识世界和改造世界的信心。而以人为中心的人文主义思潮蓬勃兴起，对欧洲哲学的发展提出了新的问题。人们发现自己所信仰的宗教、遵奉的专制群体，变成了压抑人性、阻碍科学的桎梏，提高人性权威，解除人性压制，追求个人自由，成为普遍的历史性要求。随着文艺复兴时期人文主义运动的逐步深入，人们开始从新的角度、用新的方式来思考上帝、宇宙、人及其认识的问题。相对于中世纪的神学世界观，文艺复兴时期的人文主义和宗教改革的个体性、内在性以其世俗的和人文的色彩突出了人性的地位，为哲学主体性的觉醒创造了条件，这使颂扬人的存在、价值和尊严成为一股势不可当的时代潮流，对人性的颂扬和对宗教权威的"祛魅"成为哲学的共同声音。这样，哲学研究的对象就从面向神转为面向人和自然，知识论在哲学中的地位与日俱增，哲学对世界的把握，主要体现在为对"知识"、"规律"的确证和为实证科学认识自然提供最为坚实、可靠的知识基础方面。近代哲学发生由本体论向知识论的转型是人的主体力量的展示，标志着人的主体地位的提升。近代知识论哲学正是从主体"人"出发，试图解除经院哲学对人的压制，并为科学理论的发展扫清障碍、奠定基础、开辟道路。"按照马克思的三形态理论，这时的人已经由群体本位转向个体本位，个体不再是群体的附属物，个人逐渐具有了自主能力、独立人格，并开始追求个性解放。"① 这也是哲学由传统本体论"世界观哲学"转向研究人的认识问题与知识的可靠性问题的深层人性根据和人的价值发现的意义所在。然而知识论哲学在强调对"人"的认识的重要性，强调人的自我意识的同时，却又片面理解了人与世界。他们在世界观上主要采取的是还原论的机械唯物主义或绝对的客观唯心主义的立场，割裂了人与世界的真实关系。既无法真正实现"思维"与"存在"的统一，又无法找到世界历史发展和变化的真正原因，往往在社会历史领域走向唯心主义，因而无法正确地解释人类社会及整体世界的发展。

一　"世界观哲学"主客二分的近代形态

（一）"思"与"在"的分离

古希腊的普罗泰戈拉提出的"人是万物的尺度"和苏格拉底提出的"认识你自己"是对人的社会性和人的问题的高度肯定，也标志着真正哲学意义上的人学的诞生。在他们之后的柏拉图、亚里士多德都自觉地把人的问题植入其哲学体系之中加以研究。亚里士多德侧重于从理性思辨的角度提出"人是理性的动物"这个重要命题，认为理性和智慧是人之所以为人而区别于其他一切动物的重要标志。但是经过罗马时期、中世纪，直到近代的笛卡尔，"人"这个世界上最为活跃、最有理性的存在，却一直被认定为与其他"存在"形式上不同而本质上相同的存在物。因此可以说，人还没有从根本上意识到理性主体即人的独立性、重要性。中世纪宗教神学及宗教哲学的"上帝的本体论证明"在论证上帝至知至善至能的同时，也从

---

① 高清海：《找回失去的"哲学自我"》，北京师范大学出版社2004年版，第334页。

另一角度肯定了亚里士多德的"本体论"贡献，而肯定亚里士多德则意味着对柏拉图、苏格拉底及整个古希腊文明的肯定。这种情况尽管在中世纪还不足以决定哲学发展的主要方向，但随着科技的进步和人的自我觉醒以及宗教内部一系列矛盾和问题的彰显，人们对古希腊"自由"精神的渴望、理性态度的颂扬和"认识自己"的呼唤，就是任何力量包括宗教神学无法遮蔽与阻挡的了。笛卡尔正是在启蒙主义、怀疑主义以及宗教哲学的多重影响下，试图通过"认识自己"，然后认识存在（最终解释世界），在经院哲学的废墟上重建形而上学的基础和体系。

在笛卡尔之前，一方面，经院哲学运用"本体论证明"调和人的理性与上帝信仰的努力遭到科学的巨大挑战，从哥白尼的日心说经过伽利略机械唯物论再到牛顿万有引力，近代科学建立起一种机械论的解释世界的模式。他们认为自然界的一切运动和变化都严格服从于机械运动的规律，世界是由必然性支配的一个相对于人来说不动的体系。这既成为近代哲学解释自然的理论基础，也严重动摇了宗教神学信仰的基础。另一方面，怀疑主义从感觉经验的相对性、现象之间的不一致性和思想之间的非统一性出发，极力否定了科学知识的可能性，主张对万物都采取不做判断的"存疑"态度。对于哲学，怀疑主义认为，历史上的哲学知识并没有像哲学家们所说的那样给人类提供关于宇宙自然的真实可靠的知识，而多种哲学流派之间的争辩恰恰说明形而上学的知识不具备普遍必然性，哲学根本不可能通过知识使人达到心灵安宁的理想境界。可以说，哲学面临怀疑主义的挑战，人的理性权威陷入批判与怀疑的危机之中，科学与形而上学面临巨大挑战。

面对怀疑主义的疑问，笛卡尔也采取了普遍怀疑的方法，将所有可疑的东西暂时悬置起来，最后又让这些悬置起来的关于存在的知识得到理性的重新确认，构建了以形而上学为树根，物理学（自然哲学）为树干，其他学科（医学、力学、伦理学等应用学科）为树枝的新的哲学体系。在他看来，人可以怀疑世界上的一切，但当我们把所有的怀疑对象暂时悬置起来后发现，一切事物都是可以怀疑的，但是有一点是不能怀疑的，那就是"我在怀疑"即"我思"是不可怀疑的。因为人不能设想一个在怀疑的东西不存在，否则就是矛盾的。在笛卡尔看来，"自我"是一个这样的实体，"严格来说我只是一个在思维的东西，也就是说，一个精神，一个理智，或者一个理性"①。"我思"与"我在"之"我"是同一个实体，"我思故我在"。"我思故我在"中的"故"表示的不是两个实体之间的因果关系，而是本质和实体之间的必然联系。经过普遍怀疑之后，笛卡尔确立了他哲学体系的第一原理："我思故我在"。这样看来，在笛卡尔的哲学体系中，其基础性、奠基性的工作是通过确立形而上学的基础性地位，把"我思"从世界的"在"中剥离开来，并最终确定"思"（思维）与"在"（物质）同为"实体"的地位。

笛卡尔把"自我"看作是一个思维实体，而且是一种心理实体，而物质是与思维截然不同的另一种实体。关于物质存在的真实性，笛卡尔是先通过证明上帝的真实存在而后推导出物质的真实存在。这样，在笛卡尔的哲学理论中，世界是由两种实体组成的世界，即二元世界。一个是由机械规律支配的物质世界；另一个是由人的意识、思想组成的精神世界，即心灵世界。笛卡尔的二元论不仅体现在对世界的解释上，更为显著地是体现在人的身心关系上。在笛卡尔看来，人与世界一样是由两部分组成的。人是心灵和肉体的复合体，是有理性和意识的动物，人的本质是心灵；而人的肉体则像其他动物一样，不过是一种复杂的、无意识的机器，它与物质世界的其他存在一样服从于机械运动的规律。也就是说，笛卡尔将人的心灵与形体看作是两个不同的实体，从而将"思"从"在"中剥离出来，划分出心灵世界与物质世界两个平行的世界。一方面他承认物质运动的因果性和规律性，坚持近代自然科学的机械唯物主义世界观，另一方面他又强调人类心灵的特殊性、独立性及理性的重要，体现了启蒙主义对人的关切和人的自我觉醒意识的提升。

笛卡尔在确定了"我思"为实体后，以人的自我意识为基础，重建全部科学知识的体系，提出了认识事物即他的知识论的基本规则："毫无疑问，凡是我所领会的，我都是实事求是地去领会，我不可能由于这个原故

---

① 笛卡尔:《第一哲学沉思集》，庞景仁译，商务印书馆1986年版，第26页。

弄错。"① 即人所认识理解的东西都是真的。笛卡尔认为，说它们是真的，源自这些观念是天赋的。也就是说，在人的各种观念中，有些是外来的，有些是与生俱来的，那些与生俱来的不证自明的观念，叫作"天赋观念"。人们根据这些确定的天赋观念，能够有效地进行知识的演绎推理。在笛卡尔看来，人自身具有感性和理性两种机能，对于出自心灵的抽象观念，感性是无能为力的。一切外物的本质不是它们的可感性质，而是与我们的天赋观念相符合的物质的"广延"性。就如一块蜡，人的感性可以感知其形状、软硬、大小、气味和颜色，但是当它受热变形、融化后，原来的那些可感知的东西都变了，甚至不再存在了，可是我们说，原来的蜡还继续存在。"广延"的观念是天赋的（来自上帝），"广延"属于一个与心灵实体不同的实体，这个以"广延"为本质属性的实体就是物质。既然我们关于物质世界的观念不是主观自生的，而是来自天赋（上帝），而上帝是真实圆满的，天赋观念保证了我们观念的实在性，也保证了物质世界的真实存在和我们关于物质世界的认识的客观有效性。综合笛卡尔的"天赋观念"，可以说，"笛卡尔所说的天赋观念有三个标志：来自上帝、明白清楚、与实在相符合"。② 然而，在笛卡尔看来，上帝的知识是先天地潜在于人心之中的，关于上帝的知识是人们从心中有一个关于上帝的天赋观念之中推论出来的，对于人类知识并无实际作用。人要认识上帝，首先要认识人自己的心灵。因此，从某种意义上说，笛卡尔哲学中的上帝是理性推理的结果，而所谓的上帝创造也就成了理性的创造。虽然他的形而上学仍然把最高实体归结为上帝，但这里的上帝不过是个虚设存在而已。只有当他说心灵和物质都要依靠上帝而存在时，才顺从世俗传统和宗教哲学的观念运用上帝的存在。因此可以说笛卡尔用自我和理性淡化（改造）了宗教意义上的上帝。

从笛卡尔关于"实体"的论述可以看出，笛卡尔继承了亚里士多德的以实体为中心的本体论，但又把实体的一种看作是思的结果，是个概念化的存在。他关于心灵实体的逻辑推理和论证是不以经验或历史的事实为

① 笛卡尔：《第一哲学沉思集》，庞景仁译，商务印书馆1986年版，第61页。
② 赵敦华：《西方哲学简史》，北京大学出版社2001年版，第217页。

依据的，而是超验性的存在，这一点又与柏拉图表现出一致，所以，笛卡尔的本体论兼有了亚里士多德实体至上和柏拉图理念至上的双重色彩。但是，笛卡尔在确立主体与客体之间差别的同时，亦在两者之间设置了一道难以逾越的鸿沟，即在如何统一心灵与肉体、如何统一精神与物质两个世界问题上，笛卡尔的解释是充满矛盾的，他最终没有完全否定宗教神学中的上帝，而是借助上帝的帮助来保证精神与物质之间的统一。

自笛卡尔开始，哲学在解释世界时，就改变了古希腊哲学朴素地把宇宙整体看作是一个合理的有生命的活的整体，知识中的自然等同于自然本身的看法，而是将"世界"变成"我思"的对象，从而也就将知识与对象从本质上区别开来。这样，自然界中的万物被看作是不以人的意识为转移的客观存在，而人们关于世界万物的知识则是自成体系的规律。人所认识及把握世界得到的知识规律可能与对象一致，也可能与对象不一致，哲学的根本任务就在于寻求使知识与对象一致的方法。由此可以看出，笛卡尔坚持了哲学的科学性原则，把"我思"、人的自我意识和主体性作为哲学的起点、基础，把自然事物看作是某种死的存在物，同时力图把所有科学门类都统一于哲学，把人对世界的认识转变为对方法和规律的认识，这不仅提升了人在世界中的主体地位，而且为本体论问题的解决开辟了新思路。笛卡尔之后的西方传统哲学越来越面向科学，基本上是沿着为具体科学和实证知识寻求确定性的根据和基础发展演变。黑格尔认为，"勒内·笛卡尔事实上正是近代哲学真正的创始人，因为近代哲学是以思维为原则的。独立的思维在这里与进行哲学论证的神学分开了。把它放到另外的一边去了。思维是一个新的基础"①。海德格尔则称："在中世纪，哲学——如果它根本上是独立的话——受神学的独一权能的支配，渐渐沦为对传统观点和命题的枯燥的概念分析和阐释。它沉溺于一种与人世不再有任何关系的、不能揭示现实整体的学院知识。这时出现了笛卡尔。他把哲学从这种屈辱的状况中解放出来。"②

---

① 黑格尔：《哲学史讲演录》第4卷，贺麟、王太庆译，商务印书馆1978年版，第63页。
② 海德格尔：《海德格尔选集》下卷，上海三联书店1996年版，第876页。

（二）"思"对世界把握的方式

认识世界，解释世界直到利用世界、改造世界是人作为区别于世界上其他存在的特殊存在的永恒渴望。人如何理解与把握世界的"存在之存在"问题是本体论"世界观哲学"的主要问题，而如何理解人与人之间的关系问题，人如何认识和把握其他世界存在，人所认识、掌握的知识的基础和可靠性是什么，则是从属于"本体论"问题的知识论关注的主要问题。知识论的问题在古代本体论哲学中就已经存在，只是古代人更希望认识世界的本原性、本质性的本体问题，因此，知识论的问题就显得并不那么紧迫和主要。随着柏拉图"理念世界"、亚里士多德"实体世界"特别是后来中世纪"神权世界"的逐步确立，人们对世界"本体"的存在由怀疑、寻找逐步演变成对"本体"存在的确信。因此，本体确立后的"知识论"问题就显得越来越重要和必要。各种知识论的问题随着哲学流派之间的论战与争辩，越来越集中在"一般"与"个别"谁是真正的实在问题。早在中世纪，许多经院哲学家就开始试图解决这些问题，而对这个问题的不同回答也将哲学家们分成"唯名论"和"唯实论"两大流派。唯名论主张个别的东西才是真实的存在，一般、共相不过是概念、语词而已，一般存在于个体之中，并没有实际存在的意义；唯实论主张，一般、普遍的共相才是真正的实在，而殊相或个别的东西不过是现象。上帝是一个最普遍、最一般的观念，也是最高、最真正的实在。中世纪经院哲学中唯名论与唯实论之争产生了深远的影响，在一定意义上可以说，近代哲学中的经验论和唯理论分别是其哲学理论上的继承与发展。

到了近代，自然科学的迅速发展显示了理性主义的巨大力量。理性、理智地不带任何主观宗教色彩地认识现实世界成为欧洲文艺复兴时期人文科学和自然科学的共同任务。这种思想对近代哲学的发展产生了决定性的影响。"哲学必须是自然科学——这是当时时代的口号。"[1] 这一口号以及自

---

[1] 文德尔班：《哲学史教程》下卷，罗达仁译，商务印书馆1993年版，第476页。

然科学的理性原则不仅在伽利略等自然科学家身上得到了充分的体现,而且对形而上学的发展也产生了巨大的影响。也就是说,17 世纪出现的形而上学体系的发展、变化是与自然科学的研究方法和研究成果密切相关的。正如文德尔班所说:"因为人文主义哲学运动内在的推动力也就是对崭新的世界知识的迫切需求,此种需求最后在自然科学的建立和自然科学按原则而扩展的过程中获得了实现。"①

自笛卡尔确立了自我意识的主体地位和哲学的理性原则后,近代哲学就沿着以自我意识为基础,以科学的方法解释世界,力求在人的意识和思维中把握世界的方式发展演进。人的意识或者说理智、理性如何准确地认识与把握世界也就成为哲学关注的主要问题,对意识自身内容的考察成为哲学的主要任务。这一主要任务主要沿着两条路线发展:一是理性主义路线(唯理论),另一条是经验主义路线(经验论)。具体说,人的自我意识即"思"对世界之"在"的把握的途径与方法成为划分近代哲学派别的主要根据,而中世纪关于个别与一般关系的哲学探讨则被替换为人的感性与理性关系的争论。无论是经验论还是唯理论都受到笛卡尔的巨大影响,都以理性为基础构建哲学体系,并寻求获得关于客观世界的系统的有规律的知识体系为己任。两者之间的区别,从本质上说并不是承不承认理性的重要,而是强调理性如何认识世界?认识与把握世界的渠道是什么?如何统一心物对立的二元世界?

近代欧洲大陆的唯理论哲学思想基本上继承了中世纪唯实论的传统。他们把理性看作是人的天赋能力,把天赋观念看作是知识的起点,把必然真理作为知识的目标,把观念的内在标准作为真理的标准。他们认为人认识世界所形成的抽象概念、知识作为真理的东西,不是来源于人的感官经验,也不是从经验材料中归纳、抽象出来的知识,而是人生来就具有的天赋观念。因此,人按照天赋观念论,才能合理地解决知识论的一系列问题,才能保证知识的可靠性。

---

① 文德尔班:《哲学史教程》下卷,罗达仁译,商务印书馆 1993 年版,第 473 页。

笛卡尔是近代唯理论哲学的奠基人。他提出了天赋理念的思想，并以直观和演绎的方法认识客观世界。但笛卡尔哲学中二元世界的统一问题是个无法克服的矛盾，且一直无法得到合理的解答。因此，在笛卡尔之后的斯宾诺莎主张实体只能是唯一的，决不能是多个的，这唯一的实体就是神。而笛卡尔哲学中二元对立的心（思维）和物（广延）同样不是独立实体，而是唯一实体的两种属性。斯宾诺莎所理解的神不是超验的造物主，而是一种"绝对无限的存在"。神绝对无限，自然作为整体也绝对无限，神与自然整体并非各自单独的两个实体，而是同一个实体，只是从不同的角度来看而已，从原因的角度看是神，从结果的角度看是自然整体。既然宇宙、世界、自然是一个与神同一的无限的整体，也是唯一的实体。那么，上帝的理智就是宇宙的必然性法则，人的理智乃是对上帝的无限理智的有限分有，它与自然的必然性法则具有内在的一致性。所以，出自人的理智的知识因而也就具有了符合自然法则的真实性、必然性，这样的知识当然是真知识。莱布尼茨继承并发展了笛卡尔的天赋观念论。但他认为人的观念和真理不是作为现实天赋在人的心中，而是潜在的，正如他所说："观念和真理就作为倾向、禀赋、习性或自然的潜能天赋在我们心中，而不是作为现实天赋在我们心中的，虽然这种潜能也永远伴随着与它相应的、常常感觉不到的某种现实。"[1] 这就如同大理石的纹路并不是现成地存在于大理石之中，但却潜在地存在于大理石之中，经过人的加工，就会使那些纹路清晰地显示出来一样。可见，莱布尼茨的"大理石纹路论"既坚持了笛卡尔的天赋观念论，同时也接受了洛克对天赋观念论的批评，使得天赋观念论变得更具说服力。

与唯理论不同，经验论把实验科学作为知识的模式，提倡实验和观察，把经验作为知识的来源，强调知识的经验原则，把观念与经验的符合作为真理的标准。在经验主义看来，理智的知识都首先存在于感觉中，人的感官经验是最可靠的，抽象概念、观念是通过科学的归纳法从经验材料中抽

---

① 莱布尼茨:《人类理智新论》上册，陈修斋译，商务印书馆1982年版，第7页。

象、概括出来的，人的意识由感性上升为理性存在着逻辑的必然性，从而可以保证知识的可靠性。但经验论的后期，特别是到了贝克莱和休谟，则走向了极端，他们只承认个别感觉的真实性而将抽象概念、观念看作是虚幻的想象。

英国人弗·培根开创了近代经验论哲学。他认为："人作为自然界的臣相和解释者，他所能做、所能懂的只是如他在事实中或思想中对自然进程所已观察到的那样多，也仅仅那样多。除此以外，他是既无所知，亦不能有所作为。"①简而言之，经验是一切知识的源泉，一切知识都不能超出经验的范围。洛克坚持反对任何天赋观念论，并用心理学方式来解释观念的起源问题。他认为，上帝既然赋予人类获得知识的能力，也就没有必要再赋予人观念。人只要运用上帝赋予的能力，就可以自然地获得相应的知识。为了反驳唯理论的天赋观念说，洛克提出了他的非常有名的"白板说"。他将人的心灵比喻为一张白纸，单凭它不能制造出任何观念。只有通过经验的途径，心灵中才有了意识观念。洛克把经验分为感觉和反省两类。感觉是观念的外在来源，它是通过外物的刺激而产生观念的过程；反省是观念的内在来源，心灵通过感觉而对获得的观念进行反思，从而得到新观念。洛克关于观念来源的学说被称为双重经验论，也是一种二元论的观点。这也导致了他的经验主义的不彻底性，贝克莱正是从彻底贯彻经验论出发，从本体论的高度改造洛克的哲学，完全否认物质实体的实在性而仅承认精神实体的存在，从而走向彻底的感觉主义。

近代哲学从其产生之初就表达了对苏格拉底"认识你自己"思想的再认识，认识到知识是主体的知识，必须要靠主体的认识能力去获得知识。而主体认识形成的知识与自然对象可能一致，也可能不一致。因此，人作为认识的主体，需要对人的认识的能力、方式以及知识的结构和结果作出知识性的回答，换句话说，挖掘主体（人）的本性也就成为近代哲学的主题。正是通过对主体本性的认识，近代哲学把中世纪宗教哲学中此岸与彼

---

① 弗·培根:《新工具》，许宝骙译，商务印书馆1984年版，第7页。

岸二分的世界拉回了人的现实世界。经验论和唯理论之争是在理性主义基础上的论争，也就是在肯定人的主体性的基础上的论争。他们都直接设定了世界的理性性质，并把客观世界看作由纯粹的物质组成的有规则的、系统的整体，力求通过"思"对外部世界"在"的知识性把握，实现认识自然、支配自然的目的。唯理论高度肯定人的理性认知能力，却又把人的认知能力看作是"天赋"的，从而使其"世界观哲学"具有浓厚的神学品性。经验论强调人的感觉经验的重要，以感性经验出发认识把握世界，因此，其"世界观哲学"体现出较强的科学品性。但是，在贝克莱之后，休谟进一步贯彻经验主义原则，不仅否定了物质实体，也否定了精神实体。休谟认为一切知识的必然性和同一性都值得怀疑，对于感觉经验而言，知识只具有暂时性、或然性，而没有绝对性、必然性。在休谟怀疑一切的冲击下，近代科学和形而上学的基础都发生了动摇，"思"的"形上性"与"思"把握"在"的必然性都似乎成了问题，从而造成主体理性认识的迷失，这为后来康德在知性与理性之间的划界提供了可能。

（三）"思"与"在"分离的意义

从笛卡尔开始，近代哲学中主体的自觉意识与自主性越来越强，"思"对"在"全面而本质的认识的渴望越来越强，哲学之"思"对自然之"在"实证性的研究提供帮助的自觉性越来越强。换言之，从近代哲学开始，自我之"思"已经从自然之"在"中分离出来，而这种"思"与"在"的分离一方面使人的主体地位得以确立，另一方面也使哲学的科学性和实用性得到普遍的确认。如果将近代哲学与古代哲学比较会发现，古代哲学以预设的、永恒不动的本体作为解释世界的根据，其"世界观哲学"体现出浓厚的神学世界观的品性，而近代哲学由于主体的兴起，其世界观打上了"自我"的烙印，具有了更多的经验成分，体现出较强的科学世界观品性。

当笛卡尔以"我思故我在"为前提推导出上帝的存在时，意味着上帝的位置不再是不可动摇的，自我（人）同样是一个真实的"实体"。人成为主体也就是把人之"思"从自然之"在"中剥离出来，人不仅知道世界存在，而且清醒地意识到了自身的独立存在。这样，人与外部世界的关系问题成为近代哲学的理论聚焦点。而人与自然的关系，首先就是一种认识关系（认识主体与认识对象或者说是主体与客体的关系），只有解决了认识关系才谈得到人对自然的改造与被改造关系。从笛卡尔开始的所有近代哲学家，都是以"人"为出发点，通过对"思"的本质性理解，进而形成把握外部世界的真实性、规律性的知识，以达到认识整体世界的目的。正如卢梭所说："尽管我们所有的观念都得自外界，但是衡量这些观念的情感却存在于我们的本身，只有通过它们，我们才能知道我们和我们应当追求或躲避的事物之间存在着哪些利弊。"① 无论是经验论还是唯理论，究其根本目的，无非是人（思维）与世界（物质）如何统一的问题。从人与世界的关系上看，经验论与唯理论的不同是人与世界交往方式的不同，它们共同的前提是"思"与"在"的分离。从"思"的独立存在的意义上讲，无论是"唯理论"的代表人物笛卡尔的"我思故我在"，莱布尼茨的"单子论"，还是"经验论"的代表人物洛克的"白板说"、贝克莱的"存在就是被感知"，都是对"人"的肯定，对人的本性的肯定，只是在追求人的本性，在对人的理性的理解和运用方法上不同。

当人认识到人的力量相对于自然存在具有了认识自然和改造自然的强大力量，从而卸除了压在人内心的神学的恐惧与负担，确立了人在宇宙中的地位，哲学作为人把握世界的智慧的理论表达，也必然越来越成为对人的自我的总体认识。正如海德格尔所说："对世界作为被征服的世界的支配越是广泛和深入，客体之显现越是客观，则主体也就越主观地，亦即越迫切地突现出来，世界观和世界学说也就越无保留地变成一种关于人的学说，变成人类学。"②

自我之"思"与自然之"在"的分离不仅对人的发展，而且对哲学理论的发展都具有特殊的意义。"思"的独立，使人的主体地位得到根本确

① 卢梭：《爱弥儿》下卷，李平沤译，商务印书馆1978年版，第416页。
② 海德格尔：《林中路》，孙周兴译，上海译文出版社2004年版，第94—95页。

立，而哲学作为"思"对"在"的把握的独特形式，哲学之思在体现出超验性、本体性的同时，也越来越具有科学性和实用性的色彩。

一方面，自然科学的迅速发展为人类更加真实地认识和了解世界提供了必要的工具和手段。伴随着自然奥秘的逐层揭示，人的主体意识与日俱增，近代人不再像古代那样笼统直观地观察外部世界，而是希望更加直接、真实、准确地观察自然、认识自然直到改造自然。在这一时期，自然科学的开展一般都以数学为工具、以实验为手段，形成"公理化"的认知体系，这为哲学思考与研究树立了榜样。因此，哲学家们试图将科学研究的精神和成果反映在各自的哲学之中，以科学的方式建立哲学体系以便使哲学成为一种"科学"，许多哲学便具有了浓重的自然科学的色彩。另一方面，自然科学的发展对人类的认知方法提出了不同于古代的新要求，各种自然科学得出的知识性结论急需新的方法论来确立自身的合法性和有效性。这个任务历史地落在近代哲学家的身上。近代哲学家们从开始就把知识的起源、性质、对象、基础和范围等问题纳入视野，从前人没有涉足之处开始建立新的知识体系。"从头开始，从知识的基础开始，这是近代哲学家的典型态度。"[1] 希腊人出于对自然的敬畏，只有认识自然的思想而没有改造自然的观念，近代哲学则更突出了改造自然的目的，因而哲学就具有了某种实用性。他们把哲学归结为一种实用的因果性理论，希望哲学之"思"对外部自然之"在"的认识与改造，也就是对人的现实生活发挥实实在在的效用。笛卡尔就把哲学比作一棵大树，其中形而上学就是根，物理学就是干，别的一切科学就是干上生出来的枝。这就把哲学引向为具体科学铺平认识道路的方向。笛卡尔明确说"我们不是从树根树干，而是从枝梢采集果实的，因此，哲学的主要功用乃是在于其各部分的分别功用"[2]。应该说，"思"与"在"的分离巩固了近代哲学对以科学的实用性为基本范式解释世界的确认，在整个近代阶段，"哲学的认识论转向为自然科学的发展提供了必要

---

① 赵敦华:《西方哲学简史》，北京大学出版社 2001 年版，第 197 页。
② 转引自赵敦华《西方哲学简史》，北京大学出版社 2001 年版，第 210 页。

的、不可取代的保障和导向"①。

近代知识论哲学的理论是以自然科学为范式而建立起来的。在解释外部世界时,知识论哲学的最有力武器是科学的理性。哲学家们试图依靠理性,寻找关于自然、社会和思维的普遍知识,致力于建立某种"科学的"理论体系。这种"科学的"理论认知体系以客体为中心,"主体围着客体转",表现出"客体至上"、"单向认知"、"知识本位"等认知主义倾向。哲学家们都宣称自己掌握了真实且真正的"科学"、"知识",把各自的哲学看作是"科学的科学",并以此为"科学"、"知识"提供最后的"根据"。其根本特征在于寻求外部世界的客观性和规律性,追求让主观世界与客观世界相符合,以此描述世界、解释世界,证明现存世界的合理性,建构关于世界的哲学图景。因此,近代哲学世界观也就与科学的世界观相似,表现出机械论的特征。甚至有的哲学家还得出了"人是机器"、"心灵是物质"的结论。所以当哲学家们提倡理性和科学并且尝试将科学精神和方法贯彻于哲学的认知活动之中时,在它的基本精神内部就出现了矛盾和冲突,"思"的独立使人在一定程度上摆脱了宗教的限制与束缚,确立了人的主体地位和人的价值存在,而与此同时,科学理性视野下的人的本性就如"机械",人成了"物化"的人,从而也暴露了科学理性和人的自由之间的矛盾。

二 知识论"世界观哲学"的基本特点

近代知识论的哲学家们几乎都相信在人之外有种"客观存在"主宰着世界。这种"客观存在"可能是上帝,可能是"神"(自然神),也可能是一种客观"精神"(理性神)。这一点与古代哲学家相信人之外有"神灵"的存在没有本质上的差别。但是,随着人认识、利用、控制自然物质能力的增强,近代哲学在相信有"至上"的"客观存在"的同时,也将"人"从曾经的与万物"同一"的被动地位提升到"高于"万物并试图永久认识、

---

① 赵敦华:《西方哲学简史》,北京大学出版社 2001 年版,第 197 页。

利用直至"主宰"万物的高度。这种现象随着近代自然科学进一步发展，哲学的超验之思越来越力图为实证科学认识自然提供最为坚实、可靠的知识基础。因此，近代知识论哲学与古代哲学相比，它的科学品性更为强烈。以至于近代哲学过于相信人的理性思辨的能力，将主客两分的自然科学的认识方法运用到哲学思考"世界"的思维之中，在世界观上采取了还原论的机械唯物主义或绝对的客观唯心主义的立场，在对现实世界的认识时表现出抽象性和片面性的特点，因而也就无法正确地"解释世界"，无法正确地解释人类社会历史的发展和变化。

（一）主客对立的二元化

在古代宗教神话中，人就被分为灵魂与肉体两部分。古希腊自然哲学延续宗教神话中这种划分，并开始赋予人的灵魂以理性的精神。从柏拉图开始，"世界"明确地被划分为两个世界，即"可感世界"和"可知世界"。而在柏拉图哲学中，人的理性对"可知世界"的认识也得到了哲学上进一步的确认。灵魂与肉体的对立到了中世纪演变为人间与天堂、此岸与彼岸的对立，到了近代则发展成主观与客观、主体与客体、思维与存在的对立。按照二元对立思维的理解，整体世界被划分成两个部分，即现象世界和本体世界。现象世界是受必然性因素制约支配的变化无常的世界，而本体世界则是不受其他必然性因素制约支配的恒定不动的世界。从生存的需要出发，人作为具有理性思维能力的"存在"面对变化无常的现象世界，一方面必然要寻找现象世界产生变化的原因与根据，人的这种超越现实的理性要求是"本体论"哲学的人性根据；另一方面人也要反思自身的认识方法、认识能力和认识结果，人对自身认识的这种反思是近代"认识论"（从认识的可靠性的确证上讲称为"知识论"）的主要内容。从本体论哲学的目的看，本体论哲学就是希望通过世界"本体"的确认，从而解释现象世界的变化。但随着自然科学的发展，人认识世界、改变世界的能力越来越强，整体的自然"世界"被自然科学分割为多个不同的领域，而这种"分割"

的主要原因源自"自我"、源自"人"。因此,近代知识论哲学开始不断地对"自我"加以反思。这样,古代哲学中那种现象世界与本体世界的对立在近代哲学中越来越转变为"自为"的"自我"与"自在"的世界之间的对立,即主体与客体、主观与客观、思维与存在的对立,进而派生出在主体认知问题上的感性与理性的对立(经验论与唯理论的对立)。

知识论哲学越是想认识与把握客观世界,就越是深刻地反思"自我",也就越是增加了主客双方的对立。从人对"自我"的确认上看,近代知识论哲学家一反古代对世界整体性的追求,在自然科学"分割""世界"的同时,近代哲学把"人"从他所认为的永恒不变的整体世界中剥离出来,从人是自然"实体"产物的观念中解放出来,从而为人在思想上摆脱自然的束缚与限制开启了新视域,也成为近代知识论哲学的一个重大贡献。但是,从哲学自身的精神旨趣来看,哲学是人认识世界、解释世界,确立真实的、可靠的、统一的"世界观"的理论表达,而"知识论"哲学主客两分的二元化思维,不可避免地会涉及主观与客观两个领域的多个问题,如知识的来源、知识的客观性以及知识的历史确证等问题,这必然使哲学确立的以"本体"为最大普遍性和最高解释性的"统一"的世界观被划分为不同的领域,由此产生"多元化""世界观"的诠释。由此可以看出,从主体与客体之间的差别出发去谋求主体与客体直至"世界"的最终"同一",不可能实现真正的如科学知识所要求的主客观"同一"。知识论哲学遭到怀疑主义的责难并斥责为独断论也就不足为奇。

(二)主体思维的抽象化

由于近代知识论哲学把人从自然界中剥离了出来,造成了主观与客观、主体与客体、思维与存在的直接对立。近代知识论哲学已经不同于古代哲学那种追求世界整体性的智慧学,而是将哲学视作"知识"、"规律"。客观世界的对象化结果是人自身也越来越被对象化、本质化、抽象化,人与世界的关系成为一种既定的关系,人认识自己的目的是为了认识"客观规律",哲学完全被概念化、意识化、逻辑化。

知识论哲学如科学思维那样采取以"概念"、"范畴"的方式认识事物,通过追问一个事物所以是这个事物的本质,即这个事物"是什么"中的那个"什么",实现对事物的认识。在对事物认识的过程中,认识对象被人为地分解为各种性质,而对事物存在起决定作用的最主要的"一般"性质和最为主要的"普遍"规律的认识,就是哲学的首要任务。同时,"哲学宣称思维的原则就是世界的原则,世界上的一切都受思维的制约"①。近代知识论哲学的倾向促使近代哲学在思考"世界"时变得越来越抽象,越来越"知识化"。

近代知识论哲学因近代科学认知能力的提高,更加强调人的自我意识,认同人的思维抽象和概念推导,从而将人由其生活的自然界中分离出来。然而,以自然科学的认知方式抽象地认识理解人及人所生活的现实世界,则会使人的生存活动抽象化,使人所面对的现实生活世界抽象化,人类社会历史最终落入抽象化的本质和逻辑化的绝对真理的符合之中。因此,马克思指出:"那种排除历史过程的、抽象的自然科学的唯物主义缺点,每当它的代表越出自己的专业范围时,就在他们的抽象的和唯心主义的观念中立刻显露出来。"②

(三)物质运动的机械性

近代知识论一般认为,世界是不以人的意志为转移的物质世界,物质是永恒的,一切皆产生于物质又回归于物质,人和世界上的万物都有一个根本属性——物质性(或实体性)。人对世界的认识是一个主观与客观相符合、相统一的过程,归根结底是"主体"对"客体"本质——"广延性"及"实体性"的认识与把握的过程。在认识世界的方法上,近代哲学采取实体还原的方法,或将复杂事物分解、还原为某种"基本核子或终极粒子",或将多元化、多极化的事物还原为永恒不动的"一元"和"单极"。

---

① 黑格尔:《哲学史讲演录》第4卷,贺麟、王太庆译,商务印书馆1960年版,第62页。
② 《马克思恩格斯全集》第23卷,人民出版社1972年版,第410页。

因此，以这种方法认识的"世界"从根本上讲就是一个"不动不变"的、静止化的世界，世界万物的运动都是外在的、位置上的改变——位移，而非本质上的改变。由于物理力学相对于化学、生物学等自然科学的发展与完善，受其影响，当近代哲学家们以实体还原的方法看世界时，便自然而然地以力学原理认识世界，以至于将人和动物都看作"机器"，形成了机械唯物主义的世界观。

从近代知识论"世界观哲学"来看，人们在科学信仰的前提下，自然科学的世界观深刻地影响着哲学的世界观。知识论哲学从主观性和客观性的分裂和对立出发，追求具有绝对性、永恒性的知识，进而力图实现对世界"真实"的认识与把握，但因知识论哲学中深藏着不可克服的二元对立的矛盾，促使近代哲学家们不得不从多种角度首先寻求主客观的"同一性"，其结果必然是走向机械唯物主义世界观和绝对客观唯心主义世界观两个极端。而知识论哲学坚持客观性统领一切的客观主义原则，由此导致人对规律性、自在性等客观性知识的推崇，对人的创造性、自为性等价值性存在的漠视，限制了人对现实生活的自为性超越。一旦将人的命运投入某种外部客观存在的手中，人则成了孤立的"受动方"，人与世界的关系呈现"单向度"与片面化的特点。他们全然忽视了人在自然界中的存在特点，即人的"自在存在"和"自为存在"的二重性。这从根本上决定了近代哲学没有认识到"人的思维的最本质的和最切近的基础，正是人所引起的自然界的变化，而不仅仅是自然界本身；人在怎样的程度上学会改变自然界，人的智力就在怎样的程度上发展起来。……它认为只是自然界作用于人，只是自然条件到处决定人的历史发展，它忘记了人也反作用于自然界，改变自然界，为自己创造新的生存条件"[1]。这样知识论哲学就把自然界和人类活动割裂开来，将自己的研究对象视为无人的抽象的自然界，无法实现哲学上的"思维"与"存在"的统一，无法以哲学世界观的力量推动人及人类社会的进步与发展。

_____

①《马克思恩格斯选集》第4卷，人民出版社1995年版，第329页。

第四章　德国古典哲学中的"世界观哲学"的转型

德国古典哲学从康德开始，以肯定人是自身目的，赋予人以自由本性为精神旨趣，经过费希特、谢林，一直到黑格尔，一步步走向了客观唯心主义和神秘主义，也彻底变成了以理性玄思为主，追求精神至极的思辨哲学。以黑格尔为代表的思辨哲学在解释世界的存在与变化时，一方面他们仍然都预设了世界的本体，并以此作为解释世界的最后根据；另一方面他们以人的思维构造出来的一般法则推导客观世界的发展，极力想要通过自己的"世界观哲学"解释、说明本体世界与现象世界的"现实关系"，从而在其各自的"世界观哲学"中体现出比近代知识论"世界观哲学"较强的世界的"构造性"和"历史性"。特别是黑格尔以逻辑辩证法将"历史性"因素引入"世界观"中，将人的主体地位提升到前所未有的高度，也将德国古典"世界观哲学"推向了顶峰。然而，由于思辨哲学从根本上说是一种思维"颠倒"的世界观，因此遭到了以费尔巴哈为代表的唯物主义的批判。费尔巴哈唯物主义的人本学理路和黑格尔逻辑辩证法体现出的"历史性"因素为后来马克思"新世界观"的创立提供了理论来源。

一　哲学向现实的逆转与回归

（一）超验之思向"现实"的切近

世界"本体"的超验性、预设性、终极性始源于古希腊早期自然哲学，成型于柏拉图的"理念"世界以及亚里士多德的"实体"世界。这种对超验"本体"存在的理解影响着整个古代和近代的西方哲学的发展，也是西方知识论哲学的根基所在。尽管近代哲学从笛卡尔开始发生了认识论或者说知识论的转变，但本体论情结一直与知识论纠缠在一起，影响着每一位渴望解开世界之谜的哲学先贤。这种情况，直到康德才有所改变。

最先对本体存在的认识和人类已有知识的真实性发难的是怀疑主义者。而到了近代，休谟的"怀疑"可算作最切中要害。近代唯理论为保证其初始原理的"自明性"、"天赋性"，预设并推导了"本体"的存在；而经验论以经验为基础和出发点，以实验和理性分析为手段，推导出科学知识或科学方法的普遍性、必然性。而在休谟看来，这些都不具有真实性。存在从来就不是独立的，它们是被赋予、被想象的。从"自我"来看，人可以想象神、纯粹理性和独立物质实体。可是一旦"自我"不存在时，所有上述这些存在的独立性就成为不可想象的，所以"自我"才是其他一切存在的基础。即使是印象和观念本身也是"人"的印象和观念，没有纯粹印象和纯粹观念。换言之，知觉本身是不能外在于我们而具有独立性的。由此可见，休谟是不相信任何"实体"的，上帝、纯粹理性和物质实体也不具有独立性。休谟通过对各种"本体"的否认，拒绝承认知识有任何形而上学的基础。对于形而上学承认存在的普遍本质与必然性，休谟认为，人们凭着过去的经验，得出的只是"恒常"的关系，而不是必然的关系，并不存在因果必然性。因此，建立在必然性基础上的认识论也是错误的。由于休谟的经验主义的怀疑论的攻击，使得以上帝作为其形而上学基础的唯理论的"天赋"观念丧失效力。与此密切相关的关于物质世界和心灵世界真实性、理性认知的权力和理性知识的真实性，即理性主义本身也遭到强烈的质疑，而所有经验论依靠理性推导出的客观必然也成了毫无根基的虚构。人类面对的外部世界由此成为一个无法解答的谜，以本体论为基础的近代知识论哲学乃至整个西方哲学面临危机。

休谟因近代经验论与唯理论的论争而引发的怀疑与批判，使康德从各种"独断论"中惊醒，正如他本人所指出的："我坦率地承认，就是休谟的提示在多年以前首先打破了我教条主义（独断论——引者注）的迷梦，并且在我对思辨哲学的研究上给我指出来一个完全不同的方向。"①但惊醒过来的康德并没有完全追随休谟，而是采取变化了的形式沿着理性主义的道路，"批判"地分析了人类理性的认识能力问题，进而回答上帝、真理、自由等问题。在对科学的形而上学的深入思考中，康德看到了唯理论与经验论的局限性。在康德看来，它们都是独断论的哲学。唯理论没有省察人的认知能力或理性所禀赋的观念，所以并不科学；而经验论论述的方法根本不能提供科学之知识。换言之，唯理论与经验论在人的意识面对外部世界时，没有事先就人类认识的能力、根据及其有效性进行彻底的"批判性"的分析、考察，就预先设定了认识与认识对象的关系，以及认识的内容，认识的基础，从而必然导致唯理论与经验论的论争。只有在对纯粹理性进行"批判"、"厘定"、"澄清"后，才能明晰人的认识活动、意志活动和审美活动，他的"三大批判"的根本目的就在于确立人类理性的认识活动、意志活动和审美活动所具有的先验性能力和先天规律，并证明理性活动的合法性、有效性，并最终实现人类认识、理解、把握世界的美好愿望。

就人类认识世界而言，哲学从一开始就以一种终极性的本体思维来思考世界。这种本体思维把"本体"看作是存在着的表象世界的基础、本质，世间的真善美统一于一个"本体"之中，"本体"承载了人类的终极根据、终极解释和终极价值。而这个"本体"只有依靠人的理性（知性）才能思考和把握。哲学形而上学的任务就是要依据人的理性在"可见世界"的背后去

---

① 康德：《未来形而上学导论》，庞景仁译，商务印书馆 1978 年版，导言第 9 页。

寻找真实的、不变的、永恒的和绝对的"本体"世界。笛卡尔开了从认识论研究本体论的先河，他把自我之"思"从自然之"在"中分离出来，把"在"看作是不动、不变、永恒的存在，而"思"则是"天赋"理性的"全能"之"思"。"思"对"在"的把握形成的规律性认识则成为（知识）真理。因此，人认识把握了（知识）真理，也就认识把握了"在"，直至认识把握总体世界。从这种意义上说，近代哲学的根本目标是为整体世界提供具有普遍可靠性、有效性的知识体系。这也是西方近代知性本体论的主旨。康德的本体论思想与知性本体论截然不同，他的"物自体"（Das Ding an sich selbst）学说集中反映了他对本体问题及人对世界认知活动的严肃思考。

康德认为，人类的认识活动所观察、感觉及因此而形成的知识，都属于现象世界的知识，而"本真"世界的"物自体"（本体）是不可认识的。"物自体"是不依赖于人的意识而独立存在的宇宙万物的本身，是人们感觉到的现象世界的真实基础，也是康德哲学中与现象相对立的本体。"物自体"存在于超验的彼岸世界，虽然存在却不为我们所认识，是人的知性（理论理性）不可逾越的界限。康德通过纯粹理性批判，把人的认知能力分为感性、知性（理论理性）和理性（纯粹理性）三部分，同时认为三者具有不同的先天认识原则、认识对象和功能作用。感性具有先天的直观认识能力，知性具有先天的规范整理能力，这两者的结合，则使人对现象世界的认识成为可能，从而保证知识的真实可靠。而理性具有的推理能力在对"物自体"等先验理念（上帝、宇宙、灵魂）的追求中，必然会产生"二律背反"，原因在于理性所追求的那个绝对、整体、无限的宇宙没有经验可把握的时空观念，是超出经验范围的，感性直观不可能将宇宙作为整体提供给知性。因此，从知识上讲，上帝存在和灵魂不朽是不能证明的。但人作为一个理想性的存在却有思想上的自由，"物自体"不能认识，却在现实生活中可以思考，上帝、宇宙、灵魂这些先验理念虽无知识价值，却有重大的道德价值。这样作为现象世界基础的物自体，虽无法用感性直观得到，也不能用知性和理性认识并加以证实和确认，但它们在现实生活中，也就是在实践领域却是"可思"、"可寻"的。通过这种解释和论述，康德的

"物自体"就从思维的对象过渡到信仰的对象，近代认识论哲学中的理性认识问题在康德哲学中便跨越到伦理学中的实践理性问题。

康德向我们证明，知性（理论理性）不能认识把握本体，而人的实践却能够使人感觉到世界的实在。康德指出："在纯粹思辨理性与纯粹实践理性结合为一种知识时，后者领有优先地位，因为前提是，这种结合绝不是偶然的和随意的，而是先天地建立在理性本身之上的，因而是必然的。"①按照"实践理性优于纯粹理性"的理解，实践理性是世界的立法者和命令者，"物自体"是一种引导人的知性永远追求却又无法达到的积极的、假定的对象。理性对"物自体"的思考和追求构成了理性的"范导"作用。这种"范导"作用让人在实践中思考并体会到什么是"至善"，也使世界因为人的存在获得意义和价值。康德哲学表明：在世界上，只有人才需要追求和体验具有绝对性、无限性、终极性的本体。整个世界，除了有理性的人，任何事物都不具有内在价值，所以只有人才是世界的最后目的。自然界事物只能是为这一目的服务的手段。实践理性问题的提出解决了人与非人世界的价值关系，沟通了现象和本体两个世界。实践理性优先性的确立真正体现了人的自由和主体性，它把人看作是自身的目的，而不是机械力学规律所操纵的机器，由此推翻了近代机械唯物论者"人是机器"的论断。黑格尔认为："康德这种哲学使得那作为客观的独断主义的理智形而上学寿终正寝，但事实上只不过把它转变成为一个主观的独断主义，这就是说，把它转移到包含着同样的有限的理智范畴的意识里面，而放弃了追问什么是自在自为的真理的问题。"②

正是超越了曾经的纯粹的宇宙"本体"和"实体"理解，康德捍卫并保证了人类自由思想和行动的权利。康德的"物自体"内含着对现状和表象的否定，一个永远不可能认识到的"物自体"却在实践中引领着人类的行动走向，推动着历史的不断进步。这样康德不仅在"纯粹理性"的认知活动中重新诠释了"时间"的概念和作用，也在"实践理性"中渗透着

① 康德：《实践理性批判》，邓晓芒译，人民出版社 2003 年版，第 166 页。
② 黑格尔：《哲学史讲演录》第 4 卷，贺麟、王太庆译，商务印书馆 1978 年版，第 258 页。

"时间"的整体规定，特别是人对世界的认识与把握有了历史性的因素。正如叶秀山所说："在康德哲学中，已经含有了时间绵延的观念，只是他强调的是这个绵延的永恒性，而对于有限的绵延，即人的会死性（mortal）则未曾像当代诸家那么着重地加以探讨；但是他抓住的这个问题，却开启了后来黑格尔哲学的思路，即把哲学不仅仅作为一些抽象的概念的演绎，而是一个时间的、历史的发展过程，强调真理是一个全过程，进一步将时间、历史、发展的观念引进哲学，形成了一个庞大的哲学体系。"① 应该说，这是康德哲学本体论学说的一个伟大贡献。

康德从根本上重视形而上学，并把为科学的形而上学奠定稳固的基础作为自己的根本任务。在康德的本体论中，他理性地推导、证明人进行实践活动的合理性、合法性，确立了实践的目的是自由。从而把其批判哲学的方向引入现实生活的道德和信仰领域。康德阐述的本体论学说及他发现的"二律背反"，让人们清楚地认识到人的感性直观到的"世界"并不是所有"存在者"的算术总和，单凭理性主义的方式不可能认识世界的总体性、本质性存在。正如他在《判断力批判》中所指出的："如果人类的心灵甚至能够思考特定的无限物而不陷入矛盾，那么它本身必定具有一种超感性的能力，我们不可能直观它的本体观念，但是我们可以认为，本体是单纯现象的基础，质言之，是我们直观到的世界（世界观）的基础。因为只有通过这种能力及其观念，我们才能以纯粹理智的形式，评判事物的大小，才能完全根据一个概念来理解感性世界的无限性，不过，根据数量的概念，以数学的方式来评判事物的大小，我们是永远不能完整地思考这个事物的。"② 在这里，康德提出的"世界观"（直观的世界）概念，主要是指感性对世界的直观，其中蕴含的意思还不是世界普遍规定的解释，也不是关于世界总体的"真理"，而是强调了主体具有不同层级的思考和把握"世界"的先验能力，强调人对"世界"的认识过程是"对象"符合主体的过程。通过对人的认识能力的"限定"，人成了有限的人，世界成了有限的世界，这样既防止了理性思维的僭越，又

---

① 叶秀山：《哲学作为创造性的智慧》，江苏人民出版社 2003 年版，序言第 8 页。
② 大卫·K. 诺格尔：《世界观的历史》，胡自信译，北京大学出版社 2006 年版，第 64 页。

扬弃了以往宇宙本体论、实体本体论的思维方式,为主体"解释世界"找到了现实性的支持。因此可以说,"康德所理解的世界观是与以往哲学(形而上学)的某种断裂,康德对先验理性能力的反思和批判印证了康德的世界观内涵,在他那里,世界观的世界不是预成性的、先定性的,而是有限的、构成的"①。在他的本体论思想中潜伏着传统西方本体论"世界观哲学"的危机和"解构",对人与世界的关系问题的认识已开始逐渐脱离知性领域回到实践世界中,并在人的生存活动中去发现真实的"本体"和本质。

对于康德所说的"实践"要有清醒的认识。康德哲学中的"实践"并不等同于马克思所理解的"实践"。康德对行为的先验分析和规定是高度抽象化的理性产物,他所说的"实践理性"也因此而失去实践基础,成为一种与理论理性一样的先验形式原则。其实践哲学实际上远离了人的具体的、现实的和历史的实践行为,仍然是一种先验的形而上学。"康德所谓的实践理性并非指人的有物质动机的意志,而是空洞形式的纯粹意志,他所谓的实践也不是指人的现实的感性的活动,而是意志使其行动准则与道德律相契合的活动,即意志本身内部的抽象活动。康德确立这个论点是为了把他的形式主义伦理学同宗教结合起来,调和道德与幸福的矛盾",②"康德把自由置于知识之上,却采取了把信仰置于知识之上的形式,充分表现了康德哲学的软弱性和空想性。"③简而言之,康德的超验之思切近了"现实",但抽象化、超验化、绝对化的实践无法统一被康德"分解"开的二元世界,这一任务也成为其后继者不可回避的重要问题。

(二)哲学与"现实"的和解

康德以二元对立的方式解释世界的哲学表达了人的理性与现实之间的内在矛盾,一方面康德为人类理性认识世界形成的知识的可靠性找到了先

---

① 陆杰荣:《马克思"新世界观"的现实性向度及其实质》,《中国社会科学》2007年第6期。
② 杨祖陶:《德国古典哲学逻辑进程》,武汉大学出版社1993年版,第103页。
③ 同上书,第48页。

验的规定和证明，从而肯定了理论理性（知性）的能力，也就是肯定了人的精神自觉和主体地位；另一方面，康德在理性面对外部世界（宇宙）时提出的实践理性的观点，却表现出抽象的、纯粹形式化的理性自我省察的性质。哲学放弃了与外部现实世界的真实联系，生活世界和精神本身的分裂绝对化，使得康德哲学整体上表现出二元论与不可知论的特征，其"批判哲学"的"现实性"大打折扣。如何统一康德哲学中的理性与现实、主观与客观、思维与存在的对立，是康德后继者包括费希特、谢林直到黑格尔一直试图解决的主要问题。这其中，黑格尔在肯定哲学现实性基础上的"绝对精神"的统一最为全面、深刻。他所构建的哲学体系庞大繁杂、晦涩难懂、褒贬不一，但黑格尔对本体论"世界观哲学"高度自觉的本体重建、辩证演绎及现实回归却为他赢得了广泛的赞誉。即使一些现代及后现代哲学家将其哲学视作"死狗"一样丢弃，但所有的批判与否定，仍然无法掩盖黑格尔在哲学史上的光芒。

　　对待康德哲学，黑格尔承认，康德提出的外部世界的认识对象对于认识主体"人"而言只是"现象"（不是"本体"），说明康德哲学把理性的独立性向前推进了一步。黑格尔评价称："康德哲学的主要作用在于曾经唤醒了理性的意识，或思想的绝对内在性……它绝对拒绝接受或容许任何具有外在性的东西，这却有重大的意义。自此以后，理性独立的原则，理性的绝对自主性，便成为哲学上的普遍原则，也成为当时共信的见解。"①黑格尔认为，从康德开始，人以理性的力量真正、彻底地独立于"世界"之外。同时，黑格尔也发现，康德哲学中存在不可克服的矛盾：自我是一个先验的独立存在，"物自体"存在于所有的经验之外也是一种先验的存在。两个根本的独立存在之间存在一条无法逾越的鸿沟。按照康德理性自我的反思原则，先验的自我只有形式，没有内容，外部的"物自体"静止不动，"空洞"的形式根本无法"思考""物自体"，即使理性有所"思考"，也是毫无意义的"空虚"对"空虚"的"彼岸世界"的思考。黑格

---

　　① 黑格尔:《小逻辑》，贺麟译，商务印书馆1980年版，第150页。

尔评价称:"康德的哲学把本质性导回到自我意识,但是康德又不能赋予自我意识的本质或自我意识以实在性,不能在自我意识中揭示其存在。"[1]因此,黑格尔认为,需要重建在康德哲学中失落的主观性与客观性的统一,恢复哲学干预社会现实的能力。他提出:"哲学的最后的目的和兴趣就在于使思想、概念与现实得到和解。"[2]从理性主义的原则讲,让"理性与现实和解"也就是让"哲学"与现实和解。这可以说是黑格尔哲学思想的首要任务,也是黑格尔超越康德哲学意义之所在。

第一,为实现"哲学与现实的和解",黑格尔确立了"和解"的思维前提,即实体就是主体的原则。在黑格尔之前的哲学家们都把实体看作是凝固不动的、永恒的、游离于主体之外的存在物。对"本体"或"实体"的追求是哲学家们的共同理想。从近代哲学开始,哲学家从对实体的追求逐步向"知识"与"规律"的追求转变。在他们看来,知识、自然规律乃至社会规律都不是先在地存在于人(主体)之外的世界之中,相反它们都是自我、主体创造的产物,体现出理性至上的原则。康德更是赋予人的理性以"先验"的能力,把主体的能动作用用哲学的思辨加以确证。黑格尔不反对主体具有能动作用,而是反对这种能动作用先验地把"实体"置于主体认识之外,仅仅把它看作是主体的认知活动的观点。在他看来,实体不仅是客观的,而且是"活的实体",实体自身就是能动的,这样的实体就是主体。正如他所强调:"我们最好抛开主观性和客观性的区别,而着重对象内容的真实性,内容作为内容,既是主观的,又是客观的。"[3]这样一来,实体就成为主客观的统一体,它自身具有能动性,因此实体的运动过程就是它的自我运动,世界万物是实体的自我运动、自我发展、自我完成并最终发展成为"现实"的过程。现实世界就是实体运动的外化和展开,理性是现实的真正形式,思维与存在、本质与现象本身是"同一"的而不是两个对立的存在。这样看来,康

---

[1] 黑格尔:《哲学史讲演录》第4卷,贺麟、王太庆译,商务印书馆1978年版,第257—258页。

[2] 同上书,第372页。

[3] 黑格尔:《小逻辑》,贺麟译,商务印书馆1980年版,第124页。

德哲学中知性（理论理性）为一切外部经验的自然立法，因为"实体即主体"原则的确立，即转变为"精神"的自我立法。这种"精神"的自我立法不再把理性对"实体"的思维看作是主观的理想，而是把这种思维本身看作是事物的本质，而且事物归根结底要符合自己的本质，即"凡是合乎理性的东西都是现实的，凡是现实的东西都是合乎理性的"①。当然，并不是任何东西都可以被称为现实的，只有真正合理的东西才能称为现实的，反之现实的东西才是合理的。黑格尔把宇宙万物的根据或者本质称为"绝对精神"，宇宙万物只是其外在表现。"绝对精神"通过"外化"的方式显现自身，并最终通过人类精神的认识活动实现自我意识，而实现了自我意识的"绝对精神"，也才是真正实现了"理性与现实的和解"。"黑格尔的《精神现象学》所展示的就是这个过程，它通过人类精神认识绝对的过程，表现了绝对自身通过人类精神而成为现实，成为'绝对精神'的过程。"② 因此，黑格尔表述的"绝对精神"其实就是人类精神的绝对化和本体化。

第二，为实现"哲学与现实的和解"，黑格尔确立了"和解"的基本方法，即逻辑辩证法。本体论"世界观哲学"的重要特征是以两个世界（经验世界与超验世界）的划分为前提的，而统一这"两个世界"是本体论"世界观哲学"的主要任务。黑格尔的本体论也不例外，但他用辩证法处理传统本体论并将"两个世界""同一"了起来。在黑格尔看来，"逻辑辩证法"是纯粹的原理，它在一切科学之外又高于其他科学。其原理既适用于自然界，也适用于人类社会和人类精神生活领域。"传统哲学无法解决的两大矛盾：一是哲学的宏伟目标与实证科学的历史成果的矛盾，二是人类思维的至上性与非至上性的矛盾。黑格尔的概念辩证法是作为解决这两大矛盾的独特方式而出现的。"③ 为了实现认识和把握"无限"、"绝对"和"大全"，即认识和把握整个世界，黑格尔强调一个非常重要的思想，不是作为主体的人直接面对"无限"、"绝对"和"大全"，而是"事物本身就有本

---

① 黑格尔:《小逻辑》，贺麟译，商务印书馆 1980 年版，第 43 页。
② 张志伟:《西方哲学十五讲》，北京大学出版社 2004 年版，第 353 页。
③ 孙正聿:《孙正聿哲学文集》第 6 卷，吉林人民出版社 2007 年版，第 139 页。

质，就是无限，就是精神"。① "无限"、"绝对"、"自由"和"大全"就在"有限"、"相对"、"必然"和"局部"之中。"绝对"（黑格尔认为的世界本质）的能动性使它向外扩展，进入感觉的世界，在有限中彰显着无限（"绝对"），同时也体现着"绝对"自身的意义。这样理解，哲学苦苦追求的"真理"就不再是那种理性与事物的符合，而是理解为一个理性内容与其自身的符合。换言之，"真理就是它自己的完成过程"；② "作为主体，真理只不过是辩证运动，只不过是这个产生其自身、发展其自身并返回于其自身的进程"。③ 而人类精神对"绝对精神"（世界的本质）的真实的认识与把握也将是一个辩证的发展过程，这个过程是一个从浅到深、从简单到复杂、从抽象到具体的过程。"绝对精神"外化表现出的认识对象处于发展变化之中，认识及认识而形成的知识也是发展变化的，哲学史恰恰就是这一认识过程的最高体现。在黑格尔那里，"人类精神的认识活动归根结底乃是绝对精神的自我运动，因为人类精神就是绝对精神的代言人，它履行的是绝对精神交付给它的任务"④。黑格尔以逻辑辩证法为基本方法和纯粹的原理构建了一个纯粹的哲学体系，它在一切科学之外又高于其他科学，其原理既覆盖自然界，又覆盖人类社会和人类精神生活领域。从而打破康德在自我与"物自体"之间设定的绝对界限，也就是"从主体性哲学内部来击破主体性哲学"，⑤ 促使"理性与现实和解"，表现出强烈的唯心主义的现实感。

正是因为有了"实体即主体"和"逻辑辩证法"这两种"武器"，黑格尔让"绝对精神"在历史的长河中自由穿行，他赋予"绝对精神"既是实体又是主体，既是必然的又是自由的地位，并把人类精神描述成"绝对精神"自我显现、自我发展、自我异化和认识并扬弃这种"异化"的辩证过程，从而在客观唯心主义的基础上实现了思维和存在的统一以及主体与客体的统一。以至于他几乎把当时人类理性所涉及的全部领域都纳入其哲

① 叶秀山:《哲学要义》，世界图书出版公司 2006 年版，第 186 页。
② 黑格尔:《精神现象学》上卷，贺麟、王玖兴译，商务印书馆 1979 年版，第 11 页。
③ 同上书，第 44 页。
④ 张志伟:《西方哲学十五讲》，北京大学出版社 2004 年版，第 353 页。
⑤ 哈贝马斯:《现代性的哲学话语》，曹卫东等译，译林出版社 2004 年版，第 27 页。

学体系之中。尽管有些内容是牵强的、隐晦的，但就"解释世界"而言，黑格尔哲学是本体论"世界观哲学"的最高形式。按照黑格尔"世界观哲学"的理解，世界的本质超越不了人类认识的形式，世界的本质与人类的认识是"同一"的；不是认识反映事物的本质，而是事物的本质就是认识的逻辑。这种哲学思想对"世界观哲学"的发展意义重大。"黑格尔对世界观的说明具有划时代意义的创造性体现在，他将历史性因素引入到对世界观的理解之中。"① 这种"历史性"的理解意味着"黑格尔把哲学对象由外在世界和精神世界转换成概念世界，从而把哲学的主体性原则深化为哲学以人的世界为对象，这对现代哲学的产生和发展具有深远的影响"②，也对马克思创立"新世界观"提供了可能。洛维特则认为，"黑格尔的最重要的原则，即理性与现实同一的原则，也是马克思的原则"③。

　　黑格尔一直声称他的哲学研究的目的"就是把哲学提高为科学"，④ 希望实现"理性与现实的和解"，进而以"科学的哲学"指导人的现实生活。但在理性与现实的关系问题上，黑格尔哲学中的"整体世界"与"人类历史"是人的逻辑思维推导的产物。他将这种"和解"主要认定为"精神世界"与"现实世界"的妥协，人类无法确定"世界整体"的统一根据即"绝对精神"能否通过这种辩证法成为人的认识对象，从而丧失了哲学的现实批判性和"改造世界"的深刻认识，也说明黑格尔提出的"理性与现实的和解"实际上只能是一种虚假的、抽象的和解。

（三）人的感性回归

　　黑格尔提出的"理性与现实的和解"是客观的"绝对精神"的自我显现、自我发展、自我异化的过程。这种在客观唯心主义基础上实现的思维

---

① 陆杰荣：《马克思"新世界观"的现实性向度及其实质》，《中国社会科学》2007 年第 6 期。
② 孙正聿：《孙正聿哲学文集》第 6 卷，吉林人民出版社 2007 年版，第 144 页。
③ 洛维特：《从黑格尔到尼采》，李秋零译，生活·读书·新知三联书店 2006 年版，第 125 页。
④ 黑格尔：《哲学史讲演录》第 4 卷，贺麟、王太庆译，商务印书馆 1978 年版，第 423 页。

和存在的同一以及主体与客体的统一，以最抽象的形式概括了哲学史的发展过程，形成了当时最为完备的哲学体系，也把德国古典哲学推向了顶峰。但是，黑格尔对整体"世界"的理解完全是没有"人"的真实存在、没有"自然"的真实存在的"头脚倒置"的主观推测，因此，当把他的"绝对精神"与真实的人类历史进程相比较时会发现，其哲学就成了"理性化的神学"。费尔巴哈正是清楚地看到了黑格尔哲学的"神学化"倾向及人的"现实性"的缺失，指出了黑格尔"绝对理念"及其整个逻辑学的唯心主义性质和神秘主义性质，建立了以人的自然本质为核心的人本主义哲学。

1. 对思辨哲学的批判

世界为什么存在？世界存在的理由和必然性在哪里？世界运动变化的原因是什么？在宗教神学家看来，人和世界万物都必须遵从"命运"，他们的存在都有必然性，但这个必然性不在人和世界本身，而是外在于一个至善、至美、至能、至知的"客观存在"，这个"客观存在"就是上帝。德国古典哲学从康德开始，经过费希特、谢林到黑格尔的发展，逐渐走向了客观唯心主义和神秘主义的顶峰。费尔巴哈认为，扬弃神学是新时代赋予哲学家的紧迫而神圣的使命。而黑格尔的思辨哲学将"绝对精神"视为如"上帝"一样的最高实体，是人和万物最终存在的根据，并以思维逻辑学代替神学，构成一个"神圣的逻辑学的天国"，这与宗教神学把上帝视为最高实体，把人视为宾词的观念如出一辙，二者都是一种颠倒的世界观。因此在费尔巴哈看来，黑格尔思辨哲学的本质，"只是理性化了的、实在化了的、现实化了的上帝的本质。思辨哲学是真实的、彻底的、理性的神学"[①]。批判黑格尔哲学与批判宗教神学就不是不同性质的两个问题，而是同一问

① 费尔巴哈：《费尔巴哈哲学著作选集》上卷，荣震华、李金山等译，商务印书馆1984年版，第123页。

题的两个方面，"谁不扬弃黑格尔哲学，谁就不扬弃神学"①。在批判黑格尔思辨哲学的基础上，费尔巴哈指出，"哲学是关于存在物的知识。事物和本质是怎样的，就必须怎样来思想、来认识它们。这是哲学的最高规律、最高任务"②，"未来哲学应有的任务，就是将哲学从僵死的精神境界重新引导到有血有肉的、活生生的精神境界，使它从美满的神圣的虚幻的精神乐园下降到多灾多难的现实人间。"③可见，费尔巴哈是希望把人对现实感性世界的真实描述规定为哲学任务，从而肯定人的现实性和知识的有效性。

2. 唯物主义自然观的确立

关于"自然"的学说是费尔巴哈唯物主义自然观或者说是其"世界观哲学"的基础。费尔巴哈认为，一切想超出自然和人类现实生活的思辨都是不可想象的，自然界的存在是人存在的前提，是人的产生和生存所必须依赖的东西，自然界"是非发生的永恒的实体，是第一性的实体，不过是时间上的第一性，而不是地位上的第一性"④，也就是说，费尔巴哈认为，从时间上讲，自然是第一性的，从地位上讲，人是第一性的，自然与人的问题也就构成了费尔巴哈哲学的主要内容。因此，费尔巴哈明确表示："我的学说或观点可以用两个词来概括，这就是自然界和人。"⑤

费尔巴哈的自然观继承了17、18世纪欧洲哲学史上的唯物主义传统，将斯宾诺莎的"实体是自因"、"自然界是它自身的原因"的思想植入其唯物主义自然观之中，并将"自然界"解释为"非发生的、永恒的、第一性的实体"。针对宗教神学和思辨哲学把"自然"看作是上帝或"绝对精神"的派生物的观点，费尔巴哈认为，"自然"绝不是某种非自然实体创造或派生的产物，无论这种"非自然实体"是上帝还是"绝对精神"。从根本上看，自

---

① 费尔巴哈:《费尔巴哈哲学著作选集》上卷，荣震华、李金山等译，商务印书馆1984年版，第114页。

② 同上书，第108页。

③ 同上书，第120页。

④ 同上书，第523页。

⑤ 同上。

然界无始无终，以自己为存在原因，自然的活动先于精神的、意识的活动。针对宗教神学和黑格尔的思辨哲学将"实体"抽象化、概念化、逻辑化的观点，费尔巴哈特别强调"实体"的可感性，强调自然界本身是物质的、感性的、有形的存在。正如他所指出："具有现实性的现实事物或作为现实的东西的现实事物，乃是作为感性对象的现实事物，乃是感性事物。……只有一个感性的实体，才是一个真正的、现实的实体。"① 从费尔巴哈关于自然的学说上看，费尔巴哈力图彻底改变近代唯心主义哲学的致思方向，以自然界为基础和哲学的出发点，构建新的唯物主义的"世界观哲学"。

3. "人的存在只归功于感性"

在唯物主义自然观的基础上，费尔巴哈对世界中的"人"做了系统而全面的阐释，创立了他的人本主义哲学。他指出："新哲学将人连同作为人的基础的自然当作哲学唯一的，普遍的，最高的对象——因而也将人本学连同自然学当作普遍的科学。"② 如果说唯物主义自然观是费尔巴哈哲学的基石，那么人本主义就是费尔巴哈哲学的核心。费尔巴哈的哲学思想，坚持以人为中心——人本主义精神，并就人的存在、人的本质、人的宗教信仰、人的伦理道德等做了全新的解读，将德国古典哲学对人的理解推向了一个新的阶段。

费尔巴哈以自然科学和生物学的观点看待人，认为人是物质世界的一部分，人的肉体来自自然，人的思维、人的精神、人的思想意识也来自自然。关于人的存在，费尔巴哈从感性的角度出发认识人、理解人。他认为人是有血有肉的"感性"的实体，是精神和肉体、思维和存在的统一体，人的本质在于人自身而不是脱离肉体和大脑的独立实体。人作为自然界的生命存在，人的一切生存活动都是感性的活动，"人的存在只归功于感

---

① 费尔巴哈:《费尔巴哈哲学著作选集》上卷，荣震华、李金山等译，商务印书馆1984年版，第166页。

② 同上书，第184页。

性"①。费尔巴哈强调人的"感性"存在也是为了把其哲学思考与现实联系起来，他认为"感性""是物质的东西和精神的东西的真实的、非臆造的、现实存在的统一；……感性也就是现实"②。但是费尔巴哈直观地从直接呈现在人感觉中的形象来看待人和自然界，因此，在具体如何区分人的感觉和动物的感觉时，费尔巴哈的论述往往是牵强且时常充满矛盾的。

费尔巴哈以感觉为纽带作为联系主体与客体的"中介"，由此获得对外物的感性认识，在此基础上形成思维认识，"感性"也就成为理性的基础。这种"感性"也被费尔巴哈表述为生活实践，而且他相信"理论所不能解决的那些疑难，实践会给你解决"③。费尔巴哈把现实的、感性的、活生生的人作为思维和存在统一的基础，又把人的"实践"提升到解决理论问题的高度，以唯物主义为根本立场有力地批判了宗教神学和思辨哲学，从而把"世界观哲学"进一步导入了活生生的"现实"生活之中。因此可以说，费尔巴哈的唯物主义哲学不是对古代朴素唯物主义和近代机械唯物主义的简单回归。他的哲学从整体的视角，即从人与自然、人与社会、人与意识多维视角探索了人的本质问题。他反对"头脚倒置"的思辨哲学和宗教哲学，坚持从现实的感性世界，即从具体的人与自然出发，把人的思维、精神视为"客观存在"的宾词，用以自然为基础的"现实人"取代黑格尔的"绝对精神"，从而建立起思维与存在的统一，并形成人本主义的哲学思想。"当费尔巴哈把现实的人作为自己哲学的基础时，他在逻辑意向上，似乎已克服了英法唯物主义的机械论倾向，而力图把唯物主义引向社会生活，这是他的唯物主义远胜于近代自然科学唯物主义的地方。"④但是，费尔巴哈哲学也存在一定的局限，费尔巴哈只是用生物学眼光看人，把人的本质和人的存在（具体存在

---

① 费尔巴哈：《费尔巴哈哲学著作选集》上卷，荣震华、李金山等译，商务印书馆1984年版，第213页。

② 费尔巴哈：《费尔巴哈哲学著作选集》下卷，荣震华、李金山等译，商务印书馆1984年版，第514页。

③ 费尔巴哈：《费尔巴哈哲学著作选集》上卷，荣震华、李金山等译，商务印书馆1984年版，第248页。

④ 孙伯鍨、张一兵：《走进马克思》，江苏人民出版社2001年版，第100页。

方式）混为一谈，他否认了人的感官对客观事物的反映的相对性和片面性，否认了人的理性思维和科学抽象对于认识客观事物内在本质的必要。而且他把人仅仅看成是自然界长期发展的产物，并没有看到社会、历史、人的实践活动在人的本质形成过程中所起的决定作用。他形成了关于人的"类意识"，但他所说的"类"还仅仅是生物学的观点，看不到人的社会性的物质生产劳动的重要性，也就无法从人的生物学特性过渡到人的精神特性。因此可以说，费尔巴哈所讲的"人"是建立在自然基础上的自然人，是超越了阶级内容和社会实践的仅仅作为"感性对象"而非"感性活动"的抽象的人。他的哲学理论根本无法从自然界过渡到人类社会及其历史，在人类社会领域，就与机械唯物论一样，陷入了唯心史观。

二　德国古典"世界观哲学"演进的内在逻辑

传统"世界观哲学"从产生之初就强调理性的重要，或者说是一直坚持以理性主义为传统，到 17 世纪，在人的思想观念中追求世界的"必然性"始终是最高的思维原则。物在"必然性"统治之下，人也在"必然性"的支配之下，人在世界中的现实行为就是应该努力去符合总体世界的"必然性"。这样看来，近代的知识论从根本上讲就是要把握世界的"必然性"的问题。正如文德尔班所说："知识学问题就是把世界理解为理性活动必然的关联整体。"① 受知识论观念的影响，近代知识论的"世界观哲学"（欧洲 17 世纪的形而上学和 18 世纪的启蒙运动）主要受自然科学思想的支配，关于现实世界符合客观规律的思想促使机械论世界观的形成与巩固。机械论的世界观孤立、静止、片面地看待世界，特别是它衡量世界万物的价值不是以人为视角和出发点，而是以"自然的事物"作为标准，似乎只有超自然的"上帝"才具有自由的本性，而人从根本上丧失了"自

---

① 文德尔班：《哲学史教程》下卷，罗达仁译，商务印书馆 1993 年版，第 812 页。

由"。在德国,"这种机械世界观的传播遭遇到德国哲学的抗拒"①。德国古典哲学从康德开始,以肯定人是自身目的,赋予人以自由本性为精神旨趣,经过费希特、谢林,一直到黑格尔,最终走向了客观唯心主义和神秘主义。文德尔班评价康德时指出:"康德哲学最大的影响在于:所有这些体系的共同特性是唯心主义……费希特,谢林和黑格尔带头坚持不懈地将世界理解为理性体系。"②"将世界理解为理性体系"即意味着对人的理性的肯定,而对人的理性的肯定则意味着对人的肯定。黑格尔之后的费尔巴哈则另辟蹊径,从对人的自然存在、感性存在入手,恢复"世界观哲学"的唯物主义发展方向,力图更为真实地把握人及人所生活的世界。因此可以说,"肯定人是自身目的,赋予人以自由本性,是德国古典哲学的特殊历史贡献"③,也为人认识、理解、把握世界开辟了新视界。

德国古典哲学特别是以黑格尔为代表的思辨哲学,肯定人是自身目的,肯定人的自由本性的同时,表现在"世界观"问题上,则具有两方面突出的特点,一方面他们仍然都预设了世界的本体,并以此作为解释世界的最后根据;另一方面,他们从人的思维出发,以思维构造出来的一般法则推导客观世界的发展,并极力想要通过自己的"世界观哲学"解释、说明本体世界与现象世界的"现实关系",在其各自的"世界观哲学"中表现出比近代知识论"世界观哲学"较强的世界的"构造性"和"历史性"的特点,并以这样的方式体现人的自由本性。

与近代机械唯物主义世界观不同,康德试图摆脱自然科学思维的控制,从人的自我意识出发,在体现人的主观能动性的前提下,解释人与世界的关系。康德以"客体围绕主体转"的认识论上"哥白尼式革命"来"批判""主体必须符合客体"的自然科学的思维原则。康德强调,"本体是单纯现象的基础,质言之,是我们直观到的世界(世界观)的基础"④。可

① 文德尔班:《哲学史教程》下卷,罗达仁译,商务印书馆1993年版,第859页。
② 同上书,第778页。
③ 高清海:《找回失去的"哲学自我"》,北京师范大学出版社2004年版,第347页。
④ 大卫·K.诺格尔:《世界观的历史》,胡自信译,北京大学出版社2006年版,第64页。

见，康德这里谈到的"世界观"的直接指向是人所面对的感性世界。既然是指"感性世界"，则意味着"世界观"与人的先验认知能力或者说与人的现实的把握对象的能力密切相关。这样的"世界观"就与本体论的"世界观哲学"以理性至上思维设定的"普遍的本体"，及因此表现出的独断主义根本不同。"这也就意味着人的认识能力本身从实质上来说是有限的；既然人的认识只能在先验逻辑中通过先天的范畴来理解'对象'，那么必然在先验辩证论的展开当中有着其限度，这还意味着人所理解的'世界'不是绝对的、永恒的、确定的。"① 简而言之，康德所理解的"世界观"已经带有现实的"构成性"特点，是"世界观哲学"的重大进步。然而，康德在现象世界之外仍然设定了一个恒定不变、不可认识的"物自体"，表明他没能彻底摆脱本体论思维方式的束缚，并最终陷入了二元论而不可自拔。

费希特抛弃了康德的"物自体"概念，但接受了康德关于"自我意识"是知识最高原则的思想。在费希特看来，"哲学家［所据以推理］的出发点不需要前提，这样的出发点不应通过一个断言或一个命题去发现，而应通过一个要求，这个要求每一个人都能满足，那就是：想想你自己吧"②。也就是说，费希特认为哲学所要谈的问题（包括对世界的认识问题）不在人之外，而恰恰在于人自己。从这样的哲学理解出发，费希特以承认人的能动本性为前提，辩证地看待自我与非我的矛盾关系，把知识论一直追求的"必然性"的世界完全融入自我自由活动的创造中，"将外部感性世界推断为在经验的自我中出现的一般意识的产物"③，从而将德国古典哲学对自我意识的肯定推向了一个高峰。黑格尔认为："费希特哲学的最大优点和重要之点，在于指出了哲学必须是从最高原则出发，从必然性推演出一切规定的科学。其伟大之处在于指出原则的统一性，并试图从其中把意识的整个内容一贯地、科学地发展出来，或者象人们所说的那样，构造整个世界。"④ 从

---

① 陆杰荣：《马克思"新世界观"的现实性向度及其实质》，《中国社会科学》2007 年第 6 期。
② 文德尔班：《哲学史教程》下卷，罗达仁译，商务印书馆 1993 年版，第 813 页。
③ 同上书，第 821 页。
④ 黑格尔：《哲学史讲演录》第 4 卷，贺麟、王太庆译，商务印书馆 1978 年版，第 311 页。

黑格尔的评述可以看出，黑格尔认同费希特哲学的主要地方在于从"原则的统一性"出发，"构造整个世界"。这个"构造性"也表明费希特所理解的"世界观"与康德相比其"动变性"更为明显和强烈。正如费希特所指出的："自然在自己的永恒转化中迅速地前进着，当我还在谈我所观察到的瞬刻时，它已经消逝不见了，一切也都起了变化；在我能够把握这瞬刻以前，一切又都成为另一个样子。"①

黑格尔对人的理性推崇到了极致，并试图以此统一思维与存在的对立。黑格尔认为，世界的本质超越不了人类认识的形式，世界的本质与人类认识是"同一"的；不是认识反映事物的本质，而是事物的本质就是认识的逻辑。正如他所指出："作为现实的自然而存在着的东西，乃是神圣理性的肖像。自觉的理性的形式，也就是自然的形式。"②黑格尔对世界的这种认识理解和他对"绝对精神"的规定直接相关。在他看来，"绝对精神"具有无限的生成能力，现实世界发展就是"绝对精神"在自我生成、自我扬弃、自我实现的过程。而人对现实世界的认识与把握就是对"绝对精神"认识把握的过程，也就是一个历史与逻辑相统一的过程。正如他所指出："人类精神在内心思维里的这种工作，是和现实世界的一切阶段相平行的。没有一种哲学能够超出它的时代。哲学的历史是世界的历史的最内在的核心。"③从黑格尔的"世界观哲学"来看，黑格尔既没有否定"本体世界"的真实存在，也没有否定现实世界的"真实性"，而是通过辩证法让"本体世界""流动"起来，既体现出世界的"同一性"、"创造性"，又体现出世界的"历史性"和"现实性"。正如他所指出，"理念自身就是辩证法，在这种辩证过程里，理念永远在那里区别并分离开同一与差别、主体与客体、有限与无限、灵魂与肉体，只有这样，理念才是永恒的创造，永恒的生命和永恒的精神"④。这样一

① 费希特：《论学者的使命人的使命》，梁志学、沈真译，商务印书馆 1984 年版，第 69 页。
② 黑格尔：《哲学史讲演录》第 4 卷，贺麟、王太庆译，商务印书馆 1978 年版，第 372 页。
③ 同上书，第 374 页。
④ 黑格尔：《小逻辑》，贺麟译，商务印书馆 1980 年版，第 401 页。

来，黑格尔认为，"看来世界精神现在已经成功地排除了一切异己的、对象性的本质，最后把自己理解为绝对精神，并且任何对于它是对象性的东西都是从自身创造出来，从而以安静的态度把它保持在自身权力支配之下"①。然而，黑格尔哲学中的现实世界是与预设的"绝对精神"相符合的过程，其"动变性"仍然置困于人的内在意识之中，仍然是变相的主体符合客体的原则。以这种哲学理解的人只是"绝对精神"在现实世界自我生成、自我扬弃、自我实现的表现工具，人也就仍然是由本体决定的"受动方"的人，世界也仍然是无法体现人的自由本性和主体地位的世界。

在黑格尔之后，"唯物主义世界观的浩荡洪流贯穿了十九世纪"②。费尔巴哈以唯物主义自然观为基础，从现实的感性人出发理解人所面对的世界，进而肯定人的感性存在的价值与意义，从而扭转了德国古典哲学的唯心主义倾向，为马克思"新世界观"的产生奠定了基础，提供了"合理内核"。

从德国古典哲学的演进来看，他们试图摆脱近代知识论哲学确立的客观世界"必然性"原则，从主体出发解释现实世界的演进与发展，体现出人的自由本性。然而，由于思辨哲学是以思维设定的高悬于人的现实生活之外的某种"精神存在"作为根本法则，抽象地解释人与世界，人成了"抽象的人"，世界成了"精神"创造的世界。因此说，思辨哲学的世界观是内在于人的意识之中的思维"颠倒"的世界观。正如马克思所指出："德国哲学从天上降到地上；和它完全相反，这里我们是从地上升到天上。"③马克思正是通过批判思辨哲学"颠倒"的世界观并吸收德国古典哲学中的合理内容，从而创立了现实的、历史的、实践的"新世界观"。

---

① 黑格尔：《哲学史讲录》第4卷，贺麟、王太庆译，商务印书馆1978年版，第377页。
② 文德尔班：《哲学史教程》下卷，罗达仁译，商务印书馆1993年版，第861页。
③《马克思恩格斯选集》第1卷，人民出版社1995年版，第73页。

第五章 马克思"新世界观"的历史性变革

马克思"新世界观"的诞生是哲学史上的一次革命。他在批判地继承黑格尔和费尔巴哈哲学的合理因素的基础上，完全克服唯心主义的抽象思辨和旧唯物主义简单直观的认识世界的方法，诠释了人与世界的真实含义，对哲学的现实功能、历史解释和价值引导做出新的规定。由于它具有了不同于传统"世界观哲学"的现实的、实证的和历史的因素，完全超越了传统哲学的形而上学的本体论思维方式，更具"世界观"的品性，因此，恩格斯认为，它"已经根本不再是哲学，而只是世界观"①。这一从"世界观哲学"到"世界观"的转变，在马克思的"新世界观"中主要表现为批判对象、思维方式和理论任务的根本性转变。

一 新的批判对象

（一）马克思对传统哲学的批判

马克思"新世界观"的最终确立得益于德国古典哲学的发展，特别是黑格尔的辩证法和费尔巴哈的唯物主义思想。同时，马克思"新世界观"的形成又是一个不断批判、扬弃、超越黑格尔和费尔巴哈哲学的过程。

马克思对黑格尔及费尔巴哈哲学进行了全面而深刻的分析。在马克思看来，黑格尔把辩证法引入哲学，将人所面对的有限的现实世界与人的无

---

① 《马克思恩格斯选集》第 3 卷，人民出版社 1995 年版，第 481 页。

限的精神追求统一于人类历史发展进程之中，开启了哲学对象由客观世界
和精神世界向现实世界转换，完成了"理性与现实的和解"，实现了主观与
客观、主体与客体的"精神统一"，既将充满思辨性的西方传统"世界观哲
学"推向了极致，又为现代哲学指出了一条走出传统哲学困境的现实道路。
这是黑格尔哲学的"伟大之处"。但是，黑格尔思辨哲学的结果是把现实中
物与物的关系、物和人的关系、人和人的关系都变成观念与观念之间的关
系，人的劳动仅仅被规定为抽象的精神劳动，人及人类历史被描述成一个
抽象的、逻辑的、精神自我异化的过程，完全是一种"头脚倒置"的哲学。
因此，黑格尔所谓希望实现的哲学与现实的"和解"，只能是人的精神意识
内的"和解"，是把人的实践活动看作是精神活动的一个环节，即脱离人
的实践活动抽象思辨的结果。正如马克思批评黑格尔时所指出："黑格尔认
为，世界上过去发生的一切和现在还在发生的一切，就是他自己的思维中
发生的一切"，[①]"他以为他是在通过思想的运动规律建设世界；其实，他
只是根据绝对方法把所有人们头脑中的思想加以系统的改组和排列而已。"[②]
对于费尔巴哈，马克思认为他通过对"自然"与"感性人"的肯定，恢复
了唯物主义的权威，肯定了人的"感性存在"，创建了人本主义哲学，这是
费尔巴哈哲学的重大贡献。但是，费尔巴哈对黑格尔的批判却忽略了辩证
法，而且他对人的肯定只是从人的具体的"感性存在"出发去理解人，而
不是把感性"看作实践的、人类感性的活动"，所以，费尔巴哈不仅未能真
正走出传统西方哲学的思维方式，而且在社会历史领域又陷入了唯心主义
的泥潭。马克思明确指出："当费尔巴哈是一个唯物主义者的时候，历史在
他的视野之外；当他去探讨历史的时候，他不是一个唯物主义者。"[③]因此，
一旦把这种直观的唯物主义哲学投入人类社会的实际之中，费尔巴哈的唯
物主义就陷入了"抽象的贫困"之中。

　　总之，马克思认为，整个西方传统哲学由于"不懂得实践"的真正含

---

①《马克思恩格斯选集》第 1 卷，人民出版社 1995 年版，第 141 页。

② 同上。

③ 同上书，第 78 页。

义，把人的存在的价值和意义寄托于外在于人的"实体"（可能是物质，也可能是精神），因而根本无法把握人的本质。这样的哲学对世界所做出的终极解释和人所追求的终极价值，只能存在于幻想世界和遥不可及的彼岸世界之中。

（二）马克思"新世界观"的批判旨趣

哲学的批判精神贯穿传统哲学发展的始终，因此，只要谈及哲学就不能不涉及哲学的批判精神。马克思"新世界观"的批判旨趣与传统哲学批判完全不同。尽管他也以"批判"、"论战"、"梳理"的方式阐述、表达他对人与世界的看法，但从根本上讲，他的批判旨趣越来越从对哲学理论的批判转变为对现实的批判。正如马克思所强调："人的自我异化的神圣形象被揭穿以后，揭露具有非神圣形象的自我异化，就成了为历史服务的哲学的迫切任务。"①

马克思通过对人类社会历史进程的考察发现，实践活动决定着人的本质及其存在方式，离开实践活动根本无法正确解释人及人生活的现实世界。因此，马克思走出纯粹的精神意识领域，致力于以人的实践活动为基础去解决西方传统哲学一直无法真正实现的主客观的"统一"问题。换言之，马克思通过把人的现实的、改造对象世界的实践看作人的本质的活动，既把实践理解为人的本质的确证过程和人的本质的创造以及获得过程，又理解为人的本质的实现过程，进而从人自身的现实的实践活动去说明世界的存在以及世界的变化，实现了"思"与"在"的辩证统一。在马克思看来，传统哲学以抽象思辨解释的世界根本不是人的现实生活世界，近代哲学也因此与人的现实生活日渐疏远。近代机械唯物主义主客对立的思维方式，忽视了人的整体存在，甚至将人规定为"机器"，使得本该亲近于人的存在的唯物主义变得冰冷且毫无生机；唯心主义思辨哲学又是一种"从天国降到人间"、"头脚倒置"的如同宗教唯灵论的"玄学"，因此必须转变思维

①《马克思恩格斯选集》第1卷，人民出版社1995年版，第2页。

方式，彻底打破一切旧哲学借以出发的前提，不再寻求把握所谓的世界的本体，不再试图建立描绘整个世界的存在与变化的绝对真理和完整的理论体系，而是直接面向人的实践和现实生活，寻找改变人的现实生活世界的"新哲学"。马克思指出："在思辨终止的地方，在现实生活面前，正是描述人们实践活动和实际发展过程的真正的实证科学开始的地方。……对现实的描述会使独立的哲学失去生存环境，能够取而代之的充其量不过是从对人类历史发展的考察中抽象出来的最一般的结果的概括。这些抽象本身离开了现实的历史就没有任何价值。"①

由于马克思把对传统哲学的理论批判与历史现实紧密联系在一起，因此他的世界观品格就不是"教条式地预料未来"，而是要在"批判旧世界中发现新世界"②。马克思明确提出："如果我们的任务不是推断未来和宣布一些适合将来任何时候的一劳永逸的决定，那么我们便会更明确地知道，我们现在应该做些什么，我指的就是要对现存的一切进行无情的批判……"③"对现存的一切进行无情的批判"，"在批判旧世界中发现新世界"，是马克思批判旨趣最为凝练的概括。它意味着马克思不再把哲学批判当作目的，而是把哲学批判看作是改造世界的一种手段。因此可以说，马克思"新世界观"批判的对象、性质、精神主旨已经发生了根本性转变，更多地表现为一种改变现实世界的科学的世界观和方法论。

我们说马克思"新世界观"的批判是充满现实性的批判，并不意味着马克思的"新世界观"就完全排除了对思辨世界的研究，只是同西方传统哲学相比，马克思更注重对人的现实生活世界的研究。他立足于人类现实生活世界的一切矛盾发生的根本所在——实践，从人类社会历史发展的实际过程中去透视西方传统哲学的功过和规划哲学的最新形态，运用思维逻辑与社会历史观相统一的思维方法，观察、分析人与世界的存在与发展。

---

① 《马克思恩格斯选集》第 1 卷，人民出版社 1995 年版，第 73—74 页。
② 同上书，第 416 页。
③ 同上。

（三）马克思"新世界观"在批判中的跃迁

马克思"新世界观"的最终确立是一个不断批判和超越的过程。从时间上看，马克思"新世界观"的确立经历了理论萌芽、现实发展、基本形成三个阶段；从马克思"新世界观"的演变上看，马克思的"世界观"思想经历了从唯心主义到旧唯物主义，再从旧唯物主义到历史唯物主义两次大的转变；从批判的对象上看，马克思坚持自我批判的精神，先后清算了德国浪漫主义理想主义情怀、康德和费希特的主观主义、黑格尔思辨哲学、费尔巴哈人本主义、青年黑格尔派"批判"玄论等哲学观念，并对自己思想中的宗教现象、自我意识、理性本质主义和人本主义观念进行了扬弃，创立了充满现实批判精神的"新世界观"。这里笔者主要按照马克思在创立"新世界观"过程中在批判旨趣上的发展变化，阐述马克思"新世界观"在批判中的升变与跃迁。

第一，现实性批判的萌芽。

这里所说的"现实性批判的萌芽"是指马克思大学毕业前的哲学观点，其中最有代表性的文章是他的博士学位论文。马克思在大学初期信奉的是康德和费希特哲学，大约1837年秋马克思开始接受黑格尔哲学，特别是青年黑格尔派的"自我意识"哲学。在马克思的毕业论文中，他对哲学给予了极高的评价，并充满了斗争激情。他在博士学位论文中写道："只要哲学还有一滴血在自己那颗要征服世界的、绝对自由的心脏里跳动着，它就将永远用伊壁鸠鲁的话向它的反对者宣称：渎神的并不是那抛弃众人所崇拜的众神的人，而是把众人的意见强加于众神的人。"[1]虽然此时马克思的批判愿望超出了其理论能力，但是，"一种实践哲学的轮廓已展现在人们的眼前；这种哲学同时希望在对社会现实的批判中，检验和考验它特有的原则，从而摆脱了单纯从远处反映的状况，以便对具体现实采取积极的立场"[2]。同时也应看到，青年马克思虽然深受德国古典哲

---

[1]《马克思恩格斯全集》第1卷，人民出版社1995年版，第12页。

[2]鲁托马斯：《马克思早期思想研究译文集》，熊子云等译，重庆出版社1983年版，第82页。

学的影响，却又与康德、黑格尔等不同，突出表现为马克思已经开始注意哲学与现实的联系，在他的博士学位论文中多处表现出他对现实的关注。在谈到"自由"问题时，马克思认为，不能抽象地理解自由，不能通过把人同周围环境分开并把二者绝对对立起来的办法来实现自由，那样得到的自由只是理论上的自由。马克思在分析了人与现实、哲学与世界的辩证关系后明确提出："在自身中变得自由的理论精神成为实践力量，作为意志走出阿门塞斯冥国，面向那存在于理论精神之外的尘世的现实，这是一条心理学规律。"① 也就是说，马克思认为，哲学必须同外部世界发生关系，变成一种实践力量，这样的哲学与世界的相互作用、相互融合，才能实现"世界的哲学化同时也就是哲学的世界化"。②

1841 年 3 月完成的博士学位论文可以看作是马克思"新世界观"发展的起点，也是马克思世界观思想"现实化"的最早萌芽，从此马克思逐步走上了对德国古典哲学扬弃与超越的道路。

第二，现实性批判的发展。

在大学时期，费尔巴哈的《黑格尔哲学批判》、《基督教的本质》等著作已经发表并影响青年马克思，而自从在《莱茵报》工作起，马克思通过亲身接触现实生活，越来越发现黑格尔哲学的理论观点与现实生活的背离。他批评指出："尤其是德国的哲学，喜欢幽静孤寂、闭关自守并醉心于淡漠的自我直观"，"它不是通俗易懂的；它那玄妙的自我深化在门外汉看来正像脱离现实的活动一样稀奇古怪；它被当作一个魔术师，若有其事地念着咒语，因为谁也不懂得他在念什么"③。对这种"谁也不懂得他在念什么"的哲学，马克思在《黑格尔法哲学批判》中，对黑格尔哲学特别是法哲学进行自觉的系统批判，开始向新的"世界观"转变。马克思指出，在黑格尔的思辨哲学中，"理念变成了独立的主体，而家庭和市民社会对国家的现实关系变成了理念所具有的想象的内部活动。实际上，家庭和市民社会

---

① 《马克思恩格斯全集》第 1 卷，人民出版社 1995 年版，第 75 页。
② 同上书，第 76 页。
③ 同上书，第 120 页。

是国家的前提，他们才是真正的活动者，而思辨的思维却把这一切头足倒置"①。关于哲学的任务，马克思认为，在揭穿了宗教的异化问题后，就是要回到人的现实世界中来。他指出："真理的彼岸世界消逝以后，历史的任务就是确立此岸世界的真理。人的自我异化的神圣形象被揭穿以后，揭露非神圣形象的自我异化，就成了为历史服务的哲学的迫切任务。于是，对天国的批判就变成对尘世的批判，对宗教的批判变成对法的批判，对神学的批判变成对政治的批判。"②

在《〈黑格尔法哲学批判〉导言》中，马克思的现实性批判精神表现得更为明显。马克思认为，"德国的实践派"提出"否定哲学"的口号是正当的，而其错误在于他们仅仅简单地停留在口号上，无法在现实中实现自己的哲学。因此，马克思批判地指出："你们不在现实中实现哲学，就不能消灭哲学。"③ 这就是说，马克思认为，只有把哲学研究引向现实，从现实出发来批判现存的哲学，才能真正扬弃这种哲学，"批判的武器当然不能代替武器的批判，物质力量只能用物质力量来摧毁"④。只有"哲学把无产阶级当作是自己的物质武器，同样，无产阶级也把哲学当作自己的精神武器"⑤，作为现实世界中的人才会实现自己的解放。因此，马克思明确指出："哲学不消灭无产阶级，就不能成为现实；无产阶级不把哲学变成现实，就不可能消灭自身。"⑥

在 1845 年以前，尽管马克思思想中仍然残存着黑格尔思辨哲学和费尔巴哈的人本主义的影响，其"世界观"也没有完全脱离传统哲学的束缚，但马克思越来越意识到应该把理论批判与现实斗争结合起来。《1844 年哲学经济学手稿》的完成标志着马克思已经把"世界观"与更具有现实性的政治经济学以及现实的政治、经济联系在一起，这是马克思扬弃德国古典

---

① 《马克思恩格斯全集》第 1 卷，人民出版社 1956 年版，第 250—251 页。
② 《马克思恩格斯选集》第 1 卷，人民出版社 1995 年版，第 2 页。
③ 《马克思恩格斯全集》第 1 卷，人民出版社 1956 年版，第 459 页。
④ 《马克思恩格斯选集》第 1 卷，人民出版社 1995 年版，第 9 页。
⑤ 同上书，第 15 页。
⑥ 同上书，第 16 页。

哲学的新跨越。

第三，现实性批判后的"新世界观"的基本确立。

经过一系列哲学理论的批判，马克思逐步脱离抽象哲学的思辨倾向，划清了与传统哲学的界限，并在《关于费尔巴哈的提纲》和《德意志意识形态》（1845—1846）中基本确立了"新世界观"。恩格斯在评价《关于费尔巴哈的提纲》时就认为，它是"包含着新世界观的天才萌芽的第一个文件，是非常宝贵的"[1]。

在《关于费尔巴哈的提纲》中，马克思既坚持自然界是先于人的存在这一唯物主义的基本观点，又没有把自然世界仅仅理解为直观对象，而是在科学实践观的基础上辩证地理解世界、理解人。在马克思看来，费尔巴哈理解的自然界"是某种开天辟地以来就直接存在的、始终如一的东西"，[2]他完全没有理解人类生存的自然界是"历史的产物，是世世代代活动的结果"[3]。换言之，现实的自然界并不是费尔巴哈所理解的完全自在的静态自然界，而是人类实践活动不断改变、不断生成的结果。自然已经成为"人化的自然"，而人也成为"自然化的人"。马克思正是以人的具有改造世界的实践活动为基础，重新诠释了"自然界"与"人"，全面超越了费尔巴哈的直观唯物主义。

《德意志意识形态》是对《关于费尔巴哈的提纲》"新世界观"的详细阐述和进一步发展。在这里，马克思从实践出发去考察自然、人和社会，深刻地批判了青年黑格尔派哲学家严重脱离实际，醉心于抽象哲学批判的思辨倾向，较为系统地阐述了"新世界观"的基本立场。在批判青年黑格尔派时，马克思明确指出：青年黑格尔派的哲学家"没有一个想到要提出关于德国哲学和德国现实之间的联系问题，关于他们所作的批判和他们自身的物质环境之间的联系问题"[4]。而马克思给青年黑格尔派的忠告就是：

---

①《马克思恩格斯选集》第4卷，人民出版社1995年版，第213页。

②《马克思恩格斯选集》第1卷，人民出版社1995年版，第76页。

③同上。

④同上书，第66页。

"少发些不着边际的空论，少唱些高调，少来些自我欣赏，多说些明确的意见，多注意一些具体的现实，多提供一些实际的知识。"① 马克思在《德意志意识形态》中对传统哲学批判得最多、最为严肃，且最能凸显马克思致思取向的问题，就是哲学的现实性问题。他指出："哲学家们只要把自己的语言还原为它从中抽象出来的普通语言，就可以认清他们的语言是被歪曲了的现实世界的语言，就可以懂得，无论思想或语言都不能独自组成特殊的王国，它们只是现实生活的表现。"② 通过对脱离现实的"德国哲学"的批判，马克思在《德意志意识形态》中彻底把"世界观"的出发点"从天国降到人间"，从实际活动的人出发思考人与世界，从而把充满玄思的"德国哲学"与"新世界观"区别开来。

　　总之，马克思批判地继承了人类思想史上的多种文明成果，特别是德国古典哲学思想，以科学的理性批判、哲学的现实批判和内在的自我批判，将"世界观"的致思方向与"现实"联系在一起，在《关于费尔巴哈的提纲》和《德意志意识形态》中马克思完全摆脱了西方传统思维的束缚，实现了对体系化、抽象化的西方传统"世界观哲学"的彻底颠覆，确立了崭新的"世界观"。

二　新的思维方式

（一）人的实践是一种对象化的活动

　　在传统哲学阶段，哲学家们对"实践"的理解一直与对"本体"的确认密切相关，换句话说，对"本体"的解释一直是对"实践"范畴理解与把握的前提。从哲学原初语境上看，早期古希腊哲学所追寻的那个作为万物终极根据的"本原"、"始基"本身就蕴含对"实践"评价的意义。也就是说，所

----

① 《马克思恩格斯全集》第 27 卷，人民出版社 1972 年版，第 436 页。
② 《马克思恩格斯全集》第 3 卷，人民出版社 1960 年版，第 525 页。

谓万物的"本原"、"始基",它们不仅具有解释世界万物起源的作用,而且具有对人的现实行为做出价值评判的规范意义,即"本原"、"始基"是终极存在、终极解释与终极价值的同一体。最早对实践做出明确规定并使其上升为哲学范畴的是亚里士多德。亚里士多德把人的活动分为三种形式:创制、实践和思辨。所谓创制主要是指生产和技艺活动,这种活动不以自身为目的,是工具性活动,其理性品质是技术;实践主要是指政治、伦理活动,这是一种以自身为目的的自由活动,其理性品质是明智;思辨活动也是以自身为目的的活动,主要包括哲学、数学和物理学等活动。按照亚里士多德实践观理解,在活动的对象和形式上,实践与创制相似,而与思辨区分开来;在活动的自由性上,实践与思辨相同,有时亚里士多德把思辨活动也归入实践,并且看作是最高的实践。这样看来,亚里士多德把人的生产和技术活动排除在实践之外,而把实践看作是人的一种存在方式,并将它局限于人的感性经验领域,与其思辨的形而上学理论区别开来,这是亚里士多德在哲学"实践"范畴上为"实践"最后脱离形而上学做出的贡献。

到了近代,哲学对实践的理解有了不同的解读。其中最有代表性的是康德和黑格尔。受亚里士多德实践观及近代哲学的多重影响,在康德的本体论中,康德的实践理性理论超越了亚里士多德的伦理实践理论,证明了实践的目的是自由和人进行实践活动的合理性、合法性,为实践寻找到了形而上的根据。在康德看来,技术实践与道德实践是两种不同的实践。一切建立在因果的自然概念之上的、永远以感性为条件的、技术上实践的规则,属于理论哲学(关于自然的学说);只有那些完全建立在自由概念之上、以超感性的东西为条件的、道德上实践的规范,才属于实践哲学(关于道德的学说)。在康德的实践观中,康德看到了实践理性的无限性与人自身有限性的矛盾,希望实现"要通过我们的行动,把尚未存在的东西变成现实,也就是与实践观念相符合"[①],确立了"实践理性"高于"理论理性"的地位。但是,他抽象化、超验化、绝对化地看待实践,把人的实践目的

---

① 康德:《道德形而上学原理》,苗力田译,上海人民出版社1996年版,第89页。

与自由推到了遥远的未来，推到彼岸世界，仍属于先验的形而上学，并不是后来马克思所说的人的现实的"感性活动"，从而招致众多的批评。

随着物质生产活动在社会发展中作用的提升，近代哲学家越来越将实践理解为一种对象化的活动。黑格尔认为人与客观世界的关系存在着主观与客观、主体与客体的对立。为了消除对立实现统一，人与客观世界之间表现为两种不同的活动，一种是认识活动，一种是实践活动。认识活动是一个客体进入主观意识的过程，目的在于认识客观世界"是什么"，而实践活动是从主体到客体，实践活动的目的在于使得客观世界"应怎样"，即主观改造客观的活动。按照黑格尔对实践的理解，理论与实践的完成是两种不同的活动方式，实践的目的不在于康德所说的"自由"和亚里士多德所说的"善"，而是指向人的物质生产活动，即亚里士多德所说的"创制活动"。黑格尔从人与自然、人与人的关系两个方面探索了实践过程，肯定了社会实践的现实动力，赋予了辩证法现实的活力。但由于他把实践抽象化、概念化，把实践的根本归结为"绝对精神"（黑格尔设定的本体）的劳作，而不是人现实的感性活动，因此可以说，黑格尔的实践观相比康德有了新的内容和意义，却仍然内在于人的意识之中，他的"实践"从属于"绝对精神"的统领，无法为人改变现实世界提供力量。

纵观西方传统哲学，对于实践的理解存在两种不同的解释："一种是遵循自然概念的实践，亦即认识论和技术主义意义的实践；另一种是遵循自由概念的实践，亦即本体论和伦理学意义上的实践。"[①] 即一个以亚里士多德、康德为代表把实践理解为人的存在方式，主要指人的政治和伦理活动；另一个以黑格尔为代表，把实践理解为理论的应用，主要指人的生产活动。这两种不同实践的规定，在哲学史上都产生了深刻的影响和不同的历史意义，却也都没有将实践上升为哲学解释世界的思维方式，没有从实践出发，以实践为视角来"观世界"，因而也就无法理解实践在人与世界关系中所具有的独特的作用和价值，无法揭示社会生活和历史发展的秘密和真实原因。

---

① 俞吾金：《从康德到马克思》，广西师范大学出版社 2004 年版，第 268 页。

马克思与传统哲学完全不同，他并没有以概念的方式规范"实践"，而是从一开始就赋予实践以"活"的、"变"的内涵。他在《关于费尔巴哈的提纲》中批判了旧唯物主义和唯心主义不懂得实践，不懂得实践是主体能动地改造客体的有意识、有目的的客观物质活动这一"主要缺点"，明确地提出了实践观的思维方式，即对事物、现实、感性应该从实践活动中去理解，以"从事实际活动的人"为出发点，以主体能动作用的发挥批判性地处理人同外部世界的关系，并以此为基础去解决哲学的一系列问题。马克思在《关于费尔巴哈的提纲》中的实践规定和后来在《德意志意识形态》中对实践内涵的丰富与发展，是马克思对社会政治、经济、文化总体考察的结果，是从狭义的经济学语义上的"工业"向一般的"社会的物质活动"的总体——实践的过渡。应该讲，马克思虽然接受了近代哲学特别是黑格尔哲学中技术实践的观念，但马克思看到了实践活动的双重性特点：一方面，它是一种合目的的活动，体现着人对外部世界的价值选择和能动的改造；另一方面，实践又是一种合规律的活动，它必须服从客观世界的规律。马克思对实践的对象化活动特点的理解，大大丰富了实践的哲学内涵。他所说的实践已经不限于物质生产活动，而且包括人对自我、人对社会的改造活动，即实践成为一种对象性的、批判性的、革命性的改造世界的活动。这为实践思维方式的创立提供了必不可少的条件。

（二）实践思维方式的确立

从古代哲学的产生到近代黑格尔哲学为止，哲学都直接或间接地把整个"世界"作为自己的思考"对象"，思考超越于经验范畴之上的最根本问题，寻找世界的终极存在——"本体"，这样的哲学思维方式被称为本体论思维方式。具体说在整个传统哲学阶段，无论哲学的形态、哲学的性质、哲学的观点等发生怎样的变化，不同历史时期的哲学理论之间存在怎样的差异，各种哲学在解答世界的起源、世界是什么、世界怎么样等世界总体性问题时，在哲学的逻辑起点上，在哲学的思维方式上，都具有思维的一致性，即这些哲学都是将对终极存在的把握确定为哲学的最高目标，将终极存在作为解释世界的逻辑起点和终极根据。高清海将传统哲学这种"本体论"思维方式概括为"从抽象原则出发的思维方式，走向空幻理想的思维方式，引人缅怀过去的思维方式，依赖事有先定的思维方式，消解对立瓦解矛盾的思维方式，追寻彼岸世界的思维方式，远离现实存在的思维方式，否弃真实生活的思维方式，从云端讨论世俗事务的思维方式，信赖外在权威的思维方式"①。

本体论思维方式是西方传统哲学的主要思维方式，本体论承载西方传统"世界观哲学"的基本观点。在对世界的整体把握上，本体论思维方式在存在论中，表现为对世界最高统一性的终极存在追求；在认识论中，表现为对知识最高统一性的终极解释的掌握；在价值论中，表现为对于一切行为最高统一性的终极价值的确证。可见，这种本体论思维方式不仅运用于客观存在的领域，而且也运用于主观精神的领域，本体论哲学既是传统哲学解释世界的核心内容，又是传统哲学自身的基本理论形式。尽管哲学在近代曾发生了"知识论转向"，但其核心和基础仍然是"本体论"。而从传统哲学对世界"本体"的不同确认上看，西方传统哲学主要有两种不同的思维方式，一是旧唯物主义的思维方式（包括费尔巴哈的唯物主义）。旧唯物主义一般是坚持客体至上的原则，以静止、直观的形式去理解和把握客观事物，在肯定了世界的客观性和人的意识的被给予性的同时，由于无法理解人类认识与实践的辩证关系，特别是无法理解具有"感性活动"能力的人所具有的社会性、历史性的奥秘，即人的实践活动的真实意义，因而在解释世界时常常因忽视了人的主观能动性，而表现出不可克服的片面性，甚至如费尔巴哈一样在历史领域重新陷入唯心主义泥潭。二是唯心主义的思维方式。唯心主义从主观出发，坚持意识至上的原则，在肯定人的意识能够认识与把握世界存在的同时，忽视了人的现实的、感性的活动，表现为抽象化地理解世界。以这种方式认识的世界就成为超越于经验之上

---

① 高清海：《高清海哲学文存——哲学的创新》，吉林人民出版社1997年版，第150页。

而内在于人的意识之中的毫无人性的静止的"形而上"世界。纵观整个传统哲学，无论以旧唯物主义思维方式，还是以唯心主义的思维方式，在认识与把握世界中，都因为无法真正实现因人的出现而造成的主客两分世界的重新统一，因此，传统哲学的功能就仅限于对世界寻求一种终极的因果解释，因而只是一种解释世界的哲学。

马克思坚持哲学的批判精神，终结了人对抽象的、绝对的、永恒的真理的哲学幻想，提出以人的主体地位为前提，以人的实践活动为中心，把事物、现实、感性当作人的感性活动，当作实践去理解，把事物和现实世界看作是历史活动中的生成和发展，从而把包括哲学在内的一切意识形态也看作是历史发展的过程，全面超越了西方传统哲学的思维方式，创立了一种全新的"实践思维方式"。马克思在《关于费尔巴哈的提纲》中明确指出："从前的一切唯物主义（包括费尔巴哈的唯物主义）的主要缺点是：对对象、现实、感性，只是从客体的或者直观的形式去理解，而不是把它们当作感性的人的活动，当作实践去理解，不是从主体方面去理解。因此，和唯物主义相反，能动的方面却被唯心主义抽象地发展了，当然，唯心主义是不知道现实的、感性的活动本身的。"① 按照马克思的理解，西方传统哲学中的唯心主义与旧唯物主义或是一种脱离现实而又统治现实的颠倒的世界观，或是狭义、片面、直观地理解世界，而实践思维方式是以能够统一人与世界的实践为基础，直面人的现实世界，把传统哲学颠倒的世界观再颠倒过来，从而真正体现世界观的现实功能和总体价值。

马克思把有着具体的、历史的和现实的社会物质发展基础的实践作为其"新世界观"的基础，把现实世界看作是历史活动中的生成和发展，把哲学等一切意识形态看作是历史发展的过程的产物，跳出了传统的本体论思维方式的窠臼，终结了传统哲学对终极存在、终极解释、终极价值追问的哲学幻想，将人对世界的思考，建立在与人的活动直接联系并决定人的现实走向的基础上，确立了新的哲学思维方式——实践思维，找到了从抽象王国返回现实世界的道路，即"感性活动"的道路，彻底扬弃了黑格尔

---

① 《马克思恩格斯选集》第 1 卷，人民出版社 1995 年版，第 54 页。

的"无人身"的精神能动性和费尔巴哈简单生命直观的片面性，从而克服了旧唯物主义和唯心主义的抽象对立，解决了主观与客观、认识和实践的具体的历史的统一问题，真正超越了西方传统哲学的思维方式。

（三）实践思维方式中自然与历史的辩证统一

哲学作为人与世界关系的一种理论表达，无论其视域、架构、体系、性质发生怎样的变化，最终都需要对人与世界及两者之间的关系做出必要的规定与解释。传统哲学以本体论的思维方式从各种预设的"本体"出发推演出"世界"的存在与变化。马克思摆脱了西方传统哲学思维方式的束缚，创造性地提出了"实践思维方式"，以实践为基础重新解释人与世界的内涵，也将传统哲学带入一个"终结"后的全新的发展阶段。正如海德格尔所指出的，"形而上学就是柏拉图主义。尼采把他自己的哲学标示为颠倒了的柏拉图主义。随着这一已经由卡尔·马克思完成了的对形而上学的颠倒，哲学达到了最极端的可能性。哲学进入其终结阶段了"①。

1. 传统哲学思维方式中的世界

从柏拉图以来，西方传统哲学，都是把人与世界看作是主客对立的二元世界，人是主体，世界是客体，世界作为一种总体性的存在被人所认识、理解和把握，从而实现主体与客体的统一。在人对世界的认识过程中，世界自始自终被看作是不依赖于别的东西而独立存在的"实体"，是"存在者"的总和，它现成地摆在那里，静静地等待着人们去认识、去把握。而古代哲学家们也正是从不同的角度、不同的立场、不同的思维方式出发，对"世界"的存在及变化做出根本性解读，也得出了"理念"世界、"实体"世界、"神权"世界等不同的答案。近代西方哲学的创始人笛卡尔从自我意识的独立存在出发，确立了人的主体地位，凸显了人的存在的意义，并以此为基础重新规划人与世界的关系。但由于笛卡尔的眼界未能超越传

---

① 海德格尔:《面向思的事情》，陈小文、孙周兴译，商务印书馆1996年版，第70页。

统哲学的本体论的视野，他所理解的世界，仍然是独立于"我思"之外的由各种"存在者"组成的总体的"自在世界"。

笛卡尔之后的康德肯定人对世界上事物认识的"合法性"，但却以"二律背反"的逻辑证明推论限定了人的认识能力，否定人对作为现象世界根本的"物自体"（本体）的认知权利，即否定人对世界"本体"的认识。而在人的"实践"领域，康德又赋予人的"实践理性"思考"物自体"的自由，确认"实践理性"高于"理论理性"的地位，从而扬弃以往宇宙本体论、实体本体论的思维方式，为主体"解释世界"找到了现实性的支持。但是，由于康德所说的"实践"是高度抽象化的理性产物，其实践哲学实际上是远离了人的具体的、现实的和历史的实践行为，仍然是一种内在于人的意识范围的先验的形而上学，不可避免地暴露出其不可知论的软弱性和狭隘的"解释哲学"的片面性。

德国古典哲学的集大成者黑格尔以深刻的辩证法将人与"世界"的有限性与无限性、绝对性与相对性、普遍性与特殊性统一起来，即把主体与客体、主观与客观、思维与存在统一起来，从而让一直"静止"的世界在辩证思维中有了"异化"后的"运动"和"改变"。这是黑格尔哲学对"世界"概念做出现代解释的重大贡献。但由于黑格尔哲学中"世界"及世界万物的存在与变化都是"绝对精神"自我显现与"异化"的产物，或者说黑格尔哲学中"世界"及世界万物的存在与变化是与人无关的抽象的存在与变化，以这样的哲学解释来说明人类社会历史的发展进程，一方面丧失了人的存在意义与价值，另一方面则彻头彻尾地成为自圆其说的哲学幻想。

2. 实践思维方式中的世界

在人与自然世界的关系问题上，马克思一再强调自然界的先在性及外部世界的客观性，肯定了自然界对于人及人类社会存在的先在性和本源性地位。在马克思看来，自然世界、物质世界的先在性是一个简单的科学常识，先于人类历史而存在的那个自然界，无疑是人类产生和存在的前提。离开了自然界，人就无从产生和无法生存，"没有自然界，没有感性的外部世界,工人什么也不能创造"①。承认了自然界的先在地位,马克思就把其哲学建立在牢固的唯物主义基础之上。但是马克思说的自然界、外部客观世界与传统哲学谈到的"世界"概念却有着本质上的不同。传统"世界观哲学"所理解的真实"世界"是纯然不动的"本体世界"。其中,旧唯物主义理解的"世界"是与人无关的、静止不变的自然物质世界;唯心主义理解的"世界"虽然有了"动变"和"生成"的解释,但其变化完全限定于人的内在意识之中;二元论试图调和唯物主义与唯心主义的对立,但却无法实现对立后的统一,往往重新走向唯心主义。马克思从人的实践活动出发理解"世界",看到了"世界"是人的实践活动的产物,是历史生成的世界,从而不再追问世界的抽象本质,而是把哲学世界观的重心转移到与人相互关联、相互统一、相互融合着的感性的现实世界。这一"世界"既外在于人的意识,是人的实践活动得以有效进行的现实条件,又在人的实践活动之中,体现着人的价值与意义。正如马克思所说:"被抽象地理解的,自为的,被确定为与人分隔开来的自然界,对人来说也是无。"②按照马克思的自然观理解,马克思理解的"世界"是"属人世界",这个"属人世界"是与人有现实的对象性关系的感性世界,是值得人关注和研究的世界。而"世界历史"就是"从直接生活的物质生产出发阐述现实的生产过程,把同这种生产方式相联系的、它所产生的交往形式即各个不同阶段上的市民社会理解为整个历史的基础,从市民社会作为国家的活动描述市民社会,同时从市民社会出发阐明意识的所有各种不同理论的产物和形式,如宗教、哲学、道德等等,而且追溯它们产生的过程"③。与"属人世界"对应,那些非感性的、非现实的、非对象性的东西,也就是与人分离的、没有经过人的实践活动改造过的世界是"自在世界"。"自在世界"与人仅有潜在的、抽象的关系,而不具有现实的意义。对于"属人世界"的问题,海德格尔在《世界图像的时代》中也有过相似的论述:"从本质上看来,世界图像并非意指一幅关于世界的图像,而是指世界被

---

① 马克思:《1884年经济学哲学手稿》,人民出版社2000年版,第53页。

② 同上书,第116页。

③ 《马克思恩格斯选集》第1卷,人民出版社1995年版,第92页。

把握为图像了。这时，存在者整体便以下述方式被看待，即唯就存在者被具有表象和制造作用的人摆置而言，存在者才是存在着的。在出现世界图像的地方，实现着一种关于存在者整体的本质性决断。存在者的存在是在存在者之被表象状态中被寻求和发现的。"①

"自在世界"与"属人世界"的区分，是人以自身的眼光，从自身的生存、发展需要出发对世界的理解和根本态度，是实践思维方式对世界的新理解。"属人世界"对人来说具有两重性：一是它具有属人的一面，对人而言具有可能的价值属性，是人类实践活动的结果，是历史发展的结果；二是它又具有自在性的一面，对人而言具有外在的先在性、独立性，人类实践活动不能违背它的规律。因此"新世界观"所理解的"世界"是自然与历史统一的世界，它强调的不是人对"自在世界"的俯首听命和主观与客观简单符合，而是要在尊重客观规律的前提下，从"世界观"的高度为人类的生存、发展和全面解放提供一个根据和尺度，建构人对现实世界的价值评判和实践改造。这表明马克思的"新世界观"已经不再是人们观察世界后的知识体系，而是具有现实作用的"理论武器"。既克服了唯心主义主观臆测、逻辑推断的根本缺陷，又扬弃了旧唯物主义简单直观的片面性，与传统"世界观哲学"抽象议论彼岸王国的"世界观"划清了界限。

三　新的主旨指向——从"解释世界"向"改变世界"的转变

实践思维方式的确立必然导致人将以新的视角、新的方法重新解读人与世界的关系，确立"世界观"新的主题，规划"世界观"新的任务。马克思明确指出，"哲学家们只是用不同的方式解释世界，问题在于改变世界"②。从"解释世界"向"改变世界"的转变是马克思"新世界观"理论任

---

① 海德格尔：《海德格尔选集》下卷，上海三联书店 1996 年版，第 899 页。
②《马克思恩格斯选集》第 1 卷，人民出版社 1995 年版，第 57 页。

务的精辟概括。这种转变在马克思"新世界观"中主要表现为,从思维与存在的关系上体现从"解释世界"向"改变世界"的转变;从对现实问题的关注上体现从"解释世界"向"改变世界"的转变;从对真理的辩证理解上体现从"解释世界"向"改变世界"的转变,从而使马克思"新世界观"与传统"世界观哲学"相比,其改变世界的意味更浓,体现的时代精神更强,内含的真理观更加科学。

(一)从思维与存在的关系上体现从"解释世界"向"改变世界"的转变

西方哲学从柏拉图开始就有了"可见世界"和"可知世界"的理论划分。在柏拉图看来,"可见世界"只是变换不定的假象,而真实的世界是人的意识(思维)之中的"理念世界",即"可知世界"。亚里士多德批判地提出了与"理念论"不同的"实体说",但是亚里士多德把求知看作是人类的本性,把哲学理解为求知,又把求知与人类面临的种种紧迫的生存问题分离开来,这就把哲学思考的主要注意力吸引到人的意识对世界存在的真实把握上,特别是亚里士多德创制了形式逻辑,又为"理念世界"的存在和发展提供了操作规则。从此,以人的意识把握世界存在进而形成的知识就成为传统哲学的主要追求和西方哲学家难以摆脱的先入之见。近代哲学的开创者法国哲学家笛卡尔和英国哲学家培根不但继承了这一传统,而且为这一传统的发展注入了新的动力。笛卡尔从自我意识出发肯定哲学对知识的追求,将人的自我意识提升为与客观同等的地位,对此,黑格尔评价指出:"笛卡尔哲学的精神是知识,是思想,是思维与存在的同一。"[1]培根明确提出了"知识就是力量"的口号,从而把认识论问题上升为哲学研究的中心问题,并为意识对客观事物的把握提供了新的工具——归纳逻辑。德国古典哲学的开创者康德认识到了近代形而上学的狂妄,重视对实践理性的研究,确立了实践理性高于理论理性的地位,但他的先验论哲学未从根

---

① 黑格尔:《哲学史讲演录》第4卷,贺麟、王太庆译,商务印书馆1978年版,第67页。

本上摆脱传统知识论哲学的立场，仍然裹足于人的内在意识之中。在康德之后的黑格尔重新回到柏拉图的哲学轨道，将人的意识推崇为更高的层次并以辩证逻辑将客观的"绝对精神"与人的意识运动的最高阶段——"绝对知识"统一起来，完成了思维与存在的精神统一。

从西方主流哲学演化的基本线索来看，西方哲学对人的思维（意识）的肯定是个由弱到强的过程，从古代哲学"两个世界"的划分，到近代演变为从自我意识出发或者说从"我思"出发，去创造或设定一个对象世界，直到黑格尔那里演变成了"绝对精神"的自我显现、自我异化，实则就是从一个唯灵论的存在"异化"出一个抽象的"客观世界"。可见，西方哲学以人的意识对世界存在及世界的"解释"视为哲学的根本追求，确立了"意识的内在性"在哲学（形而上学）基本建制中的核心地位，颠倒了思维（意识）与存在（物质）的关系。因此，"当马克思以对象性的活动作为原则纲领和基本出发点时，他的第一个目标就是炸开意识的内在性并从而使这一基本建制全线崩溃"①。马克思明确指出："意识在任何时候都只能是被意识到了的存在，而人们的存在就是他们的现实生活过程。"②从人的生存与发展来看，人的生产劳动是最基本的实践形式，是人类全部活动（包括认识活动）的前提。马克思指出："我们首先应当确定一切人类生存的第一个前提，也就是一切历史的第一个前提，这个前提是：人们为了能够创造历史，必须能够生活。但是为了生活，首先就需要吃喝住穿以及其他一些东西。因此第一个历史活动就是生产满足这些需要的资料，即生产物质生活本身。"③因此可以说，马克思把现实的人的生存实践活动视为一切认识活动和知识的前提，从根基上超越了知识论哲学的传统，表现出用实践的方式来"改变世界"的理论态度。

正是因为马克思看到了传统哲学对世界的解释都是在意识之中完成的，往往形成的是"颠倒"的世界观，这样的哲学提出的要求只是"改变意识的要求，归根到底就是要求用另一种方式来解释现存的东西，也就是

---

① 吴晓明：《形而上学的没落》，人民出版社2006年版，第544页。
②《马克思恩格斯选集》第1卷，人民出版社1995年版，第72页。
③ 同上书，第78—79页。

说，通过另外的解释来承认现存的东西"①。换言之，马克思认为，传统哲学是高悬在经济基础之上的意识形式，它的高度抽象性使它远离了现实世界、远离了人的现实生活，成为一个个封闭的逻辑范畴推导的认知体系。无论是旧唯物主义哲学，还是唯心主义哲学，都是对"世界"的曲解，其实质就是以不同的方式在内在意识的范围内解释世界。而哲学理论应该是源于实践而又高于实践，应当指导实践，通过群众的实践把自己变成改变世界的物质力量，而不是停留在哲学家的意识之中。"理论的对立本身的解决，只有通过实践方式，只有借助于人的实践力量，才是可能的；……而哲学未能解决这个任务，正因为哲学把这仅仅看作理论的任务。"② 为克服或者说"消灭"传统哲学的弊病，马克思强调指出："意识的一切形式和产物不是可以通过精神的批判来消灭的，不是可以通过把它们消融在自我意识中或化为幽灵、怪影、怪想等等来消灭的，而只有通过实际地推翻这一切唯心主义谬论所由产生的现实的社会关系，才能把它们消灭；历史的动力以及宗教、哲学和任何其他理论的动力是革命，而不是批判。"③ 即"全部问题都在于使现存世界革命化，实际地反对和改变事物现状"④。

超越了以往哲学内在于人的意识之中的关于世界的诸种解释，进而推进到对意识之外的世界的批判和改变，马克思赋予"新世界观"以新的任务，也将人对世界的思考推向了一个崭新的阶段。

（二）从对现实问题的关注上体现从"解释世界"向"改变世界"的转变

人类所面对的世界不是完全独立于人之外的"自然世界"，而是一个"现实世界"，它是一个理想性与现实性统一、自在性与自为性统一、必然性

---

① 《马克思恩格斯全集》第 3 卷，人民出版社 1960 年版，第 22 页。
② 马克思：《1884 年经济学哲学手稿》，人民出版社 2000 年版，第 88 页。
③ 《马克思恩格斯选集》第 1 卷，人民出版社 1995 年版，第 92 页。
④ 《马克思恩格斯全集》第 3 卷，人民出版社 1960 年版，第 48 页。

与自由性统一的世界,它的存在既要合乎自然规律性,又要合乎实践的目的性。世界观作为人对世界的总的看法和根本观点,它所思考的就应当是这个与人类实践活动息息相关的"现实世界"。如果说传统"世界观哲学"一直是内在于人的意识范围内,对"现实世界"没有真正触动和"改变"的"解释哲学",只是专注于"想"与"思",终止于"说",而疏于"做"的"世界观哲学"的话,那么,马克思"新世界观""立足于时代的重大事件走向,揭示时代的重大问题本质,展现时代的未来意义归属,提供超越现存世界的理想图景,这就从本质上超越了以往哲学静观的抽象特征"①。体现了人超越现实,直至"改变世界"的理想要求。从"改变世界"的精神旨趣上看,"新世界观"是"描述人们实践活动和实际发展过程的真正的实证科学"②。是无产阶级从事解放斗争的精神武器。马克思指出:"哲学把无产阶级当作是自己的物质武器,同样地,无产阶级也把哲学当成自己的精神武器。"③ 正是因为马克思没有醉心于概念知识体系的构建,而是直面人的现实生活本身,按照事物的本来面目去理解事物,关注现实世界和现实人的生存境域和发展命运,从"现实的人及其历史发展"出发来理解人、理解世界以及理解人与世界的关系,探讨资本主义社会发生、发展的规律,重建人与自然、人与社会、人与人之间和谐统一的关系,"新世界观"思想具有了强烈的现实感和针对性,现实地具体地表达了人不断"改变世界"的理想要求,体现出从"解释世界"向"改变世界"的任务转变。

(三)从对真理的辩证理解上体现从"解释世界"向"改变世界"的转变

从古希腊开始,一直到 19 世纪上半叶,至少从哲学的自我理解方面来看,哲学就把自己视作科学,哲学与科学并不存在真正的区分,即使有

---

① 陆杰荣:《马克思"新世界观"的现实性向度及其实质》,《中国社会科学》2007 年第 6 期。
②《马克思恩格斯选集》第 1 卷,人民出版社 1995 年版,第 73 页。
③ 同上书,第 15 页。

某种区分的话，也是"学科"的内部事务。如果说科学探索的结果是求得"真知"，那么哲学探索的结果则是获取"真理"，亚里士多德明确表示"把哲学称为对真理的科学是正确的"。①从柏拉图到黑格尔，一直贯穿着对"真理"的追求精神。热爱真理，追求真理，甚至为真理而献身成为哲学家的精神旨趣。哲学对"世界"的"真理"性认识，也往往被看作是为各门具体科学奠基的理论知识。在其发展过程中，"它越来越把自己当作第一的和最高的科学，或者如德国唯心论时期所称呼的，绝对科学"②。"哲学"所获取的对世界的认识也越来越被"哲学"自己视为对世界认识与理解的"绝对真理"。从这个意义上讲，"西方传统哲学是追求绝对真理的超验形而上学，其思维方式是以意识的终极确定性为基础或目标的逻各斯中心主义或理性主义，其功能和作用是以最高真理和人类理性名义发挥思想规范的统治作用的意识形态"③。

　　对于"世界观哲学"试图构建作为世界观的"绝对科学"的这种做法，在现代哲学看来，只是"哲学"的一厢情愿，而不是各门科学的内在要求，也很难实现"哲学"的美好"理想"。"哲学"自己构建的整体世界"绝对真理"，从根本上说，是以各门具体科学与"哲学"尚未完全分化为前提的结果，是"哲学"不能准确把握自己情况下的"非真理"性认识。在马克思看来，具体科学确实依赖于一定的世界观前提，但并不依赖于具有"绝对真理"属性的世界观。"世界"因为人的实践活动已经变成具有"自在"与"自为"双重属性的"现实世界"，人面对这样的"世界"不可能取得"绝对真理"，也不应该以"绝对真理"之名去充任规范人的全部思想与行为的"意识形态"，而应从"现实的人及其发展"出发而展开"意识形态批判"，从而体现理论思想的"科学性"。马克思在论述唯物辩证的观念和辩证思维方法如何能保证世界观的科学性或真理性时强调："人的思维是否具

①亚里士多德：《亚里士多德选集形而上学卷》，苗力田译，中国人民大学出版社2000年版，第41页。

②海德格尔：《谢林论人类自由的本质》，薛华译，辽宁教育出版社1999年版，第3页。

③高清海、孙利天：《马克思的哲学观变革及其当代意义》，《天津社会科学》2001年第5期。

有客观的真理性，这不是一个理论的问题，而是一个实践的问题。人应该在实践中证明自己思维的真理性，即自己思维的现实性和力量，自己思维的此岸性。"① 这里说的"此岸性"其实就是告诉人们要以人的实践活动为基础观察、思考、认识人所生活的"世界"，不要离开具体的、历史的人类实践去构造超历史的、超现实的"绝对真理"，而是要将理论与实践统一起来，运用辩证思维方法去获得"真理性"的世界观。恩格斯也表示：应该把任何单个人都无法达到的"绝对真理"撇在一边，"而沿着实证科学和利用辩证思维对这些科学成果进行概括的途径去追求可以达到的相对真理"。② 马克思以辩证思维把握真理的方法启示我们："绝对与相对并非互不相容的两个极端，二者都是人的生命存在和生命活动的内在本性和环节，在对人的本体性的生命存在的自觉反思和领悟之中，一条通向辩证和解的思想道路可能超越绝对和相对之间的对抗而显示出来。"③ 这种辩证理解真理的思维方法，自觉地以实践为基础反思和驾驭一切对"世界"的认识理论，以实践来检验、确证和发展自己的世界观真理，使它和传统哲学的"绝对真理"、"永恒预言"区别开来，表现出开放的和不断发展的理论品质，适应了"现实人"及"现实世界"不断发展的本质要求，打破了人类为了求得安身立命的根本而无穷后退的思维模式，也为实现从"解释世界"向"改变世界"的任务转变，提供了切实可行的方法和道路。

当然，我们不能因为马克思强调"新世界观"的理论任务是"改变世界"，就完全否定"新世界观"之外的哲学思想。从哲学历史上看，没有一个哲学家不是以"改变世界"为己任的，但我们将其称为"解释世界的哲学"，原因在于马克思"新世界观"与之相比，其改变世界的意味更浓，体现的时代精神更强，内含的真理观更加科学。失去这样的认识同样可能陷入新的"教条主义"之中。

---

① 《马克思恩格斯选集》第 1 卷，人民出版社 1995 年版，第 55 页。
② 《马克思恩格斯选集》第 4 卷，人民出版社 1995 年版，第 220 页。
③ 贺来：《辩证法的生存论基础》，中国人民大学出版社 2004 年版，第 377 页。

第六章　马克思"新世界观"的实质
及当代意蕴

　　马克思的"新世界观"完全不同于以往传统哲学的世界观。传统哲学的世界观是建立在本体论基础之上，以预设的"本体"作为解释世界的根据，借助形而上学的抽象思维而确立的。一旦将这样的"世界观"还于现实世界、现实社会之中，"世界观"的图景就会面目全非。"新世界观"的主体是"现实人"、"实践活动的人"，"新世界观"中的"世界"不是把外在的、抽象的、设定的世界作为其所"观"的对象或客体，而是与人密切相关的现实的处于生成状态的"属人世界"。从这个意义上讲，"新世界观"是人借助自身的眼光，从人的自身生存活动中去寻求人的活动的价值与意义的根据的理论尝试，是对人与世界存在与变化的现实的、科学的、历史的回答，因此成为人类正确处理人与自然、人与社会、人与自我意识关系的"理论武器"。它实质上已经根本不再是"哲学"，而只是"世界观"了。然而"新世界观"又内含哲学的性质，具有哲学的反思特点和规律性的认识，因此，对"新世界观"基本性质、主要特点的认识与理解，就是把握"新世界观"实质的重要环节，进而才能明晰"新世界观"具有的理论价值和现实意义。

一 马克思"新世界观"的基本性质——唯物史观与人本学的统一

"世界观哲学"在其发展过程中一直体现着人性的根本要求，并对人的存在、人的发展、人的本性等一系列问题做出了多种解答，在特定条件下推动了"哲学"以及人自身的发展。但是，综观西方传统"世界观哲学"包括费尔巴哈创立的"人本主义哲学"，对人的理解存在着自身无法克服的历史局限性。无论是把人看作是自然存在物、理解成"自然人"，还是把人看作是理性存在物、把人理解成"理性人"，以及费尔巴哈谈到的"感性人"，都因为从根本上脱离了人的社会性来谈论人、脱离人的历史性来谈论人、脱离了人的实践活动来理解人，即使他们中有的人对人的理解也涉及人的"历史性"、"社会性"（费尔巴哈等），但因无法理解人的存在的根本特点以及人与历史、人与自然的真实关系，往往是撇开了历史进程考察人，他们所理解的人仍是建立在唯心主义历史观的基础之上的抽象的、一般的、非完整的人。马克思明确指出："在考察那些历史地形成的、使人的存在以各种形式表现出来的社会形式时，必须批判地说明人的存在的各种历史表现，必须考察人的本质实现的历史形式和历史特征。"① 也就是说，对人的认识与理解必须与历史结合起来，历史地考察、分析人的存在、人的本质、人的发展。从马克思对历史的关注和以历史性的原则认识世界的态度上看，"新世界观"属于历史唯物论的范畴，是一种唯物主义历史观；而从马克思对人的现实理解和关切上看，"新世界观"又有人本学的特点和要求，因此笔者认为，马克思的"新世界观"的基本性质是唯物史观与人本学相统一的新理论。

---

① 《马克思恩格斯全集》第 23 卷，人民出版社 1972 年版，第 669 页。

（一）马克思"新世界观"中的历史唯物论原则

1. 劳动实践论原则

在传统"世界观哲学"中，旧唯物主义从客体出发、从外部自然界出发，往往将人与自然统一归结为"自然"、"物质"，因而丧失了对人的主观能动性的理解与把握，在唯心主义的攻击与责难面前，显得软弱无力；唯心主义则从主体出发、从自我意识出发去研究整体世界及其发展过程，他们强调了人的主观能动性，却又夸大了人的主观能动性，忽视了世界历史是一个客观的动态发展的过程，把自我意识或某种客观精神置于物质世界之上，颠倒了主观与客观的关系，因此他们得出所谓的整体世界的"根本性"问题的认识，也无法体现、表达人的现实要求。

马克思的"新世界观"把世界及其发展过程看作人类历史的发展过程，以科学的实践观作为自己的理论基础，辩证地分析人和自然的关系，从而抓住了历史主体和客体之间的结构"中介"——实践本质，现实且科学地回答了人的存在与发展的"千古之谜"，指出了一条走出其传统"世界观哲学"体系的迷宫而达到真正地切实地认识世界历史的道路。在马克思看来，实践即"感性的人的活动"是人本身感性存在的基础，也是人生活于其中的那个对象世界存在的深刻基础，"全部社会生活在本质上是实践的"[1]。实践联系着世界上的主体和客体之间，包括人与自然、人与自身、人与社会之间的关系。人创造了环境，环境也创造了人，这种相互创造的基础就是实践。而在人的实践活动中，人的物质生产劳动即人改造自然的活动是实践的第一和最基本的形式。马克思认为："整个所谓世界历史不外是人通过人的劳动而诞生的过程，是自然界对人来说的生成过程。"[2] 因此，对人与世界的认识与理解就应该首先到人的劳动实践中去

---

[1] 《马克思恩格斯选集》第 1 卷，人民出版社 1995 年版，第 56 页。
[2] 马克思：《1844 年经济学哲学手稿》，人民出版社 2000 年版，第 92 页。

寻找答案。通过对实践的科学理解并以此为基础揭示人与世界的存在与发展，马克思就为构建"新世界观"找到了一个科学、可靠且具有可检验性的现实根据。

2. 经济必然性原则

马克思的"新世界观"对人与世界关系问题的解答没有迷恋于哲学式的绝对回答和永恒设想之中，即不是以哲学理论的构建为目的，而是以哲学反思的方式为手段，以对实践的辩证认识为基础，进而深入分析人的现实存在与发展的根本原因和动力，寻找现实世界发展的一般性规律。在马克思看来，"经济必然性"对世界历史进程具有决定意义，它"构成一条贯穿于全部发展进程并唯一能使我们理解这个发展进程的红线"[①]。"经济必然性"的根本内容就是生产力决定生产关系，从而决定整个社会关系。生产力是人类征服自然的能力，实质上就是人与自然相互联系相互作用的体现；而生产方式是人在物质生产活动中形成的多种关系的表现，它直接制约着整个社会生活、政治生活和精神生活，即制约着人的现实世界的发展过程和发展方向。1892年恩格斯在《社会主义从空想到科学的发展》一书英文版导言中对"历史唯物主义"这个名词做出解释："……历史唯物主义这个名词来表达一种关于历史的观点，……这种观点认为，一切重要历史事件的终极原因和伟大动力是社会的经济发展，是生产方式和交换方式的改变，是由此产生的社会之划分为不同的阶级，是这些阶级彼此之间的斗争。"[②] 因此可以说，"新世界观"中的世界历史运动的基本趋势是经济发展对历史进程的一般影响和作用的结果。但"经济必然性"不是"经济决定论"，即经济发展对人类社会历史发展进程的作用不是单一的、绝对的，经济与政治、思想、文化之间是相互作用的关系，经济的影响与作用也要在人的其他实践活动作用下发生某种程度的改变，"经济必然性"同样具有历史性。

---

①《马克思恩格斯选集》第4卷，人民出版社1995年版，第506页。
②《马克思恩格斯选集》第3卷，人民出版社1995年版，第704—705页。

3. 历史总体性原则

在马克思看来，人类社会历史是一个生产力和生产关系、经济基础和上层建筑相互作用、辩证发展的过程，即由社会基本矛盾运动推动的有规律的发展过程。人的实践活动除了经济活动外，还有政治、文化等多种活动，经济变革需要通过政治变革来实现，而思想变革又是政治变革的先导等等。经济、政治、思想文化的交互作用形成一种立体网络，历史演变正是通过这种网络结构而进行的。从而表现为经济决定历史现实的同时，历史现实也影响作用经济的发展与变化。也就是说，世界是一个现实的经常处于变化过程中的总体，世界历史则是一个各种因素相互联系相互作用辩证发展的过程，即在经济、政治、文化多种因素作用下整体发展的过程。马克思指出："这种历史观就在于：从直接生活的物质生产出发阐述现实的生产过程，把同这种生产方式相联系的、它所产生的交往形式即各个不同阶段上的市民社会理解为整个历史的基础，从市民社会作为国家的活动描述市民社会，同时从市民社会出发阐明意识的所有各种不同理论的产物和形式，如宗教、哲学、道德等等，而且追溯它们产生的过程。这样当然也能够完整地描述事物（因而也就能够描述事物的这些不同方面之间的相互作用）了。"①这样看来，"新世界观"所描述的历史就是从"物质生产出发"进而"完整地描述全部过程"的历史，即各种因素相互联系相互作用辩证发展的历史。这与站在人的现实生活之外，从观念出发抽象地解释历史的唯心主义历史观是根本不同的。

劳动实践论原则、经济必然性原则和历史总体性原则是贯穿"新世界观"之中的三个紧密联系的理论原则，是在对人类历史发展观察中抽象出来的最一般的结果的综合，是构成马克思"新世界观"中唯物史观的重要组成原则。这些原则在坚持"自然先在性"的唯物主义的前提下，以实践为基础"历史性"地解释人与自然、人与社会、人与思维的辩证关系，体

---

① 《马克思恩格斯选集》第 1 卷，人民出版社 1995 年版，第 92 页。

现整体世界的"现实性"、"历史性"的特点，为准确地回答人与世界的存在、发展的原因、动力和历史走向提供了理论根据，从而把传统"世界观哲学"及现代西方哲学远远地抛在后面。正是基于这样的理解与判断，可以说，马克思的"新世界观"是唯物主义的历史观。

（二）马克思"新世界观"的人本学特点

对人的问题的关注和科学回答是马克思"新世界观"内容的核心。"新世界观"以唯物史观为基础，以"现实人"为出发点，以人的自身发展和解放为历史使命和最终归宿，全面超越了以唯心史观为基础的西方人本主义哲学思想，表达着人丰富和深刻的精神诉求。

1. 现实人是马克思"新世界观"的出发点

马克思考察人类历史发现，生产力与生产关系、经济基础与上层建筑的矛盾运动决定着人类社会产生和发展的历史，这两对矛盾的辩证统一构成了人类社会运动发展的基本规律。然而，在生产力与生产关系、经济基础与上层建筑矛盾的背后根本问题是关于"人"的问题。传统哲学将人理解为"抽象的人"，人的本质并不是由人自己所确定，而是由先于和外在于人的"本体"所规定的，因而无法表达人的现实要求，难以真正承载起改变人的生存境况和命运的渴望。而"新世界观"以"从事实际活动的人"为出发点，把"人"看作是历史的主体和历史产生及其规律展开的逻辑根据和价值源泉，在人和社会历史互动关系中，思考"人"的过去、现在和未来，为人们展示的是"人"的具体的和历史的过程。马克思指出："一旦人已经存在，人，作为人类历史的经常前提，也是人类历史的经常的产物和结果，而人只有作为自己本身的产物和结果才成为前提。"① 这样看来，"新世界观"理解的"人"决不是某种处在幻想的与世隔绝、离群

---

① 《马克思恩格斯全集》第 26 卷，人民出版社 1974 年版，第 545 页。

索居状态的人，而是"肉体的、有自然力的、有生命的、现实的、感性的、对象性的存在物"；① 这里的"人"与世界处于不可分割的关系之中，人是世界中的人，世界是人的世界；这里的人性则是现实的人性和历史变化了的人性。马克思认为："人的本质不是单个人所固有的抽象物，在其现实性上，它是一切社会关系的总和。"② 这样看来，传统"世界观哲学"从人的内在意识出发，以人的"自我意识"确立的绝对的、永恒的"本体"来解释人与世界，当然就无法认识把握真实的人与世界，因为他们没有清楚地认识，"不管是人们的内在本性，或者是人们的对这种本性的意识，即他们的理性，向来都是历史的产物"③。

"新世界观"正是以"现实的人"为出发点，并对人的本质做出现实性、历史性的概括，把人的价值、命运与自己联系在一起，同历史唯心论划清了界限，为人找到了不断超越自我，从"现实"走向"理想"的新道路，使人的自由发展与解放理论具有了科学性和有效性。

2. 人的解放是马克思"新世界观"的理论使命

马克思始终把说明和论证人的解放和自由而全面的发展作为理论目标，把寻找和发掘人的解放和自由而全面发展的实现条件作为科学追求。围绕"人的自由而全面发展"这一中心，马克思全部理论发展的线索始终贯穿着人类解放的主线，体现了以人为本的根本要求。

西方人本主义也谈人的解放和自由发展问题，但是他们或者是把人的解放停留并降低为人在生物学、生理学层面上的本能欲望、感官刺激、原始冲动的满足和宣泄；或者是希望通过温和的改良主义及诉诸道德说教来解决社会弊端，而不去触及贫富对立、分配不公、私有制等社会根本问题；或者是把现实的人与重大、严酷的社会问题转移到精神领域，以理论的思辨、精神呼吁、逻辑的推演，试图通过哲学设想求得虚假的幻想的人的解

---

① 马克思:《1844年经济学哲学手稿》，人民出版社2000年版，第105页。
②《马克思恩格斯选集》第1卷，人民出版社1995年版，第60页。
③《马克思恩格斯全集》第3卷，人民出版社1960年版，第567页。

放……这些关于人的解放与自由发展的理论之最大弊端，主要表现在拒斥社会实践的革命作用，没有也不可能把人的解放和自由发展问题同人生活的现实世界变革和人类社会进步视为同一目的和过程的两个不可分割的方面。因此，往往是哲学上的一种虚幻设想。

在马克思看来，实践是人存在的基本方式，也是实现人的全面发展的根本动力。在人的实践活动中往往体现三种关系，即人与自然的关系、人与社会的关系（在本质上是人与人的关系）、人与人的意识的关系。因此，人的解放与自由发展也必然要通过实践来解决，必然是实践基础上的"三种关系"的统一而全面的解放。但是，在资本主义社会，生产发展了，劳动者却贫困了。表现在人与人的关系上，劳动的主体却是处于被压迫、被奴役的地位，"工人创造的商品越多，他就越变成廉价的商品。物的世界的增值同人的世界的贬值成正比。劳动生产的不仅是商品，它生产作为商品的劳动自身和工人，而且是按它一般生产商品的比例生产的"①。一切劳动都变成了"抽象劳动"，现实的人的"独立性和个性"都被"抽象化"了，正如马克思所指出的，"劳动的现实化竟如此表现为非现实化，以致工人非现实化到饿死的地步。对象化竟如此表现为对象的丧失，以致工人被剥夺了最必要的对象。……对对象的占有竟如此表现为异化，以致工人生产的对象越多，他能够占有的对象就越少，而且越受自己的产品即资本的统治"②。这种现象的背后是"资本逻辑"的后果，它所体现的不过是统治者的权力意志。同时也表明传统"世界观哲学"理性主义的价值承诺并不像它所宣称的那样具有普遍性，他们所谈论的人的解放与自由发展问题，是抽象的精神解放和片面的人的"自然属性"的解放，不是建立在实践基础上的"三种关系"的统一而全面的解放，从而宣告了西方传统理性主义的虚妄和"理性王国"的破产。恩格斯指出："这个理性的王国不过是资产阶级的理想化的王国；永恒的正义在资产阶级的司法中得到实现；平等归结为法律面前的资产阶级的平等；被宣布为最主要的人权之一的是资产阶

---

① 马克思：《1844年经济学哲学手稿》，人民出版社2000年，第51—52页。
② 同上书，第52页。

级的所有权；而理性的国家、卢梭的社会契约在实践中表现为，而且也只能表现为资产阶级的民主共和国。"①从这个意义上讲，"黑格尔哲学在根本上是资产阶级思想原则和价值理想的最充分和广泛的表述，它以一种思辨的方式，在思想中阐明了在德国现实中尚不存在的资产阶级的原则"②。黑格尔所承诺的"理性与现实的和解"、"理性主宰现实"的理想并没有实现，他的辩证法最终丧失了其本应具有的革命性和批判性而成了为现存状态做辩护的保守主义。

马克思洞察到了西方理性主义的虚假性，前所未有地揭示理性主义的宏大叙事在实质上是一种充满压制性、排他性和垄断性的专制话语，是以普遍性表现出的资产阶级"意识形态"。因此，马克思的"新世界观"就是告诉"无产阶级"，"个人现在受抽象统治，而他们以前是互相依赖的。但是，抽象或观念，无非是那些统治个人的物质关系的理论表现"③。人的解放就是要以有效的途径和手段推翻使人受屈辱、被奴役、被遗弃和被蔑视的一切关系，就是要推翻和消灭不合理的剥削人和压迫人的社会制度，以及生产资料占有和分配方式，通过"把人的世界和人的关系还给人自己"，④实现人的解放。马克思指出："只有在现实的世界中并使用现实的手段才能实现真正的解放；……解放是一种历史活动，而不是思想活动，解放是由历史的关系，是由工业状况、商业状况、农业状况、交往状况促成的。"⑤

从"新世界观"关于人的解放思想来看，马克思把人和社会的关系（人与人的关系）的解放看作是人和自然、人和自身关系解放的基础，或者说它是人的解放与自由发展的前提。他所设想的共产主义社会是真正实现人的解放与自由发展的社会，它不是理性主义的价值承诺，而是把人的解放问题同现实世界的变革和社会历史的进步密切联系起来的觉悟了的无产

①《马克思恩格斯选集》第3卷，人民出版社1995年版，第720页。
②贺来：《边界意识与人的解放》，上海人民出版社2007年版，第30页。
③《马克思恩格斯全集》第46卷上，人民出版社1979年版，第111页。
④《马克思恩格斯全集》第1卷，人民出版社1995年版，第443页。
⑤同上书，第74—75页。

阶级改造社会的运动。正如马克思所指出的:"我们所称为共产主义的是那种消灭现存状况的现实的运动。"①

二 马克思"新世界观"的特点

（一）现实性与理想性的统一

以反思方式把握世界的哲学，从产生伊始就与人认识世界、把握世界的理想联系在一起，表达着人超越现实世界达到理想世界的精神诉求。哲学史上的任何一种哲学流派的世界观，都是人对现实的一种"理想"超越，是人力图通过哲学特有的方式统一"现实"与"理想"对立，进而实现认识、理解、把握世界的一种方式。传统"世界观哲学"由于在认识把握世界的进程中"放大"了人的"理想"，造成了人的"现实性"的缺失，陷入了自身存在的"危机"之中。马克思以"现实人"为出发点，把人的自由发展和解放视为最高理想和"新世界观"的最终目标，将"社会理想"牢牢地建立在"社会存在"的基础之上，实现了"理想"与"现实"的辩证统一。

1. 传统"世界观哲学"的现实性缺失

传统"世界观哲学"的主流思想历来不看重人的感性，认为它是虚幻不实的；也不看重感性的生产劳动，认为这仅是类似于动物求生的活动。传统哲学在否定"可见世界"的"真实性"而追求"可知世界"、追求"存在的存在"的过程中，越来越推崇人的理性和沉思的精神生活，人的自我意识和"世界观哲学"的"理想精神"越来越强烈。这种现象一方面体现了人固有的思维方式上的"形而上"的本性，表达了人以自身的能力把自

_____

① 《马克思恩格斯选集》第 1 卷，人民出版社 1995 年版，第 87 页。

己从自然万物中分离出来，让精神摆脱肉体的限制乃至反转来支配肉体，破除感性的时空界限，获得人的自由与发展，实现人的价值与意义的精神渴望，同时也在各门具体科学尚不发达的情况下，以极具超越性和普遍性的精神理想与人的现实感性生活之间的巨大张力，在人的现实社会活动中释放出巨大的能量，推动了人类社会不断地从"理想"走向"现实"；另一方面，一味地突出和拔高人的自我意识，过于看重自己在精神领域里活动的自主性、目的性——理想化的精神生活，就有可能将思想意识凌驾于人的感性存在和世界万物之上，直至失去对人的感性生活和感性世界的正确理解，人的思想意识终将走向虚妄与幻想，从而丧失"理想"对"现实"的引导、评价的价值与意义。因此，马克思在批判"旧哲学"时就指出，唯心主义发展了人的能动的方面，但只是抽象地发展了，唯心主义思想家们"从来没有为历史提供世俗基础"。[①]

传统"世界观哲学"在表达人与世界的关系问题上，将人与世界看作是主客二分的二元对立世界，并将人精神上超越"现实世界"而设定的"理想世界"推演为完全脱离现实的"超验的世界"，将本来生活在现实世界的人的目光彻底固定在"天上"。其目的是试图一劳永逸地解答和解决人类所有的生存问题和命运，然而这只能是对人精神上的安慰，并不能改变人的现实生活世界的现实苦难，因此，"现在人们完全有理由认为这个哲学形象不过是人类思维的一种幻想"[②]。这样的哲学勾画出的世界整体图景，根本不是世界的本来面貌，它所希望实现的"科学的科学"或者说是"真正的科学"的学理目标也与科学相去甚远。正如胡塞尔所指出的："这种普遍的哲学的理想却没有能够在实际上进一步发挥作用，相反地它遭遇到一场内部的瓦解。"[③]

[①]《马克思恩格斯选集》第1卷，人民出版社1995年版，第79页。
[②] 曹润生、张澍军:《论三种"科学世界观"的概念》,《哲学研究》2005年第10期。
[③] 胡塞尔:《欧洲科学危机和超验现象学》，张庆熊译，上海译文出版社1988年版，第12页。

2."新世界观"所理解的人是现实存在与理想存在的统一

实践是人的存在方式，而人的实践又是一个对象性的、目的性的活动，即人的"实践活动就是一个把不现实的变成现实的过程，是一个把目的性变为现实性的过程，也就是把理想性变为现实性的过程"①。人类从产生伊始，就具有双重性，即一方面人在改造世界，创造与"自然世界"相对立的"属人世界"，另一方面人也在适应世界，创造着人自身。但在"改造与被改造"、"创造与被创造"的过程中，人的"创造"活动不是盲目的。马克思曾以生动的比喻来阐释人的目的性活动所体现的意识的超越性。他指出："蜜蜂建筑蜂房的本领使人间的许多建筑师感到惭愧，但是最蹩脚的建筑师从一开始就比最灵巧的蜜蜂高明的地方，是他在用蜂蜡建筑蜂房以前，已经在自己的头脑中把它建成了。在这个过程开始时就已经在劳动者的表象中存在着，即已经观念地存在着。"②这就是说，人的"创造"活动是"自觉"、"自为"式的创造活动，它与动物的本能活动有着根本区别。这样一种对"世界"未来状态的"自觉"，可以笼统地称之为理想。人与动物的区别就表现为，动物仅仅生活在"现实世界"之中，而人则既生活在"现实世界"之中，又生活在由人自己创造的"理想世界"之中。"因为现实与理想有矛盾，于是才有哲学；哲学是现实不符合理想逼出来的思考（思想），这种情形，古今中外概莫能外，现在进入的这个世纪，情况亦复如是。"③从人的实践活动的特点来看，人是"现实存在"与"理想存在"的统一体，而"人与世界的关系"即"主体与客体对立的实质是主观与客观的对立，而理想与现实的对立，则是实践中所发生的主观与客观对立的核心"④。因此，可以说，哲学世界观是人类意识的超越性的表现，它所描绘的客观世界的图景是人对"现实"的"否定"和对"人生意义"的追求最

① 孙正聿:《孙正聿哲学修养十五讲》，北京大学出版社2004年版，第269页。
②《马克思恩格斯全集》第23卷，人民出版社1972年版，第202页。
③ 叶秀山:《中西智慧的贯通》，江苏人民出版社2002年版，第323页。
④ 高清海:《高清海哲学文存——哲学体系改革》，吉林人民出版社1997年版，第312页。

· 122 ·

为明显和直接的体现,哲学世界观的理想性或者说理想精神与人的"理想存在"的本性具有内在的一致和统一。马克思的"新世界观"正是准确地认识并把握了人的"现实存在"与"理想存在"的辩证关系,克服了传统"世界观哲学"中对"人"片面性、抽象性的认识与理解。

3. "新世界观"中的"社会理想"是社会存在基础上的追求

马克思认识到了人的"理想"与"现实"的关系及实践在人的"理想世界"过渡为"现实世界"中的重要作用,改变了传统"世界观哲学"从"预设的"、"理想的"本体出发的思维模式,转而从现实人出发,提出了人的现实生活世界的最高最普遍层面上的"新世界观"构想——"社会理想",并将此"社会理想"奠基于"社会存在"之上,寻求从"现实"向"理想"迈进。

马克思重视人的现实生活、重视人的实践活动、重视物质生产活动,但"新世界观"中也包含"人类自由与解放"的最高理想。"新世界观"中的"理想世界"不是传统"世界观哲学"中的超验的"理念世界",而是在自觉地借助抽象思维能力深入人的生活实践的本质或底蕴之中,深刻地把握人们社会生活实践的矛盾本性和人类历史发展的客观规律基础上的"理想"与"现实"辩证统一的世界。在发表于1844年的《〈黑格尔法哲学批判〉导言》中,马克思把"人类解放"的"社会理想"直接表述为:"对宗教的批判最后归结为人是人的最高本质这样一个学说,从而也归结为这样的绝对命令:必须推翻那些使人成为被侮辱、被奴役、被遗弃和被蔑视的东西的一切关系。"[①] 正是将自己所承诺的"人类解放"的理想与现实联系在一起,马克思超越了传统哲学单纯的理论批判,超越了费尔巴哈对宗教的批判,而把"对宗教的批判"视为对"其他一切批判的前提",从而把"对天国的批判"变成"对尘世的批判",把"对宗教的批判"变成"对法的批判",把"对神学的批判"变成"对政治的批判",真正体现了"新世界

---

①《马克思恩格斯选集》第1卷,人民出版社1995年版,第9—10页。

观"作为"时代精神的精华"的本质。在《资本论》中表述"必然王国"与"自由王国"的关系时,马克思更是明确表示:"不管怎样,这个领域始终是一个必然王国。在这个必然王国的彼岸,作为目的本身的人类能力的发展,真正的自由王国,就开始了。但是,这个自由王国只有建立在必然王国的基础上,才能繁荣起来。工作日的缩短是根本条件。"[①]这里所说的"工作日"问题以及后来人们经常谈到的"劳动异化"问题、"资本逻辑"问题等都是人实现"自由与解放"的"现实"问题,也是马克思"新世界观"的理想性与现实性相统一的具体表现。

总的看来,马克思的"新世界观"中既有"现实"的观照,也有"理想"的精神,一方面"新世界观"中的"理想"中蕴含着对"现实"的批判。"新世界观"中通过对"现实"世界的"否定",寻求"真实"把握人类现实生活世界的前途和命运,从而推动人与世界的不断发展。另一方面"新世界观"在对"现实"批判的基础上,其最终指向是人的未来世界的建构,最终致力于建构一个"属人"的理想社会和造就完美的理想人格。换言之,"新世界观"中的"社会理想"是同人的生成和完善的历史过程相一致的。它既没有将理想归结为彼岸世界的天国精神、上帝意识,也没有将其归结为个体自我的主观心理流动,而是以哲学式的价值承诺表达着人的生成的现实的历史内容。

(二)实证特点与形而上维度的统一

传统"世界观哲学"作为人们反映世界、反映人的存在及两者之间关系的一种理论表达,一直具有科学与宗教神学的双重品性。它不同于具体实证科学的地方就在于它所关注的对象的抽象性、思维的逻辑性、问题的普遍性、内容的整体性,即理论上的"形而上"的特点;它不同于宗教神学的地方就在于它崇尚逻辑的必然性、内容的真实性、功能的现实性,即

---

① 《马克思恩格斯全集》第 25 卷,人民出版社 1974 年版,第 927 页。

理论上的实证性。正是因为具有这样的品性，"世界观哲学"本该既是经验的，又是超验的，既是可实证的，又是"形而上"的（不能完全实证的），"世界观哲学"才能超越对实证科学只能提供给人们经验实证知识，不能提供"整体世界"知识的局限，使人们以哲学思维透过有限的感性经验世界抽象地把握无限世界的本质和规律，实现通过已知世界认识未知的目的。然而，"世界观哲学"的本体论的认知方式所形成的关于人与世界的总体认识和根本把握，把感性世界与本体世界绝对对立起来，以彻底否定感性世界的方式确立了对抽象本体的终极追求，用抽象的"形而上学"对象否定人的现存生活世界的现实意义，用虚幻的彼岸世界来否定人现实生活的此岸世界，导致世界观理论表现出彼岸性、抽象性和超历史性特征，脱离了传统哲学希望实现的"真实"认识与把握世界的目标，造成了"世界观哲学"的实证性和现实性的缺失，最终它所构建的"理想世界"的图景，却成为束缚人的价值理想与精神境界的"现实"障碍。

"新世界观"看到了人本是"现实存在"与"理想存在"的统一体，认为追求"形而上"的世界是人的本性的内在要求，但这不意味着要以牺牲人的"形而下"的世界为代价，人既要面对一个"形而下"的世界（现实世界），也要思考一个"形而上"的世界（理想世界）。哲学世界观作为人与世界关系的理论表达，必然需要对人的"形而下"的世界和"形而上"的世界做出统一的规定。因此，马克思的"新世界观"从人的现实的、感性的、"形而下"的世界出发，脱离"形而上"追求的意识根基和思维视域，兼顾人的"形而下"世界与"形而上"世界，构建出实证特点与形而上维度相统一的"新世界观"。这种"统一"从人的存在特点上看，与人的"现实存在"和"理想存在"相一致；从内容上看，是"规律"认识与"规划"构想的统一；从实践方式上看，是"资本逻辑"的分析与批判超越现实的辩证统一。

1. "新世界观"的实证特点和形而上维度的统一与人的"现实存在"和"理想存在"的统一相一致

马克思主要关注的"世界"是与人的实践活动密切相关的"属人世界",而不是那个先于人的存在的"自在世界"。他所指出:"被抽象地理解的,自为的,被确定为与人分隔开来的自然界,对人来说也是无。"① 因此可以说,"新世界观"中的"主角"是"人",而不是传统"世界观哲学"中主观或客观上的"存在"、"理念"、"实体"、"绝对精神"等任何其他东西。人从来不是一成不变的存在,人通过实践活动在改造现实世界的过程中也不断改造人自身。人在"确认"、"确证"自己现实存在的同时,也会在新的更高需要中寻找目标和目的。对于不断生成的人来说,没有什么需求是终极的需求,世界上也没有什么"实体"能够构成人的终极追求目标,人类的理想追求永远也不会有一个最后的终点,人们的实践活动永远都会指向更完满的理想目标。

按照人是"现实存在"和"理想存在"的统一来理解"新世界观"实证特点与形而上维度的统一,"新世界观"既是对人的现实确证,又以价值取向导引人的未来。人与世界上的其他存在相比,从时间维度上看,只有人是时间性的存在,人是过去、现在和未来的统一。"人的已经是(规定)、是与还不是(应然)构成了人活动过程中的内在矛盾。这就是海德格尔所概括的人的三重特征。"② 人生活的意义与价值正是在确认"是"、确证"当下"与"现实"的同时,在"还不是"(应然)中得到确认,才显示出意义与价值的所在。换言之,"世界观"中的人如果没有对"现实人"的确认,人就将自己推向了幻想之中,"世界观"的理论也就成了纯粹的"乌托邦"精神。而失去了对人的"应然"的"将来"的构想,人现在的"是"仅能够是"是",人就成为"静止"的人,也就无从谈及世界观理论指导意义,更无从谈及人与世界的发展。传统"世界观哲学"正是因其以抽象的"形

① 马克思:《1844年经济学哲学手稿》,人民出版社1979年版,第116页。
② 陆杰荣:《形而上学与境界》,中国社会科学出版社2006年版,第44页。

而上学"为主导,抽象掉了人的生命的丰富性与全面性、人的自由创造与自我超越性,人的生命失去了具体性而沦为贫乏、被动与孤立的存在。"新世界观"确认人是"现实存在"与"理想存在"的统一,为"新世界观"内在具有实证特点和形而上维度的统一找到了人性根据,从而克服了传统"世界观哲学"对人的片面、抽象理解的缺陷,使形而上维度的"理想"不再是脱离人的"现实存在"的虚幻假设。

2."新世界观"的实证特点与形而上维度的统一是其内容上的"规律"认识与"规划"构想的统一

人类没有产生之前,世界是纯然的、单一的"自然世界"(自在世界),然而自从有了人类,世界就有了人的思维与人的历史,也就有了人的思维对自然、对历史、对思维自身的认识、理解、把握。因此有了人之后的"世界"的存在则表现为三种存在形态,即自然、历史和思维(精神),即恩格斯所说的"整个自然的、历史的、精神的世界"。人的思维对自然、对历史、对思维自身的认识、理解、把握,则形成了人的自然观、历史观、思维观。从这个意义上讲,人的思维对"整体世界"(应该是"属人世界")的认识的结果是发现自然规律、历史规律和思维规律,进而以这些"规律性"的认识为基础,构建人的理想的未来。从这可以看出,人要想真正实现依靠"规律"的认识与把握构建自己的未来,"认识世界"是前提。

从哲学的发展来看,人不管"从何种角度、以何种方式研究世界,其实质都是以思维的规律去反映、把握、描述和表达存在的规律,从而达到思维规律与存在规律的统一"①。这种"思维规律与存在规律的统一"就是哲学史上一直寻求实现的主观与客观的统一,以便为人类自身的发展创造条件,解决人的长远发展问题。传统"世界观哲学"经过漫长的发展过程,认识到了规律性认识的重要性,希望最为"科学"地认识世界,也对世界(自然、历史和思维)发展的规律有了一定的掌握,并构建出不同的"形而上"的"理想世界"。然而,传统"世界观哲学"没有看到,"世界表现为一个统一的体

---

① 孙正聿:《孙正聿哲学文集》第4卷,吉林人民出版社2007年版,第91页。

系，即一个有联系的体系的整体，这是显而易见的，但是要认识这个体系，必须认识整个自然界和历史"①。也就是说传统"世界观哲学"希望实现以人的思维把握"世界"的目的，但他们把人的思维与"世界"（自在世界或者说自然世界）直接对立起来，以研究"物"的思维方式（主客二分的抽象思维方式）研究"人"的世界，以抽象思辨的"非历史性"原则理解"历史"，看不到"历史"是人的历史，人是"历史"的人，歪曲了"历史"的真实含义，当然无法把握人类历史发展的真实规律，也就无法实现认识、把握整体世界的目的。马克思指出："历史的每一阶段都遇到一定的物质结果，一定的生产力总和，人对自然以及个人之间历史地形成的关系，都遇到前一代传给后一代的大量生产力、资金和环境，尽管一方面这些生产力、资金和环境为新的一代所改变，但另一方面，它们也预先规定新的一代本身的生活条件，使它得到一定的发展和具有特殊的性质。"②因此才说抽象的、超历史的"形而上学"的世界观只能是"教条式地预料未来"，他所"设计"、"规划"的"理想国"只能是"形而上学"的空幻想象，根本不具备"改变世界"的现实功能。因此，马克思批判思辨哲学时指出："在思辨终止的地方，在现实生活面前，正是描述人们实践活动和实际发展过程的真正的实证科学开始的地方。关于意识的空话将终止，它们一定会被真正的知识所代替。"③同时，马克思强调，这里所说的"真正的知识"是对人类历史发展观察中抽象出来的最一般的结果的概括，不能离开历史现实，"这些抽象与哲学不同，它们绝不提供可以适用于各个历史时代的药方或公式"④。

"新世界观"承认"自然"对于人而言的先在性、前提性，但把"自然"置于人的历史发展的进程中，以"现实人"为出发点，以人的最终"自由与解放"为目的，坚持以实证科学为基础，"以揭示自然和历史的实证规律为自己的任务"⑤，通过对实证科学的概括和总结来实现自身的发展，

---

①《马克思恩格斯全集》第 20 卷，人民出版社 1971 年版，第 662—663 页。

②《马克思恩格斯选集》第 1 卷，人民出版社 1995 年版，第 92 页。

③同上书，第 73 页。

④同上书，第 74 页。

⑤高清海：《高清海哲学文存——哲学的创新》，吉林人民出版社 1997 年版，第 206 页。

即以恩格斯所主张的"沿着实证科学和利用辩证思维对这些科学成果进行概括的途径去追求可以达到的相对真理"①认识"世界",体现出鲜明的"现实性"、"历史性"。这种带有鲜明"现实性"、"历史性"的世界观理论总是在对每一历史条件下人们的生存状态的领悟和诠释中获得自己的主题和内容,准确地认识自然发展规律、历史发展规律和思维发展规律,科学地理解"世界"(属人世界)的客观本性,把握人与"世界"的辩证关系。从功能与任务上看,"他突出强调的是他的哲学的科学方法论功能。这种功能就是运用关于人类历史发展的一般规律的知识,深刻地认识和把握现存社会秩序的本质和真正趋势,作为改变现实世界的指南"②,在准确把握"规律"的前提下,"新世界观"又"设计"了在实践基础上超越"形而下"的物质世界的新"规划",勾画出共产主义理想社会的理想蓝图,表现出内容上的实证特点与形而上维度的统一。

3. "新世界观"的实证特点与形而上维度的统一是其实践方式上的"资本逻辑"的分析与批判超越现实的统一

"新世界观"的实证特点在实践层面上,突出表现为马克思对现实生活中统治人的抽象力量的深入解剖,即对"资本逻辑"的分析之中。马克思认为,在现代资本主义社会,资本被视为绝对的统治力量,处于绝对的主宰和权威地位,人的存在被物化为抽象存在。马克思批判地指出:"在现代,物的关系对个人的统治、偶然性对个性的压抑,已具有最尖锐最普遍的形式",③"在资产阶级社会里,资本具有独立性和个性,而活动着的个人却没有独立性和个性"。④"人(工人)只有在运用自己的动物机能——吃、喝、生殖,至多还有居住、修饰等等——的时候,才觉得自己在自由活动,而在运用人的机能时,觉得自己只不过是动物。"⑤通过对"资本逻辑"的

①《马克思恩格斯选集》第4卷,人民出版社1995年版,第220页。

② 孙伯鍨、张一兵:《走进马克思》,江苏人民出版社2001年版,第470页。

③《马克思恩格斯全集》第3卷,人民出版社1960年版,第515页。

④《马克思恩格斯选集》第1卷,人民出版社1995年版,第287页。

⑤ 马克思:《1844年经济学哲学手稿》,人民出版社2000年版,第55页。

分析，马克思认识到抽象对个人的统治是"现存世界"的根本性质，阻碍了人的自我创造、自我超越和自由发展，必须对现存的、抽象的、资本统治下的社会关系予以"改变"。因此马克思明确提出："哲学家们只是用不同的方式解释世界，而问题在于改变世界。"①

"新世界观"的"形而上维度"不再体现为对超感性的概念世界的迷恋，而是体现在对现实生活中统治着人的抽象力量的否定、批判、超越与变革之中。这种否定、批判、超越与变革的出发点不再是先验的形而上学原则，而是处于一定历史条件下具体的人的生存状态；其目的是要推翻现实生活中存在的"那些使人成为被侮辱、被奴役、被遗弃和被蔑视的东西的一切关系"，②是要通过参与变革现存世界的实践活动，使"新世界观"成为内在于现实生活并推动现实生活跃迁的力量，通过对现实的"旧世界"的批判，发现理想的"新世界"。关于人类的最高"社会理想"，马克思强调，"共产主义对我们来说不是应当确立的状况，不是现实应当与之相适应的理想。我们所称为共产主义的是那种消灭现存状况的现实的运动"③，"对实践的唯物主义者即共产主义者来说，全部问题都在于使现存世界革命化，实际地反对并改变现存的事物"。④

对于不断超越自我的现实人来讲，人们的实践活动永远都会指向更完满的"理想"目标，人的"形而上"的追求永远也就不会有一个最后的终点。"新世界观"把在社会历史领域内消灭"资本逻辑"，消灭资本主义私有制对人的剥削和奴役，实现人的平等、自由与解放作为人的"社会理想"，既具有科学的实证特点，又具有"形而上维度"的价值超越，一经人的认识与掌握，必然成为人们认识世界与改造世界的"思想武器"，显示出"新世界观"的整体价值与功能。

---

① 《马克思恩格斯选集》第 1 卷，人民出版社 1995 年版，第 61 页。
② 同上书，第 10 页。
③ 同上书，第 87 页。
④ 同上书，第 75 页。

（三）历史现实与哲学性质的统一

马克思的"新世界观"超越了旧唯物主义对整体世界的简单直观，也摒弃了唯心主义的思辨想象，从历史与现实的角度科学地反思世界及人类社会的发展进程，形成了人类社会发展的规律性认识，进而指导人的"改变世界"的实践活动，表现出历史现实与哲学性质相统一的特点。

1. "新世界观"是对历史与现实的重新解读

作为人与世界关系的全新的理论表达，与传统"世界观哲学"相比，"新世界观"在认识世界问题上将"世界"置于人的生成的现实与历史之中思考，体现出强烈的历史性、现实性、时代性。这一点在"新世界观"与黑格尔历史哲学的批判对比中会清晰地表现出来。

黑格尔作为传统"世界观哲学"的集大成者，对世界及人类社会发展的历史做了通盘的思考与解释。在他看来，"理性是世界的主宰，世界历史因此是一种合理的过程"[①]。世界万物及世界历史是"理性"的"最具体的现实"，世界历史就是一个合目的的过程，它以预成的、自身完满的形态"进入到时间进程"，"历史规律不过是存在于历史之前的上帝计划；世界的最后计划是历史运动所趋向的目的。因此，历史不过是一个由先于历史而预成的计划所规定的合目的过程"[②]。由于黑格尔把整个世界的发展归结为"绝对精神"的自我认识和自我展现，把人连同其生活的世界（包括市民社会和国家）精神化，把人等同于自我意识，把人的劳动等同于精神的纯粹活动，把人们的现实生活关系，即私有财产、国家、宗教等视为精神活动的对象化即"异化"，因此，世界历史也就只能在黑格尔的"自我意识"的自身圆满中宣告终结。这样看来，黑格尔颠倒了观念、意识、精神与感性的物质活动的现实联系，用一种脱离现实的抽象的逻辑运动代替了现实的历

---

① 黑格尔:《历史哲学》，王造时译，生活·读书·新知三联书店 1959 年版，第 47 页。
② 杨耕:《为马克思辩护》，黑龙江人民出版社 2002 年版，第 515 页。

史运动，并将前者理解为后者的基础。因此可以说，黑格尔就把"人类的历史变成了抽象的东西的历史"，他的思辨哲学中的主观世界与客观世界的统一只是"抽象的、逻辑的、思辨的"精神统一，"黑格尔的历史辩证法只是为历史运动找到了一种抽象的、逻辑的、思辨的表达"①。

马克思看到了黑格尔对于整体世界及其运动发展的认识的错误所在，批判地指出："黑格尔把人变成自我意识的人，而不是把自我意识变成人的自我意识，变成现实的人即生活在实物世界中并受这一世界制约的人的自我意识。黑格尔把世界头足倒置起来，因此，他也就能够在头脑中消灭一切界限。"②与黑格尔为代表的传统"世界观哲学"不同，马克思以现实的人为出发点"观""世界"，并以此为基点构建自己的"新世界观"。马克思认为，人是实践着的人，人是有着现实规定性的、生动具体的、处于动态的社会历史进程中的人。"我们首先应当确定一切人类生存的第一个前提，也就是一切历史的第一个前提，这个前提是：人们为了能够创造历史，必须能够生活。"③传统"世界观哲学"中那个与人无关的"自然界"（自在世界）以及对它的抽象理解对人而言根本没有任何现实的价值与意义。"必须能够生活"是一切理论的前提，"哲学——世界观"理解认识的"世界"就应当是人的实践基础上的现实的历史的"属人世界"。"世界观"的理论价值与意义不在于抽象地寻找能够解释一切历史的冰冷的公式，而是为现实世界的变革与进步提供具体的方法指南。应该讲，由于马克思之前的唯心主义和神秘主义把世界历史及其发展动力归结为"上帝"、"绝对精神"或"自我意识"以及"实体"，而旧唯物主义在肯定自然界对人的决定性影响的时候却忽视了人生存的自然环境正是由人来改变的现实，所以，他们无法真正实现认识世界直至改变世界的目的。究其原因，在于他们都没有看到生产实践即劳动所引起的人与自然之间的物质变换构成了人类世界的现实基础，并构成了人本身存在的基础；他们都没有看到人与世界是现实的人与世界，人与世界是历

---

① 杨耕：《为马克思辩护》，黑龙江人民出版社 2002 年版，第 517 页。

② 《马克思恩格斯全集》第 2 卷，人民出版社 1957 年版，第 245 页。

③ 《马克思恩格斯选集》第 1 卷，人民出版社 1995 年版，第 78—79 页。

史的人与世界，是人的有目的的实践活动产生出不以人的意识、意志为转移的客观的历史规律。而对这样的历史规律的把握才是"世界观"的理论价值所在。正是从这种意义上，马克思在批判旧唯物主义时才会指出："那种排除历史过程的、抽象的自然科学的唯物主义的缺点，每当它的代表越出自己的专业范围时，就在他们的抽象的和唯心主义的观念中立刻显露出来。"① 为了突出对"历史"研究的重视，马克思在《德意志意识形态》中甚至表示："我们仅仅知道一门惟一的科学，即历史科学。"②

对历史、现实的肯定与把握是马克思"新世界观"超越传统"世界观哲学"的原因所在，马克思也因此"完成了从思辨的神秘辩证法到现实历史辩证法的过渡，创立了自己独特的新唯物主义世界观和历史主义方法论"③。卢卡奇则干脆认为："对马克思主义来说，归根结底就没有什么独立的法学、政治经济学、历史科学等等，而只有一门惟一的、统一的——历史的和辩证的——关于社会（作为总体）发展的科学。"④ 恩格斯在《在马克思墓前的讲话》中也明确表示："正像达尔文发现有机界的发展规律一样，马克思发现了人类历史的发展规律。"⑤

2. "新世界观"内含哲学的反思特点及人类社会发展的规律性认识

哲学是人类精神的反思，哲学作为一种理论表达，是通过反思方式来实现的。哲学的反思是通过对人们所熟知的各种最基本的、"自明性"的概念的思考与反省、对人生存的基本理论的思考与反省、对哲学所表征的"时代精神"的思考与反省，追问、寻找各个时代的具有相对普遍性的"存在"及其"意义"的人类意识，追问、寻找人类以各种方式所创造的具有时代性内涵的生活世界的意义。哲学层面的"反思"不同于科学、艺

---

①《马克思恩格斯全集》第23卷，人民出版社1972年版，第410页。

②《马克思恩格斯选集》第1卷，人民出版社1995年版，第66页。

③ 孙伯鍨、张一兵：《走进马克思》，江苏人民出版社2001年版，第457页。

④ 卢卡奇：《历史与阶级意识》，杜章智等译，商务印书馆1992年版，第77页。

⑤《马克思恩格斯选集》第3卷，人民出版社1995年版，第776页。

术、伦理等领域的反思是对具体"对象"形成的认识的再思考。哲学的反思并不构成关于世界具体事物的任何思想，而是对人的思维规律、构成根据和原则的反思，也可以说它是"思想的思想"、"认识的认识"，"它敢于使自己的前提的真理性和自己的目标的领域成为最值得追问的东西"，① 是思想以自身为对象反过来的思考。它不同于经验知识、不同于具体科学的地方就在于它的对象的抽象性，问题的抽象性、普遍性，内容的整体性、根本性以及抽象思维表达形式的高度概括性。因此，海德格尔认为："没有哪一种学派能够希望自己在严肃认真方面能与形而上学匹敌。用科学观念这一尺度是绝不能测度哲学的。"② 哲学世界观正是借助哲学的反思方式实现对"世界"的整体认识与把握，并在认识结果上表现为对人与世界及两者关系的普遍性、根本性和规律性问题的认识与把握，即对世界的本原、世界运动的原因、世界未来的发展方向等问题做出回答。

马克思的"新世界观"把哲学看作是"自己时代的精神的精华"，借以审视特定的阶段、特定的时代条件、特定的历史背景下的人与世界，既立足于人所面对的现实生活世界，又直面人的理想信仰世界，通过自我意识的反思发现自然界、人类社会和思维运动的发展规律，以哲学的批判性态度和精神，提出了特定条件下的人的价值追求，进而"整合"、"统一"人的现实世界和理想世界。如果说传统"世界观哲学"是夸大哲学反思后的超然于现实、超然于历史的天马行空的一种理想，那么，"新世界观"则不是对现实世界全然否定的抽象把握，不再是"教条式地预料未来"，而是要借助哲学的反思，"在批判旧世界中发现新世界"③。

"新世界观"中的普遍性、规律性的认识虽然有着科学性、经验性知识的特征，但它绝不满足于此，不满足于对"现实"的合理性的确认，而是以人为出发点和归宿，从人和世界的本质联系来说明人和人的存在、人和人的实践认识问题以及人类自身解放问题的，突出强调"未来"将"形成"

---

① 海德格尔：《林中路》，孙周兴译，上海译文出版社 2004 年版，第 77 页。

② 海德格尔：《存在与在》，王作虹译，民族出版社 2005 年版，第 170 页。

③《马克思恩格斯全集》第 1 卷，人民出版社 1956 年版，第 416 页。

的应当性、可能性的价值因素和意义，在内容上具有历史现实与哲学性质相统一的特点，从根本上克服了传统"世界观哲学"一旦回到现实生活接受人的实践的检验，就与事物的客观本来状况相违背，不再具有任何意义的知识性的缺陷，成为评判、度量、矫正、导向人的现实生活的尺度。

三　马克思"新世界观"的实质

马克思创立的以实践思维方式思考人与世界的关系，以"现实的人"为出发点，以人的自由全面发展为理论使命的"新世界观"，完全摆脱并超越了传统"世界观哲学"的本体论思维方式，改变了传统"世界观哲学"的主题、性质和致思方向，走出了在人的内在意识之中解释世界的"怪圈"。从它的理论特点上看，它呈现出现实性与理想性相统一、实证特点与形而上维度相统一、历史现实与哲学性质相统一的特点，特别是"新世界观"容纳了以往传统"世界观哲学"极力否定的一些因素，即它具有独特的现实性、实证性、历史性的特点，并且完整地体现了"世界观"构成性因素，因此，它已经不再是传统意义上的"哲学"了。对此，恩格斯在评价《关于费尔巴哈的提纲》时就认为，它是"包含着新世界观的天才萌芽的第一个文件，是非常宝贵的"[1]。而在后来的《反杜林论》中，恩格斯更是明确指出："现代唯物主义，否定的否定，不是单纯地恢复旧唯物主义，而是把两千年来哲学和自然科学发展的全部思想内容以及这两千年的历史本身的全部思想内容加到旧唯物主义的永久性基础上。这已经根本不再是哲学，而只是世界观，它不应当在某种特殊的科学的科学中，而应当在现实的科学中得到证实和表现出来。因此，哲学在这里被扬弃了，就是说，既被克服又被保存；按其形式来说是被克服了，按其现实的内容来说是被保存了。"[2]恩格斯这里所说的"形式"被"克服"了，就是指承载

---

① 《马克思恩格斯选集》第 4 卷，人民出版社 1995 年版，第 213 页。
② 《马克思恩格斯选集》第 3 卷，人民出版社 1995 年版，第 481 页。

人与世界关系的理论形式和思考人与世界关系的思维方式发生了根本性的转变，即理论形式从"哲学"转变为"世界观"，思维方式从本体论思维方式转变为实践思维方式；这里所说的"内容"上"被保存"了，就是指传统"世界观哲学"及自然科学中的合理因素被"新世界观"继承了。

明晰马克思"新世界观"不再是"哲学"，除了从传统"世界观哲学"与"新世界观"在内容、性质、特点、任务等多个方面的对比分析中得到回答之外，笔者这里再从两者在"现实性"向度和世界观"构成因素"方面的不同，阐释"新世界观"为什么不再是"哲学"，而只是"世界观"了。

从"世界观哲学"的演进来看，哲学脱胎于神话，是人试图以理性思维科学地真实地认识、理解、把握世界的理论表达。然而，"世界观哲学"中所预设的、永恒的、绝对的"世界本体"就如同宗教神学设定的"上帝"或神一样，高悬于人的现实世界之外，构成了人类解释世界的"终极根据"。"世界观哲学"从产生伊始就一直具有与宗教神学相似的神学品性。传统本体论哲学的最高代表柏拉图和亚里士多德在其各自的"世界观哲学"中都有一个"理性神"（终极存在）作为解释世界的终极原因、终极根据，实际上暗含着对超感觉世界的承认，其"世界观哲学"最终都走向了神学；"近代哲学家们在论证他们的学说时，最终还是离不开少不了神或上帝，而且把它置于自己构造的体系的顶端，作为自己体系的支撑或起点。"[①] 这一点在唯理论中表现得尤为明显。近代哲学家们正是从知识论的理性主义出发，"用理性的尺度宣告了资本主义的永恒性和普遍性，构建了资本主义现代性的诸种神话模式"[②]。德国古典哲学的代表黑格尔把"绝对精神"视同上帝一样"创造"世界，实质是把"上帝"理性化，把神学理性化，把哲学神学化。因此可以说，在整个传统"世界观哲学"发展的过程中，哲学对世界的理解与把握始终具有神学的品性，带有神秘主义的色彩，而无法实现"科学"认知世界的目的。传统"世界观哲学"以否定人的现实的、感性的生活世界的真实性为前提，以给人提供适用于世界发展进程各个历史时代

---

① 黄颂杰：《论西方哲学的宗教和神学之品性》，《哲学研究》2000 年第 9 期。
② 陆杰荣：《马克思"新世界观"的现实性向度及其实质》，《中国社会科学》2007 年第 6 期。

的“药方或公式”为目的，它所勾画的“世界图景”仅仅存在于人的内在意识之中，脱离了实际，与人所生活的现实世界完全不同，也不能真正触动、改变现实世界，仅仅是置留于人的想象之中的精神“教条”，无法帮助人实现“现实存在”向“理想存在”的跨越。传统“世界观哲学”的发展也因此构成了循环解释世界的“怪圈”，成了不折不扣的“解释哲学”。

传统“世界观哲学”“现实性”的缺失遭到了马克思的彻底批判和根本否定。为了表达自己的“新世界观”与传统“世界观哲学”的区别，强调哲学与现实的关系，马克思在《〈黑格尔法哲学批判〉导言》中，提出了“消灭哲学”的命题。马克思认为，“德国人民必须把自己这种梦想的历史一并归入自己的现存制度，不仅批判这种现存制度，而且同时还要批判这种制度的抽象继续”①。针对德国的“实践派”哲学家们提出的“否定哲学”的要求，马克思认为，他们提出这一要求是正当的，但却没有认真实现这一要求。马克思强调：“你们不使哲学成为现实，就不能够消灭哲学。”②“哲学不消灭无产阶级，就不能成为现实；无产阶级不把哲学变成现实，就不可能消灭自身。”③恩格斯对于传统“世界观哲学”也有过相近的表述，他认为，“哲学在黑格尔那里完成了：一方面，因为他在自己的体系中以最宏伟的方式概括了哲学的全部发展；另一方面，因为他（虽然是不自觉地）给我们指出了一条走出这些体系的迷宫而达到真正地切实地认识世界的道路”④。从恩格斯的这段论述中可以看出，传统“世界观哲学”既是一个“体系的迷宫”，又在黑格尔那里完成了“终结”，而真实认识世界的“道路”已经“隐现”在其中。这条道路就是马克思提出的面向现实世界，从“现实的人”出发，以人的实践活动为基础认识世界、改变世界，以实现人的自由全面发展为根本使命的“新世界观”的理论规定。马克思明确指出：“意识在任何时候都只能是被意识到了的存在，而人们的

---

① 《马克思恩格斯选集》第 1 卷，人民出版社 1995 年版，第 7 页。
② 同上书，第 8 页。
③ 同上书，第 16 页。
④ 《马克思恩格斯选集》第 4 卷，人民出版社 1995 年版，第 220 页。

存在就是他们的现实生活过程。"①而"任何深奥的哲学问题……都可以十分简单地归结为某种经验的事实"②。正是以人的存在的"现实生活过程"为基础解释人的意识及人与自然、人与社会的关系,"新世界观"也因此走出了传统"世界观哲学"一直置于"迷宫"之中的困境,将颠倒的思维(意识)与存在(物质)的关系重新"颠倒"过来,"新世界观"与传统"世界观哲学"相比表现出独特的现实性、实证性、历史性。因此可以说,"马克思的新世界观从实质上说已经根本离开了哲学的基础,已经彻底离开了一般的哲学的前提,在这个意义上可以界定,马克思的新世界观已经不再是哲学"③。

从世界观的确立上看,世界观的构成既有"主体性"的因素,也有"客体性"的因素,以及主体与客体相关联的历史性因素。如果按中文语意理解"世界观"的含义,"观"是人的能力,世界观是人"观"世界的理论表达。因此,世界观必然要体现主体的视角、精神旨趣和价值取向,体现出世界观的"主体性"因素;"世"是人所面对"世界"的总体境况,是"观"的对象,体现着世界观的"客体性"因素;"界"是人"观""世界"的"界面",是人"观""世界"的限度,体现的是主体与客体的关联度,体现的是世界观的"历史性"因素。传统"世界观哲学"没有认识到人与"世界"(属人世界)的生成性特点,试图以预设的、不动的"世界本体"为终极根据解释人所生活的整体世界(自在世界),没有体现世界观的"界",即"历史性"的构成因素。黑格尔哲学中有了"界"的设定,但它所设定的"界"是"绝对精神"在现实中自我显现的"界",不是随着现实的主体生成不断发展所"观""世界"的"界"。因此,以这样的"世界观"解释世界,仍然是内在意识范围内的"解释哲学"。"界"的存在是不可辩解的事实,也是人的理想精神、超越精神、创造精神即"形而上"本性超越现实的体现。然而传统"世界观哲学"却以绝对的理想化、超验化、抽象化的"本体"遮掩

---

① 《马克思恩格斯选集》第 1 卷,人民出版社 1995 年版,第 72 页。
② 同上书,第 76 页。
③ 陆杰荣:《马克思"新世界观"的现实性向度及其实质》,《中国社会科学》2007 年第 6 期。

了"界"的存在，最终丧失了"改变世界"的功能和作用，沦为哲学家们对世界的虚幻的设想。马克思"新世界观"以人的生成性特点为依据，体现了主体现实层面上的价值追求和意义追问，完整体现了世界观确立的"主体性"因素、"客体性"因素和"历史性"因素，科学地回答了人与世界的历史发展。从这个意义上讲，马克思的"新世界观"与传统"世界观哲学"不同，它"根本不再是哲学"，而只是"世界观"。按"新世界观"具有的"历史性"因素理解，任何将其"本体论"倾向的解读都是片面的。

　　然而，从哲学与世界观的关系上来看，由于马克思的"新世界观"仍然具有"世界观哲学"的理想精神、超越精神和反思批判精神等特点，仍然为人提供真实理解"世界"的哲学思维方式，并以反思方式为人"勾画"关于"世界"的理想图景，从这个意义上说，它仍然是一种"哲学"。因此，也不能将"新世界观"等同于科学。如果说传统"世界观哲学"以永恒不变的"本体"为依据解释世界，是"以不变应万变"，那么马克思的"新世界观"就是以人的生成性特点理解认识"世界"，就是"以变应变"，追求的是"实事求是"地把握世界。这里的"是"是"规律"，而它的根据是"实事"，即不断变化着的人与世界。因此，教条式地解读"新世界观"也是错误的。

　　总之，"新世界观"把关注的目光从抽象王国返回了现实世界，克服了旧唯物主义和唯心主义的抽象对立，解决了主观与客观、主体与客体的统一问题，实现了由"解释世界"向"改变世界"的世界观思想的历史性变革。如果说传统"世界观哲学"是将"世界观"置留在"哲学"之中，将"哲学"看作是人对"世界"的终极解释，其实质是世界观的哲学，那么马克思的"新世界观"则是将"世界观""归还"给现实的处于生成发展状态的人，将"哲学"视作人思考"世界"的一种方式，其实质是哲学的世界观。只是它不再是抽象的、亘古不变的、包罗万象的本体论的"世界观"，而是随着人与世界的变化而不断发展变化的"世界观"。

四　马克思"新世界观"的当代意蕴

马克思"新世界观"对人生活的外部世界的认识和对人类历史发展状况、趋势的理解与构想，意味着西方"形而上学"基本建制的没落与崩溃，同时开启了哲学发展的新视域。"新世界观"把人类"思"的方式、主题、任务做了重新规定，全面超越了西方传统"世界观哲学"，划清了马克思哲学思想与西方现代、后现代哲学的界限，为人类科学地认识自然、社会和人自身提供了研究和解决现实社会中的矛盾和对抗的理论武器，是人类安身立命的精神家园，从而显示出马克思思想的恒久价值与当代意义。

（一）"新世界观"为人科学地理解人与自然的关系提供了新的范式

自然界是人类的母体，人是自然界的产物，或者说是自然界的最高产物，同时，自然界也是人类赖以生存、发展的物质资料的来源。人靠自然界生活决定了任何世界观理论必然要对人与自然的关系做出相应的理解和回答。

对于自然的理解，传统"世界观哲学"一般是将其看作独立于人之外的物质存在。自从人从自然界产生出来，人类就自己主宰着自己，自然界成为给人类提供生活资料的场所，自然规律对人而言越来越处于从属作用的地位。这种近似于自然科学"实用性"的观点，"将自然界仅仅理解为服从于人的历史目的的对象，这种对待自然界的态度正是早期资产阶级意识形态的主要内容之一"①。用这种观点对待自然，就决定了人们对自然界的认识不可能自觉上升到总体性的水平，而不可避免地带有局限性和片面性。从现代资本主义的发展暴露出来的环境保护和生态平衡问题上看，这种对待自然的态度已经不是简单的"局限性"和"片面性"的问题，而是"危

---

① 孙伯鍨、张一兵：《走进马克思》，江苏人民出版社2001年版，第146页。

害性"和"破坏性"的问题。

　　"新世界观"强调以"现实的人"为出发点认识世界，强调以"人的解放"为其历史使命，但这种思想是以承认自然界的先在性为前提的。它承认自然界是一个统一的有机整体，人类社会是这个整体的有机组成部分，承认自然界有其自身运动、变化的规律和法则并对人类社会的发展具有广泛、深刻的影响和作用，即"人本身是自然界的产物，是在自己所处的环境中并且和这个环境一起发展起来的"①。"新世界观"把自然界看作一个整体，有其内部的平衡、发展和协调的机制和规律，而人类社会是这个有机整体中具有主观能动性且发挥着巨大作用的一部分。人在自然界具有双重地位，由于人的生存活动，自然是"人化的自然"、人是"自然化的人"，人类的活动必然要受到自然规律的制约和控制，而不能随心所欲。马克思曾深刻地指出："在工业中向来就有那个很著名的人和自然的统一，而且这种统一在每一个时代都随着工业或慢或快的发展而不断改变，就像人与自然的斗争促进其生产力在相应基础上的发展一样。"②也就是说，自然与人类活动的历史是紧密联系的，非辩证地看待人与自然的关系，最后危害的可能正是人类自身。

　　21世纪的中国将会是自然科学快速发展，人们对知识必然性的渴望越来越强烈的时代，同时也是人类改造自然的步伐不断加快的时代，"新世界观"以"和解"、"和谐"为根本态度理解人与自然的关系，辩证看待人与自然的发展，必将为中国乃至人类研究自然界和人类社会之间的关系，合理调节人与自然之间的关系提供合理的范式，开辟广阔的发展空间。

（二）"新世界观"为人科学地认识与把握人类社会的历史发展提供了理论武器

　　在传统"世界观哲学"中，无论是唯心主义还是旧唯物主义，往往试

①《马克思恩格斯选集》第3卷，人民出版社1995年版，第374—375页。
②《马克思恩格斯选集》第1卷，人民出版社1995年版，第76—77页。

图通过对自然发展规律的揭示与把握而形成的理论观点，理解整体世界的发展变化，其虚构的、预设的、永恒的、静止的"本体"脱离了人的现实性，既缺乏社会历史领域的根基，更没有在社会历史发展领域得到验证，根本称不上是真正的哲学世界观。以对世界整体某个部分的理解而形成的哲学，其对象、结论无法涵盖整个世界，不可能有整体意义上的"世界观"，当然就不是"科学的世界观"。

"新世界观"以辩证思维科学地认识自然界与人类社会，是自然观、历史观、认识论的统一。它的产生使社会领域成为可以被科学地加以理解的对象，指出了人的实践活动在社会发展中的基础性作用，发现了社会历史发展的一般规律。因此，恩格斯认为："自从历史也得到唯物主义的解释以后，一条新的发展道路也在这里开辟出来了。"[1] 这里所说的"道路"就是从"解释世界"向"改变世界"的革命性转变。传统"世界观哲学"都有通过对世界的认识、理解、解释，从而指导人的生存活动的意图。然而，这些哲学虽然在自然、思维等领域获得了许多真理性见解，并且对人类社会进步起到了一定的促进作用，但是由于其在社会历史领域的"功能缺陷"，缺乏对人的实践作用及人的主体地位的理解，缺乏对人的本质的理解，缺乏对人类社会发展规律的把握，一旦自然科学、社会学、心理学等具体科学在现代得到迅速发展，传统"世界观哲学"被逐出上述领域，这种哲学自身的存在就成为现实的问题。现代、后现代哲学对传统哲学的"否定"、"拒斥"、"消解"就是一个有力的证明。而"新世界观"却因为具有"唯一科学地说明历史的方法"[2] 和对"改变世界"主体力量（无产阶级）的正确认识，成为人类科学地认识与把握人类社会历史发展的理论武器。

马克思"新世界观"从来都不是教条，它也没有想"教条式地预料未来"。它对资本主义社会基本规律的揭示，对人类社会未来发展的预见，都是以立足"现实"为基础的。因此恩格斯强调指出："马克思的整个世界观不是教义，而是方法。它提供的不是现成的教条，而是进一步研究的出发

---

① 《马克思恩格斯选集》第 4 卷，人民出版社 1995 年版，第 228 页。
② 《列宁选集》第 1 卷上，人民出版社 1995 年版，第 13 页。

点和供这种研究使用的方法。"① 在当代,资本主义在一定程度上引进了计划经济,市场经济的发展有了更多的"国家干预",这与马克思所处的年代大不相同。但是,在资本主义社会,生产资料私人占有制不可能从根本上改变,生产社会化和生产资料私有制的矛盾依然存在,作为社会基本经济规律的剩余价值规律仍在发挥作用,周期性的经济危机还时有发生。因此说,"新世界观"中指出的资本主义的根本缺陷和致命弱点并没有得到解决和改变,"新世界观"强调的在"批判旧世界中发现新世界"仍然是劳动主体改变自己命运的根本途径。

(三)"新世界观"从人生境界的层面,为人类提供安身立命的精神家园

就人的生命而言,人生本无意义,人从生到死是一个自然的过程,而人又是独特的"存在",并有其独特的能力,非要追问、寻找人之为人的意义。追问、寻找"意义"越广、越急、越深,则"意义"的价值也就越重、越大、越明。在追问、寻找人生意义的过程中,人"必然"要确立自己对自然、社会和精神世界的总体评价体系,建构自己追究意义的框架,这就是人都有世界观的主要缘由。因此可以说,几乎所有的世界观最终都指向"人"的生存与生活,世界观与人生观是一体的。海德格尔在对康德以来"世界观"概念的演化进行分析后认为,"从提到的这些世界观的形式和可能性可以清楚地看到,它不仅被理解为对自然物之关联体的把握,而且同时被理解为对人的此在的意义与目的,因而也是对历史的意义与目的的解说。世界观向来在自身中包含了人生观"②。

世界观内含人生观则意味着人生的意义可以从"境界"层面在世界观中得到确定。也就是说人有了世界观,只是向人生有"意义"的生活迈出了"第一步"。只有确立与现实生活紧密相联的系统化、科学化的世界观,

---

① 《马克思恩格斯选集》第4卷,人民出版社1995年版,第742—743页。
② 海德格尔:《现象学之基本问题》,丁耘译,上海译文出版社2008年版,第6页。

生活的"意义"才会有坚实的理论基础和现实指导，人生的"意义"才是真正"可问"、"可答"、"可追"的意义，才能起到"升华人性，给人生开创新的空间、把人生带进新的境界、为生活增添新的意义"①的精神家园作用。正是从这个意义上讲，"新世界观"既直面人的现实生活，正视历史发展的现实过程，又对资本主义社会现实进行道德控诉，尤其是对现实生活中无产者的恶劣生存状况和悲惨现实展开理论批判，表达出对人类价值理想的终极关切和对人生价值与意义的全新回答。因此可以说，"新世界观"能够为人类提供安身立命的精神家园。

从中国现实来看，中国正在进行的社会主义市场经济建设的伟大实践，实现了经济的跨越式发展，创造了令世界瞩目和赞叹的"中国模式"，这无疑是实现富民强国的重大举措，也是实现中华民族伟大复兴的必由之路。但不容忽视的是，在经济社会发展进程中，经济的发展与人文精神的建设出现巨大反差，突出表现在人对精神境界的漠视和迷茫。这又使人沦落为马克思一直批判并力求改变的"物"的奴隶，即"人对物的依赖性"的危险，进而危及中国改革开放与社会主义现代化的顺利进行。因此笔者认为，"新世界观"在人生价值与意义上的承诺和回答，对个人利益与社会利益统一的理解，从而实现人与社会的共同发展，最终实现人的自由全面发展的根本目标，是解决这一问题的"良药"。

（四）"新世界观"颠覆了西方形而上学的基本建制，划清了与西方现代哲学的界限

西方传统"世界观哲学"就其起源和演进的逻辑来看，其基本旨趣就是确立形而上学的本体论框架，并试图通过预设的本体解释现实世界存在与变化的原因。因此可以说，形而上学的本体论的思维方式从根本上讲是停留在人的意识范围之内带有神秘主义色彩的话语结构，"整个现实世界都淹没在

---

① 高清海：《哲学的憧憬》，吉林大学出版社 1995 年版，第 30 页。

抽象世界之中，即淹没在逻辑范畴的世界之中"①。马克思的"新世界观"认为，脱离人的生存实践活动、脱离一切社会关系，抽象地、形而上学地谈论和追溯世界的本体是毫无意义的。"新世界观"思考的"世界"是变化的、生成的、发展的现实生活世界（属人世界），而不是内在于人的意识之中的抽象的思辨的神秘的"精神世界"。它是要在人的现实世界中确认人的生存与发展的方式、根据和发展规律，以实现西方哲学一直以来所希望实现的对世界的真实把握。这样一来，马克思的"新世界观"就摆脱了传统本体论思维的束缚，赋予了"世界观"现实性、历史性、科学性的理论品格。

黑格尔之后的西方现代哲学也认识到形而上学的本体论思维的弊端并对其采取"批判"、"拒斥"和"消解"的态度，尝试在新的基础上构建各自不同的哲学理论，特别是自觉地回归生活世界、关注当下的人、关注人类生存问题，从而对人、世界及两者之间的关系给出各种各样的答案，并出现了科学主义和人本主义两大思潮。其中最有代表性的是以海德格尔、萨特为代表的存在主义和以维特根斯坦、卡尔纳普等为代表的逻辑经验主义的哲学观点。然而，这些西方现代哲学观点大多数是激烈抨击了传统哲学的形而上学倾向，却往往把哲学对真理、理想等的形而上的追求与近代哲学将这种追求思辨化、绝对化相混淆，对之进行了简单的批判与否定。他们在"批判"、"拒斥"和"消解""形而上学"的同时，自己又以新的理论形态去辩护、构建某种新的"形而上学"。他们对传统哲学的理性独断主义和绝对主义做了深刻的揭露和批判，却又因忽视排斥理性的作用而走向另一极端，也就是走向了某种形式的相对主义和非理性主义。他们揭示了主客二元对立的弊病，强调发挥人的能动性和创造性，然而却走向了无视客观实际的主观主义。比如，非理性主义哲学家尼采将世界看作是"强力意志"的永恒轮回的世界，将世界上的一切都看作是非理性的存在。而他所强调的非理性的"强力意志"从本质上讲与理性一样，仍属于人的精神世界的范畴；胡塞尔在其"现象学"大谈人的"生活世界"，却因为排斥作

①《马克思恩格斯选集》第 1 卷，人民出版社 1995 年版，第 139 页。

为具体生物的人及其生活世界，始终不能从"纯粹意识"中挣脱出来，这导致其所谓的"生活世界"只能是意识中的世界；维特根斯坦的分析哲学强调通过对"语言"的分析重新界定人与世界及人与人的关系，然而他所说的人与世界及人与人的关系仍旧是一种抽象的关系。

总之，现代西方哲学仍旧没有完全走出人的精神世界，就其对传统"世界观哲学"的超越而言，"西方现代哲学对近代哲学的超越有很大局限性。就各个具体的哲学流派来说，往往只是在某些方面或环节上有一定程度的超越，在其他方面则可能仍然徘徊于传统哲学的框架之中"①。而就"新世界观"来说，"马克思的实践纲领及其意义恰恰在于颠覆整个形而上学，而此一颠覆的核心恰恰在于洞穿并瓦解现代形而上学的基本建制"②。由于"新世界观"特别强调历史地、现实地、实践地看待人与世界的关系，因而表现出理论上的开放性与发展性。这与传统"世界观哲学"封闭于人的自我意识之中永恒的、绝对的解释世界根本不同。因此，马克思的"新世界观"才会有"本土化"、"具体化"的发展可能。中国特色社会主义理论中的"邓小平理论"、"三个代表"重要思想及"科学发展观"正是马克思"新世界观"理论在当代中国发展的结果，它所显示出来的现实性、历史性和科学性完全符合马克思"新世界观"的实质要求，并在实践中得到印证和检验，指导推动了中国经济、政治、文化等各项建设的深入发展。当然也要看到，既然马克思"新世界观"具有理论上的开放性与发展性，就不能简单地排斥其他现代西方哲学，应立足于坚持马克思"新世界观"重大原则和理论基础的前提下，通过与西方现代、后现代哲学的对话，不断丰富和发展马克思的"新世界观"理论。

① 刘放桐：《新编现代西方哲学》，人民出版社 2000 年版，第 35 页。
② 吴晓明：《形而上学的没落》，人民出版社 2006 年版，第 539 页。

参考文献

1. Edmund, Husserl, *The Crisis of European Science and Transcendental Phenomenology,* Northwestern University Press, 1970.

2. John, Cottingham, *Meditations On First Philosophy,* Cambridge University Press, 1993.

3. Martin, Heidegger, *Being and Time,* Basil Blackwell Publisher Ltd. , 1962.

4. Russel, Bertrand, *A History of Philosophy,* George Allen & Unwin, 1946.

5. Windelband, Wilhelm, *A History of Philosophy,* Vol. 2 , Harper, 1958.

6. 柏拉图：《理想国》，郭斌和、张竹明译，商务印书馆 1986 年版。

7. 北京大学哲学系外国哲学史教研室：《西方哲学原著选读》上卷，商务印书馆 1982 年版。

8. 曹润生、张澍军：《论三种"科学世界观"的概念》，《哲学研究》2005 年第 10 期。

9. 策勒尔：《古希腊哲学史纲》，翁绍军译，山东人民出版社 1992 年版。

10. 陈先达：《论马克思主义哲学本体论及其当代价值》，《江海学刊》2002 年第 3 期。

11. 大卫·K. 诺格尔：《世界观的历史》，胡自信译，北京大学出版社 2006 年版。

12. 邓晓芒：《邓晓芒讲黑格尔》，北京大学出版社 2006 年版。

13. 邓晓芒：《康德道德哲学的三个层次》，《云南大学学报》2004 年第 4 期。

14. 邓晓芒:《康德哲学讲演录》,广西师范大学出版社 2006 年版。

15. 笛卡尔:《第一哲学沉思集》,庞景仁译,商务印书馆 1986 年版。

16. 杜威:《哲学的改造》,许崇清译,商务印书馆 2002 年版。

17. 段忠桥:《什么是马克思恩格斯创建的历史唯物主义》,《哲学研究》2008 年第 1 期。

18. 段忠桥:《重释历史唯物主义的缘由、文本依据和方法》,《哲学研究》2008 年第 9 期。

19. 恩格斯:《自然辩证法》,人民出版社 1984 年版。

20. 费尔巴哈:《费尔巴哈哲学著作选集上卷》,荣震华、李金山等译,商务印书馆 1984 年版。

21. 费希特:《论学者的使命 人的使命》,梁志学、沈真译,商务印书馆 1984 年版。

22. 弗·培根:《新工具》,许宝睽译,商务印书馆 1984 年版。

23. 高清海、孙利天:《马克思的哲学观变革及其当代意义》,《天津社会科学》2001 年第 5 期。

24. 高清海、孙利天:《哲学的终结与人类生存》,《江海学刊》2003 年第 5 期。

25. 高清海:《从哲学思维方式的演进看人的不断自我超越本质》,《学习与探索》1994 年第 3 期。

26. 高清海:《高清海文存——哲学的奥秘》,吉林人民出版社 1997 年版。

27. 高清海:《高清海文存——哲学的创新》,吉林人民出版社 1997 年版。

28. 高清海:《高清海哲学文存——哲学体系改革》,吉林人民出版社 1997 年版。

29. 高清海:《形而上学与人的本性》,《求是学刊》2003 年第 1 期。

30. 高清海:《找回失去的"哲学自我"》,北京师范大学出版社 2004 年版。

31. 高清海:《哲学的憧憬》,吉林大学出版社 1995 年版。

32. 高宣扬:《德国哲学通史》第 1 卷,同济大学出版社 2007 年版。

33. 哈贝马斯:《现代性的哲学话语》,曹卫东等译,译林出版社 2004 年版。

34. 海德格尔:《人,诗意地安居》,郜元宝译,上海远东出版社 1995 年版。

35. 海德格尔:《谢林论人类自由的本质》,薛华译,辽宁教育出版社 1999 年版。

36. 海德格尔:《存在与时间》,陈嘉映、王庆节合译,生活·读书·新知三联书店 2006 年版。

37. 海德格尔:《面向思的事情》,陈小文、孙周兴译,商务印书馆 1996 年版。

38. 海德格尔:《现象学之基本问题》,丁耘译,上海译文出版社 2008 年版。

39. 海德格尔:《林中路》,孙周兴译,上海译文出版社 2004 年版。

40. 海德格尔:《存在与在》,王作虹译,民族出版社 2005 年版。

41. 贺来:《边界意识与人的解放》,上海人民出版社 2007 年版。

42. 黑格尔:《历史哲学》,王造时译,上海世纪出版集团、上海书店出版社 1999 年版。

43. 黑格尔:《哲学史讲演录》第 2 卷,贺麟、王太庆译,商务印书馆 1960 年版。

44. 黑格尔:《哲学史讲演录》第 4 卷,贺麟、王太庆译,商务印书馆 1978 年版。

45. 黑格尔:《精神现象学》上卷,贺麟、王玖兴译,商务印书馆 1979 年版。

46. 黑格尔:《小逻辑》,贺麟译,商务印书馆 1980 年版。

47. 胡塞尔:《欧洲科学危机和超验现象学》,张庆熊译,上海译文出版社 1988 年版。

48. 胡塞尔:《哲学作为严格的科学》,倪梁康译,商务印书馆 1999 年版。

49. 黄颂杰:《论西方哲学的宗教和神学之品性》,《哲学研究》2000 年第 9 期。

50. 黄颂杰:《西方哲学多维透视》,上海人民出版社 2002 年版。

51. 卡西尔:《人论》,甘阳译,上海译文出版社 2004 年版。

52. 康德:《纯粹理性批判》,邓晓芒译,人民出版社 2004 年版。

53. 康德:《未来形而上学导论(导言)》,庞景仁译,商务印书馆 1978 年版。

54. 康德:《实践理性批判》,邓晓芒译,人民出版社 2003 年版。

55. 康德:《道德形而上学原理》,苗力田译,上海人民出版社 1996 年版。

56. 莱布尼茨:《人类理智新论》,陈修斋译,商务印书馆 1982 年版。

57. 雷红霞:《西方哲学中人学思想研究》,湖北人民出版社 2005 年版。

58. 李荣海:《历史唯物主义的解释原则及其世界观意义》,《哲学研究》2007 年第 8 期。

59. 《列宁选集》第 1 卷(上),人民出版社 1995 年版。

60. 林剑:《论马克思"新唯物主义"哲学思维辐射的轴心》,《哲学研究》2008 年第 6 期。

61. 刘放桐:《现代西方哲学述评》,人民出版社 1985 年版。

62. 刘放桐:《新编现代西方哲学》,人民出版社 2000 年版。

63. 刘福森:《马克思的新哲学观和新世界观》,《学习与探索》1998 年第 1 期。

64. 刘福森:《作为世界观的历史唯物主义——谈马克思实现的哲学革命》,《中共天津市委党校学报》2003 年第 2 期。

65. 卢卡奇:《历史与阶级意识》,杜章智等译,商务印书馆 1992 年版。

66. 卢梭:《爱弥儿》下卷,李平沤译,商务印书馆 1978 年版。

67. 鲁托马斯:《马克思早期思想研究译文集》,熊子云等译,重庆出版社 1983 年版。

68. 陆杰荣、王国富:《论马克思现实性哲学内在蕴涵的形而上维度》,《马克思主义与现实》2008 年第 3 期。

69. 陆杰荣、张伟:《哲学境界:诠释马克思哲学的一个新视角》,《教学与研究》2008 年第 11 期。

70. 陆杰荣:《从境界的维度解读当代意义上的形而上学》,《辽宁大学学报》2006 年第 1 期。

71. 陆杰荣:《论哲学境界的精神旨趣与当代使命》,《吉林大学社会科学学报》2005 年第 1 期。

72. 陆杰荣:《论哲学境界的世界观品格》,《广东社会科学》2004 年第 1 期。

73. 陆杰荣:《论哲学境界所蕴涵的精神价值取向》,《理论探讨》2005 年第 4 期。

74. 陆杰荣《论哲学世界观的品格与命运》,《辽宁大学学报》1995 年第 5 期。

75. 陆杰荣:《马克思"新世界观"的现实性向度及其实质》,《中国社会科学》2007 年第 6 期。

76. 陆杰荣:《形而上学的当代构建及其现实意义》,《哲学研究》2007 年第 9 期。

77. 陆杰荣:《形而上学与境界》,中国社会科学出版社 2006 年版。

78. 陆杰荣:《哲学境界》,吉林教育出版社 1998 年版。

79. 罗素:《西方哲学史上卷》,何兆武、李约瑟译,商务印书馆 1976 年版。

80. 洛克:《人类理解论》,关文运译,商务印书馆 1997 年版。

81. 洛维特:《从黑格尔到尼采》,李秋零译,生活·读书·新知三联书店 2006 年版。

82. 马尔库塞:《单向度的人》,刘继译,上海译文出版社 2008 年版。

83. 马克思:《1844年经济学哲学手稿》,人民出版社2000年版。

84.《马克思恩格斯全集》第1卷,人民出版社1995年版。

85.《马克思恩格斯全集》第25卷,人民出版社1974年版。

86.《马克思恩格斯全集》第27卷,人民出版社1972年版。

87.《马克思恩格斯全集》第2卷,人民出版社1957年版。

88.《马克思恩格斯全集》第3卷,人民出版社1960年版。

89.《马克思恩格斯全集》第40卷,人民出版社1982年版。

90.《马克思恩格斯全集》第42卷,人民出版社1979年版。

91.《马克思恩格斯选集》第1卷,人民出版社1995年版。

92.《马克思恩格斯选集》第2卷,人民出版社1995年版。

93.《马克思恩格斯选集》第3卷,人民出版社1995年版。

94.《马克思恩格斯选集》第4卷,人民出版社1995年版。

95. 马克斯·舍勒:《哲学与世界观》,曹卫东译,上海人民出版社2003年版。

96. 欧阳康、张明仓:《马克思本体论批判的价值取向及其当代意义》,《中国社会科学》2002年第6期。

97. 欧阳康:《本体论的兴衰与哲学观念的变革》,《天津社会科学》1997年第2期。

98. 任平:《当代视野中的马克思》,江苏人民出版社2003年版。

99. 萨特:《存在主义是一种人道主义》,周煦良、汤永宽译,上海译文出版社2008年版。

100. 叔本华:《作为意志和表象的世界》,石冲白译,商务印书馆1982年版。

101. 孙伯鍨、张一兵:《走进马克思》,江苏人民出版社2001年版。

102. 孙利天:《生存论的态度与本体论的理解》,《社会科学战线》2001年第2期。

103. 孙利天:《哲学为什么没有被遗忘》,《天津社会科学》2005年第2期。

104. 孙正聿:《解放何以可能——马克思本体论革命》,《学术月刊》2002 年第 9 期。

105. 孙正聿:《历史唯物主义的真实意义》,《哲学研究》2007 年第 9 期。

106. 孙正聿:《历史的唯物主义与马克思主义的新世界观》,《哲学研究》2007 年第 3 期。

107. 孙正聿《孙正聿哲学文集》第 6 卷,吉林人民出版社 2007 年版。

108. 孙正聿:《孙正聿哲学修养十五讲》,北京大学出版社 2004 年版。

109. 孙正聿:《哲学通论》,辽宁人民出版社 2000 年版。

110. 陶德麟、汪信砚:《马克思主义哲学的当代论域》,人民出版社 2005 年版。

111. 王国坛:《面向事情本身的哲学追求——读陆杰荣〈形而上学与境界〉》,《哲学研究》2007 年第 3 期。

112. 王国坛、王东红:《在实践基础上实现人与自然的和解》,《哲学研究》2009 年第 5 期。

113. 王海锋:《如何理解作为哲学的世界观》,《社会科学辑刊》2009 年第 6 期。

114. 王南湜:《论马克思主义哲学中的理想性与现实性的界分》,《中国社会科学》2007 年第 5 期。

115. 维特根斯坦:《逻辑哲学论》,九州出版社 2007 年版。

116. 文德尔班:《哲学史教程》下卷,罗达仁译,商务印书馆 1993 年版。

117. 吴晓明:《论马克思对现代性的双重批判》,《学术月刊》2006 年第 2 期。

118. 吴晓明:《形而上学的没落》,人民出版社 2006 年版。

119. 吴晓明:《重估马克思哲学革命的性质与意义》,《复旦学报》2004 年第 6 期。

120. 夏甄陶:《哲学应该关注人与世界的大关系》,《哲学研究》1995 年第 9 期。

121. 亚里士多德:《亚里士多德选集形而上学卷》,苗力田译,中国人民大学出版社 2000 年版。

122. 杨耕:《为马克思辩护》,黑龙江人民出版社 2002 年版。

123. 杨学功:《超越哲学同质性神话》,《复旦学报》2005 年第 2 期。

124. 杨祖陶:《德国古典哲学逻辑进程》,武汉大学出版社 1993 年版。

125. 叶秀山:《哲学要义》,世界图书出版公司 2006 年版。

126. 叶秀山:《哲学作为哲学——对哲学学科性质的思考》,《中国社会科学》2005 年第 6 期。

127. 叶秀山:《中西智慧的贯通》,江苏人民出版社 2002 年版。

128. 衣俊卿:《关于马克思学说的双重解读》,《学术研究》2001 年第 12 期。

129. 俞吾金:《当代哲学关于人的问题的新思考》,《人文杂志》2002 年第 1 期。

130. 俞吾金:《从康德到马克思》,广西师范大学出版社 2004 年版。

131. 俞吾金:《马克思对物质本体论的扬弃》,《哲学研究》2008 年第 3 期。

132. 张传开、干成俊:《马克思哲学在何种意义上是科学——兼论马克思对近代哲学世界观的批判》,《马克思主义研究》2008 年第 3 期。

133. 张盾:《黑格尔对康德哲学的批判和超越——从马克思哲学的视角看》,《哲学研究》2008 年第 6 期。

134. 张盾:《马克思主义哲学研究应以现代性作为问题的背景》,《求是学刊》2005 年第 1 期。

135. 张汝沦:《马克思的哲学观和"哲学的终结"》,《中国社会科学》2003 年第 4 期。

136. 张世英:《新哲学讲演录》,广西师范大学出版社 2004 年版。

137. 张曙光:《马克思主义哲学研究应有的现实性与超越性——一种基于人的存在及其历史境遇的思考与批评》,《中国社会科学》2006 年第 4 期。

138. 张一兵、蒙木桂:《神会马克思——马克思哲学原生态的当代阐释》,中国人民大学出版社 2004 年版。

139. 张一兵:《文本的深度耕犁——西方马克思主义经典文本解读》,中国人民大学出版社 2004 年版。

140. 张志伟:《西方哲学十五讲》,北京大学出版社 2004 年版。

141. 张志伟:《西方哲学问题研究》,中国人民大学出版社 1999 年版。

142. 赵敦华:《西方哲学简史》,北京大学出版社 2001 年版。

143. 赵敦华:《现代西方哲学新编》,北京大学出版社 2001 年版。

144. 赵广明:《理念与神》,江苏人民出版社 2004 年版。

145. 邹诗鹏:《当代哲学的本体论转换与马克思哲学的当代性》,《江海学刊》2001 年第 2 期。

146. 陈丽杰:《代价论与人的发展》,《社会科学辑刊》2004 年第 4 期。

147. 陈丽杰:《论以人为本思想与社会主义和谐社会的构建》,《社会科学辑刊》2006 年第 2 期。

148. 陈丽杰:《论马克思主义人的发展理论的当代发展》,《社会科学辑刊》2007 年第 1 期。

149. 陈丽杰:《亚里士多德关于人的本质思想的理路探究》,《学习与探索》2008 年第 3 期。

150. 陈丽杰:《问题哲学与哲学问题辨惑》,《社会科学辑刊》2009 年第 6 期。

151. 陈丽杰:《马克思"新世界观"实质——从"世界观哲学"演进的视角》,《社会科学辑刊》2011 年第 1 期。

152. 陈丽杰:《古希腊本体论"世界观哲学"特性探析》,《社会科学辑刊》2012 年第 5 期。

153. 陈丽杰:《试析古希腊人学思想》,《辽宁大学学报》2009 年第 5 期。

154. 陈丽杰:《马克思"新世界观"的当代意蕴》,《理论界》2010 年第 10 期。

155. 陈丽杰:《统筹兼顾思想的哲学解读》,《理论界》2009 年第 6 期。

156. 陈丽杰:《论以人为本与制度创新》,《理论界》2012 年第 10 期。

附录　近年发表的相关论文

问题哲学与哲学问题辨惑*

[摘要] 一个理论的危机必然来自该理论内部的矛盾和外部理论的否定。问题哲学是当哲学自身存在成了问题时的一种表述,它的直接原因来自现代哲学及后现代哲学对传统哲学的批判、拒斥、消解和结构;它的深层原因则与哲学的问题密切相关。哲学所有的问题因为人的存在而存在,因为哲学的危机与困境源自人,哲学的困境与危机也终需人的思考和回答。

[关键词] 问题哲学;哲学问题;辨惑

问题哲学是当哲学自身存在成了问题时的一种表述,它的直接原因来自现代哲学及后现代哲学对传统哲学的批判、拒斥、消解和解构,也就是哲学界常说的哲学危机、哲学困境与哲学终结;它的深层原因则与哲学的问题密切相关。哲学危机和哲学困境是人对自身前途与命运的担心和焦虑的表现,也是人观世界后的一种思想表达。哲学危机和哲学困境来自哲学自身关注问题的缺失和外部理论的否定。由于哲学关注的问题不再是哲学曾经时的独有,并且哲学也无法对其关注问题给出统一的答案和规定,因而哲学在一些人眼中成了空谈和异想天开,哲学的困境与危机也随之产生。哲学的危机与困境源自人,哲学的困境与危机也终需人的思考和回答。这样的思考与回答尽管多种多样,但每一种答案既可能为后来新的答案提供批判的标靶,也可能是人超越自身的宝贵的精神财富。

---

* 该文发表在《社会科学辑刊》2009 年第 6 期。

一 问题哲学——哲学问题缺失带来的问题

一个理论的"危机"必然来自该理论内部的矛盾和外部理论的"否定"。现代哲学对传统哲学的批判，特别是后现代哲学对传统哲学的"否定"、"消解"直接导致了"深爱"哲学、"关心"哲学的人对于哲学的"前途"和"命运"的担心和焦虑，这种"担心和焦虑"是对人类自身前途与命运的"担心和焦虑"，从这个意义让讲，"哲学危机"来自人的"担心和焦虑"。

人产生于自然，也超越于自然。哲学就是起源于人对自然的"惊异"，是人在"惊异"后的一种对智慧的热爱和追求，是人类面对自然对自身有限性的自觉与超越。当人类从自然中脱颖而出并拥有了理性、理智或自我意识之后，人类面对外部世界就有了"无限"的遐想与憧憬。在人与外部客观世界的关系中，人在有限的生命中追求着"无限"、"永恒"，在相对的条件中追求"绝对"、"大全"，在现实的环境下追求"理想"，在此岸的世界中追求"彼岸"。从根本上说，哲学理论表达的就是人类超越有限与无限、相对与绝对、现实与理想、此岸与彼岸之间界限的理想。哲学就是这种"理想"的理论表达和精神寄托。在哲学发展过程中，哲学试图以追求哲学意义上的"真实"来实现人类的那个"理想"。"真实"也成为哲学关注和揭示的最重要的"问题"。所谓的"哲学危机"与"哲学困境"就是因为传统哲学所揭示的"真实"不符合现实人的要求，或者说不能表达人在生成中的全部要求，从而引发现代人对传统哲学的"批判"与"否定"所致。

从哲学产生的那天起，哲学家们就一直以对"真实"的追求为己任。"哲学总是力求通过自身独特的方式表现人在不同阶段中的真实的规定。"[1]整个世界在人的理性思维中被划分为"真实"的世界与"虚假"的世界两个对立的部分，传统哲学就是在这种对立关系中寻求"真实"的世界。这一过程从古希腊一直持续到近代的黑格尔，而"真实"的内容也在这一过程中表现为"变换不定",整个哲学也在这种"变换"中不断发展。

在哲学的"真实"世界里,既要有感性的成分,更为重要的是要有理性的成分在其中,并发挥理性把握世界不可替代的作用。哲学的"真实"世界既是"寻求"、论证"真实"的过程,同时也是"去蔽"的过程。这个过程的结果在西方传统哲学中是以获得哲学意义上的"真理"而结束。从这个意义上讲,对"真理"的追求,构成了西方传统哲学发展的主线和哲学研究的核心内容。从柏拉图到黑格尔一直贯穿着对"真理"的追求精神,热爱真理,追求真理,甚至为真理而献身成为哲学家的精神旨趣。"哲学被称为真理的知识"。[2] 人把以理性对客观世界的"本真"或"真理"的认识称为"真",把人对主观世界意志活动的"本真"认识称为"善",而把人的主观世界与外部客观世界的"相融"、"相通"后的"本真"称为"美"。尽管真、善、美在形态上是有区别的,但三者都是一种"本质",或者说是"本真"、"真"。因此,西方传统哲学对"真理"的寻求过程也就是对"真"、"善"、美"的寻求过程。这个过程到黑格尔达到了顶峰,黑格尔认为人的"理性"是完全可以信赖的,"绝对精神"经过自身的多次辩证否定,在"绝对知识"中实现"真"、"善"、"美"的"统一"。

黑格尔之后的现代哲学对传统哲学"真实"的追求方法和追求理路持"否定"的态度。现代哲学认为,自柏拉图一直延续到黑格尔以来的传统哲学,将哲学的"真实"与"真理"等同起来,"真理"是"物理学"之后的一种知识形式,是"形而上"的"东西",从这个意义上讲,传统哲学就是"形而上学"。现代哲学认为,"形而上学"是以人的主观世界与外部客观世界的对立为前提,把人的存在置于外部客观世界存在的基础之上,从而造成了人的主体性的"缺失"。人的主观与客观的符合所认识的外部客观世界的"真实"是"理",而不是"在",是"知识",而不是"真在"。"理"是静态的,而"在"是动态的。对外部客观世界"理"的把握是自然科学的"领地",哲学理应对此"无语",哲学不是"科学的科学",哲学不是"科学的女皇"。这样,哲学被"逐出"自然科学的领域就是"理论的必然"。在哲学被"逐出"自然科学领域后,哲学在 20 世纪,因社会学、伦理学、心理学等学科的兴起与发展，又相继失去在这些领域的绝对"话语权"，哲学逐渐成了历史久远的"记忆"。现代哲学之后的后现代主义更是以另类的方式，跳出传统哲学的限制与束缚，对传统哲学进行更为彻底的批判，反对传统哲学对统一性和单一本质的追求，从对结构的认可转向"否定"、"消解"结构的态度。通过反对中心、否认本质、消解结构的论述，得出"哲学终结"的论断。当哲学失去了曾经拥有的"问题"和对关注"问题"发表言论的"权利"时，哲学自身的"存在"也就越来越成为"问题"。

二 "消解"哲学问题后的新问题

随着科技的发展和人类社会的进步，人们发现传统哲学对"真实"的追求越来越走向知识化、理性化，传统哲学"设计"并追求的虚幻抽象的人性"本体"并不能完全表达人在生成中的全部要求，对哲学的"拒斥"、"消解"与"否定"就成了必然。现代西方哲学在对西方传统哲学批判的同时，在生活世界的变革中寻求新的生活世界的根基，重新获得对生活世界的"哲学理解"。在哲学具体形态上表现为，从观念转向语言，从科学和理性转向文化，从逻辑转向体验或经验。在现代哲学及后现代哲学中，人们用完全不同的语言来谈论生命的意义和目的，许多可供选择的思想观念同时并存，哲学理论也相应地表现为多视角、多领域、多变化的"相对性"。哲学的地位受到严重的"冲击"，"哲学终结"、"哲学危机"引发的人"在世"的问题由此走向另一极端，即人陷入了失去确定思想的"根据"、选择思想的"标准"、评价思想的"尺度"后的"焦虑"之中。

现代哲学认为，在传统哲学中，人对人自身以及外部客观世界的"终极存在"、"终极解释"、"终极关怀"的追求和对人的理性的"绝对信仰"，导致人们把现象与本质、个别与普遍、偶然与必然对立起来，哲学强调了本质、普遍、必然的存在，而忽视了现象、个别、偶然的存在，传统哲学就是用"普遍性"压制了"个别性"。在传统哲学中，人的思想与行为的

"标准"被异化为某种绝对确定、不容置疑、不可改变、至高无上的"神圣形象"。这个"神圣形象"可能是永恒的本体、可能是"人化了的上帝"，还可能是"绝对理性"。面对各种"变异"的"神圣形象"，人无法做出"选择"，它是人一切"标准"的"标准"。对于这个"标准"的任何蔑视或置疑，都会像蔑视或置疑"上帝"一样而被视为离经叛道。人生活在"没有选择的标准的生命中不堪忍受之重的本质主义的肆虐"之中。现代哲学认为，人的"生命中不堪忍受之重"，就来自传统哲学的"本质主义的肆虐"。然而，现代人"消解"了"没有选择的标准的生命中不堪忍受之重的本质主义的肆虐"之苦，却陷入了"没有标准的选择的生命中不能承受之轻的存在主义的焦虑"。而这种被称为"存在主义的焦虑"源自现代人一种强烈的自我意识，即现代人个体价值观念的增强和"膨胀"。这种"存在主义的焦虑"是人的思想与行为失去了"根据"、"标准"和"尺度"后的焦虑，在现实生活中则表现为一种"存在的空虚"。"上帝死了"、"人是自己心灵的裁判者"、"人是自己的主人"。这种对"自我"的极度强调，对于他人来讲则意味着，人对他人可以不再承担任何责任。真理观的相对主义，价值观的多元主义，历史观的非决定主义，使得人们用以确定思想的"根据"、用以选择思想的"标准"、用以评价思想的"尺度"，都失去了绝对的意义。现代人陷入了"信仰的危机"、"形上的迷失"和"意义的失落"的"存在主义的焦虑"之中。

面对"本质主义的肆虐"和"存在主义的焦虑"这种两难的抉择，解除人的生存困境，寻找人新的"精神家园"，"对时代性的意义危机做出全面的反应、批判的反思、规范性的矫正和理想性的引导，这是哲学在当代的创造性的使命。"[3] 人具有自然与社会的双重属性，而人具有了社会性就有了一个人之为人的"意义"的问题存在。人的社会属性不是任何一种哲学理论能够"消解"、"拒斥"和"否定"的，人存在的意义当然也就不可"消解"、"拒斥"和"否定"。哲学作为人把握世界的一种理论表达，其价值与意义也同样是不可"消解"、"拒斥"和"否定"的。

三 研究哲学问题的意义

由于现代哲学，特别是后现代哲学"否定"了传统哲学完全依靠人的理性对世界"本质"和哲学的"真实"的追求，"否定"传统哲学思维，进而"否定"形而上学本身。哲学到底能给予人什么？哲学到底有没有存在的必要？哲学的出路在哪里？类似的疑问还有许多，但归根结底是源自人对哲学存在的价值与作用的疑问。

哲学是人的哲学。哲学是在人发展的不同历史阶段对人的本性自我意识的把握，也是一种"理论表达"。"哲学的秘密在于人"，哲学的价值与作用当然也在于人。哲学关注的问题从曾经的"包罗万象"到后来的逐渐"弱化"，是人类把握世界能力提高的必然结果，但哲学的价值与作用仍然存在。"诸科学在对其区域性范畴的无可逃避的假设中依然谈论着存在者之存在。……它们能够否认出自哲学的来源，但决不能摆脱这种来源。因为在诸科学的科学方式中，关于诸科学出自哲学的诞生的证物依然在说话。"[4]诸科学的发展对哲学关注问题的"分化"，使得哲学的价值与作用在现代阶段却表现得更为清楚和明晰，即哲学的理论价值与作用，并不在于直接为人类创造物质性的财富，更重要的是，哲学给予人的是精神上的"力量"和"满足"。现代哲学对传统哲学进行了猛烈的批判，后现代主义更是喊出了"哲学终结"的论断，但"终结"的只是传统哲学的形式，而不是哲学自身。就哲学自身而言，哲学关注的不是简单的看得见、摸得着的现实，而是"现象"背后的"真实"，哲学为了把握这种"现象"背后的哲学"真实"，总是把自己的目光投射到更远的地方，甚至是常人所无法"理解"的地方。哲学也正是因为有了这种"深远"和"深刻"才显示出其价值所在。

哲学按其本性属于反思性理论，它不同于对象性理论，不能直接解决生活中的具体问题。哲学解决的是人们的精神、观念、意识方面的问题，这是哲学的特殊功能。对于哲学的"功用"问题，罗素认为："教导人们在不能确定时怎样生活下去而又不致为犹疑所困扰，也许这就是哲学在我们的时代仍然能为学哲学的人所做出的主要事情了。"[5]中国近代著名国学大师王国维有过精辟的论述，并力挺哲学超越"功用"的学科价值。"天下有最神圣、最尊贵而无与于当世之用者，哲学与美术是已。……夫哲学与美术之所志者，真理也。"[6]"以功用论哲学，则哲学之价值失。哲学之所以有价值者，正以其超出乎利用之范围故也。"[7]王国维的哲学思想可能并不为世人所"传习"，但其对哲学"存在"的"意义"的认识，却值得当代中国人深思。

当人类社会淹没在商业化的大潮之中，人的价值、意义问题只是学院、讲坛评论的内容，现象成了生活关注的核心，当人的精神世界越来越表现为"平面化"、"表层化"的特点时，人超越自身、超越自然的渴望并没有因为对传统哲学关注问题的"拒斥"、"否定"与"消解"而丧失，哲学存在的价值与意义在"没有标准的选择的生命中不能承受之轻的存在主义的焦虑"时代，成为人的深切渴望，对哲学关注问题的深层次探究和对问题时代性重构就变得尤其重要，哲学存在的价值与作用也彰显得更为明晰。哲学史上的一切哲学流派的理论，都是人追求从"自在存在"到"自为存在"、从"本然"到"应然"的心底呼唤，其根本目的和价值都是"服务"于人的超越"规定"的本性。哲学就是要给人提供超越"规定"的思想解放，解开人思想上的一切束缚，直至实现人的真正的"自由"。正如海德格尔所指出的："思的任务就应该是：放弃以往的思想，而去规定思的事情。"[8]从这个意义上讲，哲学就是一种超越与创造。人与动物相比，人之为人贵在超越与创造，而哲学精神贵在超越与创造。理解人需要理解和把握哲学，理解了哲学就理解和把握住了人。

四　哲学的问题在路上

哲学意义上的"哲学危机"并不为现代哲学所独有，可以说从哲学产生以来就一直在"危机"之中。古希腊自然哲学遭到智者学派的相对主义、怀疑主义和功利精神的挑战，出现了第一次哲学危机；在罗马时期，希腊哲学被罗马官方哲学家在道德上的虚伪说教，造成了哲学的第二次危机；中世纪后期，经院哲学随着"千年王国"的衰落，哲学的相对主义和怀疑主义流行，哲学的功能和信誉下降，哲学有了第三次危机。只是曾经的几次哲学危机都是哲学关注对象的"转移"，而不是哲学关注问题的"缺失"。哲学关注的问题仍为哲学"所有"，传统哲学思维方式之外没有产生新的哲学思维方式，也没有外部理论的"彻底否定"。因此"危机"之后总会是哲学在新的基础上的"繁荣"与"发展"。

对于现代哲学及后现代主义语境中的"哲学终结"的语意，需要做认真的梳理与解读。其实，"终结"不意味着"完结"，也不是彻底的"退出"和"消亡"。恩格斯在对德国传统哲学批判后就提到，"哲学在黑格尔那里终结了：一方面，因为他在自己的体系中以最宏伟的形式概括了哲学的全部发展；另一方面，因为他（虽然是不自觉地）给我们指出了一条走出这个体系的迷宫而达到真正地切实地认识世界的道路。"[9]海德格尔在谈到"哲学终结"时，其"终结"的含义也不是消极意义上的"消亡"，而是一种完成状态。正如海德格尔所说："终结一词的古老意义与位置相同：从此一终结到彼一终结，意思即是从此一位置到彼一位置。哲学之终结是这样一个位置，在那里哲学历史之整体把自身聚焦到它的最极端的可能性中去了。作为完成的终结意味着这种聚集。"[10]"哲学终结"只是哲学又站在新的"聚集"的"位置"，寻找人自身存在的意义所在，并为人提供存在意义的"路标"。

现代哲学表现出来的转变，就其实质说是哲学思维方式的根本性变革，也就是对待人和人与世界关系的根本态度和根本方式的变革。随着哲学思维方式的转变，哲学的对象、主题、功能、方法都跟着发生了相应的变化。现代哲学"否定"的是传统哲学中那种形而上学本体论的理论形式，并非是哲学本身。也就是说，现代哲学并不是以现代的观点去回答传统哲学的问题，而是哲学问题本身就已经改变。"所有这一切变化，归根结底不过表明现代人发生了变化，它已成长壮大，人不但有力量用自己的双手去创造自己的'伊甸园'，而且有信心自己支配自己的命运。"[11]

　　尽管哲学所关注的问题在不同的历史条件下可能发生形态上的变化，但古人的问题与现代人的问题，在根本上讲是相通的，哲学的问题是永恒无解的，古人的问题仍然是现代人的问题。无论对哲学持何种否定态度，都无法弱化哲学的存在根据。无法否定人的存在，就无法否定哲学的存在。哲学的意义不在于知识而在于问题。哲学的意义在于不像科学那样为我们提供某种确定的知识，解决一些具体问题，而是为我们提供一种改善生存状况的力量。"哲学史从来不是某种线性的、知识积累的历史，哲学呈现给我们的是通往永恒无解的问题的许许多多不同的道路，尽管没有哪条能够通达彼岸，但是我们注定要去寻找或选择一条属于我们自己的路。""正如海德格尔所说，哲学之运思永远在路上。"[12]

参考文献

[1] 陆杰荣：《哲学境界》，吉林教育出版社 1998 年版，第 58 页。

[2]《亚里士多德全集》，中国人民大学出版社 1993 年版，第 27 页。

[3] 孙正聿：《哲学修养十五讲》，北京大学出版社 2004 年版，第 318 页。

[4][8][10] 海德格尔：《面向思的事情》，商务印书馆 1999 年版，第 72、89、69—70 页。

[5][英] 罗素：《西方哲学史》上卷，商务印书馆 2007 年版，第 13 页。

[6][7] 王国维：《王国维文选》，百花文艺出版社 2006 年版，第 54、218 页。

[9]《马克思恩格斯选集》第 4 卷，人民出版社 1972 年版，第 216 页。

[11] 高清海：《哲学憧憬》，吉林大学出版社 1995 年版，第 27 页。

[12] 张世伟等：《西方哲学问题研究》，中国人民大学出版社 1999 年版，第 6 页。

马克思"新世界观"实质
——从"世界观哲学"演进的视角[*]

[摘要] 传统哲学的世界观以预设的"本体"作为解释世界的根据、借助形而上学的抽象思维而确立。然而，内在于意识之中的"哲学"所信守的那种不变的"世界观"解释，在面对意识之外不断变化的现实世界时，客观上必然引发哲学的"世界观"发生变化。马克思"新世界观"超越了传统"世界观哲学"的局限，它从人的自身生存活动中去寻求人的活动的价值与意义的根据的理论尝试，是对人与世界存在与变化的现实的、科学的、历史的回答，它实质上已经根本不再是"哲学"，而只是"世界观"了。

[关键词] 马克思；新世界观；世界观哲学

在哲学演进的历史与逻辑中，哲学作为关于人与世界关系的理论表达，一直具有"世界观"的一般属性，尽管在相当一段时间内，哲学理论之中没有"世界观"的概念，但哲学一直以"本体论"的形式为人类承担着对"整体"、"无限"的世界做出"终极解释"的任务，本体论哲学与"世界观"也就具有了内在的通约性。"世界观哲学"也因此可以看作是人以反思方式对世界终极性存在的确认、理解的理论表达。然而，内在于意识之中的"哲学"所信守的那种不变的"世界观"解释，在面对意识之外不断变化的现实世界时，客观上必然引发哲学的"世界观"发生变化。"世界观哲

---

*该文发表在《社会科学辑刊》2011年第1期，被评为鞍山市第三届哲学社会科学优秀成果政府奖三等奖。

学"一次次否定曾经的"解释"并返回"原初",走入了循环解释的"怪圈"。马克思"新世界观"超越了传统"世界观哲学"的局限,开启了现代哲学发展的新途径。

一　"世界观哲学"的发展理路

尽管在哲学产生之初,并没有"世界观"的概念,但"世界观"的思想却一直内含在所有早期哲学理论之中,并与人的意识活动密切相连且指向"人"生成与存在的"世界"。在整个传统哲学阶段,尽管各个时代的哲学家对哲学的定义给出了各种各样的回答,但不可否认的是,人是生活于世界之中的人,人的生存依赖世界。无论哲学领域怎样分化、怎样扩大、怎样变化,人对"世界"自身的认识始终是哲学的基础部分,"哲学"本身一直面对着"世界",内含着一个"观世界"的解释。所以,才有哲学家认为"历史地看,哲学与世界观其实是一回事儿,所有的重要哲学归根到底都是一种世界观"[1],"哲学按其概念便是世界观哲学"[2]。而马克斯·舍勒在论述"哲学与世界观"时认为:"世界观哲学一词仅意味着有关对人类而言保持恒定不变,但相互之间又变换不断的所有世界观的哲学。"[3] 从舍勒的这段话可以看出,"世界观哲学"所理解的世界实质是将客观世界看作是永恒的、不变的世界,而"世界观哲学"就是人借助反思方式对世界终极性存在的确认与理解,从根本上解释人与世界存在与变化的理论表达。

在古代本体论哲学阶段,"世界观哲学"从人自身之外寻找整体世界的根据,认为人肉眼所看到的世界是现象世界,而在现象世界之后的"本体",终极性地决定世界万物的存在与变化。因此,"世界观哲学"的根本目标就是寻找并确定人理想中的"本体",并以这个预设的、永恒的、不变的、绝对的"本体"解释世界上的其他存在,隐匿于哲学本体论之中的"世界观"与哲学牢固地联系在一起,如宗教神学式地统领着人的认识。近代自然科学的发展,提升了人的自我意识。人在对外部世界的普遍性、规律性、根本性的知识问题进行确证的同时，对"自我"的认识能力、认识原则、认识方法予以更为深刻的考察。从笛卡尔确立"我思故我在"的原则开始，近代知识论将人的思维与存在剥离开来，从而将世界划分为主体与客体相对立的二元世界。而近代知识论哲学在对认识主体进行考量中，因为认识主体在认识世界问题上的出发点不同，即对人的感性认知能力在把握世界问题上的作用理解不同，又造成了感性与理性的对立，形成了哲学上的唯理论与经验论分歧。然而，不管是唯理论还是经验论，都不仅仅是完全如古代哲学那样抽象地"观"世界，而是把目光相对多地投向了人，强调主体与客体的符合从而保证知识的有效性。这样，知识论哲学的"世界观"开始打上了"自我"的烙印，并增加了人的感性因素的成分。德国古典哲学是越来越趋向对人的理性认知能力空前自信的哲学，同时也是对人的历史性、现实性予以思辨思考的哲学。康德首先将人的理性对世界本体的思考导向了实践，并确定了"实践理性"高于"理论理性"的原则，从而也就确定了人在现实世界自由行动的合法性，是对人的理解上的重大进步。黑格尔确立客观的"绝对精神"为世界的最高存在，又以辩证法将历史现实融入"绝对精神"的自我异化、自我扬弃、自我实现的过程之中，并把人对世界的认识所形成的知识直至"绝对知识"看作是与"绝对精神"同一的过程。这样黑格尔就以辩证法化解了现象世界与本体世界的对立，实现了主观与客观、主体与客体的抽象统一。可以说，黑格尔哲学既预设了一个完满的"本体"——"绝对精神"，又以辩证法解释了人的历史与现实，从而将传统哲学推向了最高峰。然而，费尔巴哈认识到了黑格尔思辨哲学的抽象性，其本质是"变相"的神学，在他看来，"未来哲学应有的任务，就是将哲学从僵死的精神境界重新引导到有血有肉的，活生生的精神境界，使它从美满的神圣的虚幻的精神乐园下降到多灾多难的现实人间"[4]。可见，费尔巴哈是希望把人对现实感性世界的真实描述规定为哲学任务，他也因此把自己的哲学称为人本主义，从而将哲学进一步导向人的现实生活，为马克思"新世界观"的创立提供了重要的理论"内核"。

总之，传统"世界观哲学"所认识的世界是抽象的本体世界。这个世界的形成与发展是由概念逻辑推导出来的"世界"，这与人生活的现实的、具体的世界相去甚远。

二 "世界观哲学"的困境

现代哲学认为，传统哲学力图真实地理解和把握"无限"、"大全"和"绝对"的世界，是"本体论"的思维方式，从而在理论上造成了"人"的"现实性"、"历史性"的缺失。这种本体论"世界观哲学"的主要功能是追求对"世界"的终极解释，无法真实地体现人的价值与意义，遭到了现代哲学的"否定"、"消解"和"拒斥"。其中最有代表性的是分析哲学（科学主义）和存在主义（人本主义）的哲学观点。

维特根斯坦是分析哲学的典型代表。他认为传统哲学追求的本体论问题是永恒无解，也是没法证实的理论，哲学应该学习科学，以科学的实证精神超越传统哲学以服务人的现实。维特根斯坦前期思想与后期思想截然不同。前期维特根斯坦注重对语言进行逻辑分析，认为科学面对的是表象世界，其命题是可思、可表达的，而传统哲学中的大部分命题超出了语言描述的范围，是不可思、不可表达的，因而也是无意义的。他在《逻辑哲学论》序言中明确指出："本书将为思维划定一条界线……这种界线只能在语言中划分，而在界线那一方面的事情，就简直是无意思的。"[5]认识与把握世界属于科学的任务，哲学的任务不是发现整体世界的本质特征，而在于逻辑地阐明思想，使本来似乎是模糊不清的思想清晰和界线分明。在维特根斯坦后期哲学思想中，他的哲学理论发生了重大变化。认为哲学是使语言离开其形而上学用法而重新回到日常用法，强调语言在人类生活世界的使用，而哲学"是一场以语言为手段对我们理智的困惑所进行的战斗"[6]。如果说维特根斯坦前期哲学思想虽然"否定"传统"世界观哲学"，但仍为他所确认的形而上学保留一个特殊的地位，那么在其后期哲学思想中则完全否定了形而上学的超越性。总的来看，在维特根斯坦的哲学理论中，他否定了传统"世界观哲学"的思维方式，改变了哲学的主题、旨趣和方式，但是他的理论仍然是一种哲学的主张，并不是彻底"消灭哲学"，只是用一种哲学代替了本体论的"世界观哲学"（形而上学）。尽管维特根斯坦本人竭力回避使用"世界观"这个词语，这"很可能是因为世界观与形而上学有关，世界观宣称，它的真理能够揭示事物的本质（这至少是世界观概念的一种解释）"[7]，但仔细分析他的哲学我们会发现，"维特根斯坦哲学不是要无休止地追寻实在本身，而是要帮助我们思考与人类世界打交道的方式"[8]。基于这种认识，诺格尔给维特根斯坦哲学起了一个新的名字——"语言世界观"。

人本主义与科学主义思潮一样，反对传统"世界观哲学"的绝对主义、理性主义、本质主义。但与实证主义等科学主义思潮不同的是，人本主义哲学一般并不反对研究"存在"，而是反对研究与人的现实存在没有关系的"终极存在"。存在主义大师海德格尔认为，哲学的根本任务和使命是思考人类生存活动的最根本性的问题，这就是"存在"或"存在"的真理。而传统"世界观哲学"没有思考"存在"，却是在思考"存在者"。而他认为："世界观是关于存在者的设定性认识，是对存在者的设定性表态，它不是存在论的（ontologsch），而是存在者的（ontisch）。"[9] 海德格尔这里所说的世界观的"设定性"的问题，其实就是对传统"世界观哲学""预设"世界本体来解释世界的根本否定，他形象地比喻称："世界观哲学这个概念就是木制的铁。"[10] 而哲学不应该像实证科学那样回答具体事物的"知识性"问题，它不是思考具体"存在者"是什么，而是思考全体"存在者"为什么是（存在）和怎样是（存在）的问题，即事物为什么是这样和怎么会是这样。他提出一连串问题："我们应当从哪种存在者掇取存在的意义？我们应当把哪种存在者作为出发点，好让存在开展出来？出发点是随意的吗？抑或在拟定存在问题的时候，某种确定的存在者就具有优先地位？这种作为范本的存在者是什么？它在何种意义上具有优先地位？"[11] 海德格尔在这里所说的这种能够作为出发点且具有优先地位的存在，就是"此在"，即人的存在。"此在"是人的生存状态，是能够观察、体验、理解、选择、回答、解答问题的存在者。人所关注的"世界"应是与"此在""共世"的意义世界，而不是脱离人的生存的"自在世界"。从海德格尔的哲学思想看，他否定了传统"世界观哲学"思维方式，转向以人（"此在"）为核心，并"把人的生存状态作为哲学研究的主要对象，对后来整个人本主义哲学的发展具有导向性作用。整个人本主义哲学的延续和发展，就是把本体论式的意向性追求投向人自身，去探寻人的生存活动中那些最为基础最为根本的东西……"[12] 这与传统"世界观哲学"思维方式不同，体现了现代哲学对人的主体地位的认同。

　　总之，现代哲学不再直接去思考"无限"、"大全"和"绝对"的世界，而是以人的现实视域，在时间的"绵延"中、在文化历史的延续中、在人与世界的现实关系中认识理解世界。现代哲学提出的"哲学终结"并不是指彻底地消灭哲学，而是一种哲学的完成，是传统"世界观哲学"（本体论哲学）的终结。海德格尔认为："终结一词的古老意义与位置相同：从此一终结到彼一终结，意思即是从此一位置到彼一位置。哲学之终结是这样一个位置，在那里哲学历史之整体把自身聚焦到它的最极端的可能性中去了。作为完成的终结意味着这种聚集。"[13] 即"哲学终结"只是哲学又站在新的"聚集"的"位置"，寻找人生在世的意义，并为人在世界中生存活动提供"路标"。

三　马克思"新世界观"的实质

　　马克思的"新世界观"完全不同于以往传统哲学的世界观。传统哲学的世界观是建立在本体论基础之上，以预设的"本体"作为解释世界的根据，借助形而上学的抽象思维而确立的。一旦将这样的"世界观"还于现实世界、现实社会之中，"世界观"的图景就会面目全非。"新世界观"的主体是"现实人"、"实践活动的人"，"新世界观"中的"世界"不是把外在的、抽象的、设定的世界作为其所"观"的对象或客体，而是与人密切相关的现实的处于生成状态的"属人世界"。从这个意义上讲，"新世界观"是人借助自身的眼光，从人的自身生存活动中去寻求人的活动的价值与意义的根据的理论尝试，是对人与世界存在与变化的现实的、科学的、历史的回答，因此成为人类正确处理人与自然、人与社会、人与自我意识关系的"理论武器"。它实质上已经根本不再是"哲学"，而只是"世界观"了。明晰马克思"新世界观"不再是"哲学"，笔者主要从两者在"现实性"向度和世界观"构成因素"方面的不同，阐释"新世界观"为什么不再是"哲学"，而只是"世界观"了。

从"世界观哲学"的演进来看，哲学脱胎于神话，是人试图以理性思维科学地真实地认识、理解、把握世界的理论表达。然而，"世界观哲学"中所预设的、永恒的、绝对的"世界本体"就如同宗教神学设定的"上帝"或神一样，高悬于人的现实世界之外，构成了人类解释世界的"终极根据"。"世界观哲学"从产生伊始就一直具有与宗教神学相似的神学品性。传统本体论哲学的最高代表柏拉图和亚里士多德在各自的"世界观哲学"中都有一个"理性神"（终极存在）作为解释世界的终极原因、终极根据，实际上暗含着对超感觉世界的承认，其"世界观哲学"最终都走向了神学；"近代哲学家们在论证他们的学说时，最终还是离不开少不了神或上帝，而且把它置于自己构造的体系的顶端，作为自己体系的支撑或起点。"[14] 这一点在唯理论中表现得尤为明显。近代哲学家们正是从知识论的理性主义出发，"用理性的尺度宣告了资本主义的永恒性和普遍性，构建了资本主义现代性的诸种神话模式"[15]。德国古典哲学的代表黑格尔把"绝对精神"视同上帝一样"创造"世界，实质是把"上帝"理性化，把神学理性化，他也就是把哲学神学化。因此可以说，在整个传统"世界观哲学"发展的过程中，哲学对世界的理解与把握始终具有神学的品性，带有神秘主义的色彩，而无法实现"科学"认知世界的目的。传统"世界观哲学"以否定人的现实的、感性的生活世界的真实性为前提，以给人提供适用于世界发展进程各个历史时代的"药方或公式"为目的，它所勾画的"世界图景"仅仅存在于人的内在意识之中，脱离了实际，与人所生活的现实世界完全不同，也不能真正触动、改变现实世界，仅仅是置留于人的想象之中的精神"教条"，无法帮助人实现"现实存在"向"理想存在"的跨越。传统"世界观哲学"的发展也因此构成了循环解释世界的"怪圈"，成了不折不扣的"解释哲学"。

传统"世界观哲学""现实性"的缺失遭到了马克思的彻底批判和根本否定。为了表达自己的"新世界观"与传统"世界观哲学"的区别，强调哲学与现实的关系，马克思在《〈黑格尔法哲学批判〉导言》中，提出了"消灭哲学"的命题。马克思认为，"德国人民必须把自己这种梦想的历史一并归入自己的现存制度，不仅批判这种现存制度，而且同时还要批判这种制度的抽象继续。"[16]针对德国的"实践派"哲学家们提出的"否定哲学"的要求，马克思认为，他们提出这一要求是正当的，但却没有认真实现这一要求。马克思强调，"你们不使哲学成为现实，就不能够消灭哲学[17]"。"哲学不消灭无产阶级，就不能成为现实；无产阶级不把哲学变成现实，就不可能消灭自身。"[18]恩格斯对于传统"世界观哲学"也有过相近的表述，他认为，"哲学在黑格尔那里完成了：一方面，因为他在自己的体系中以最宏伟的方式概括了哲学的全部发展；另一方面，因为他（虽然是不自觉地）给我们指出了一条走出这些体系的迷宫而达到真正地切实地认识世界的道路"[19]。从恩格斯的这段论述可以看出，传统"世界观哲学"既是一个"体系的迷宫"，又在黑格尔那里完成了"终结"，而真实认识世界的"道路"已经"隐现"在其中。这条道路就是马克思提出的面向现实世界，从"现实的人"出发，以人的实践活动为基础认识世界、改变世界，以实现人的自由全面发展为根本使命的"新世界观"的理论规定。马克思明确指出："意识在任何时候都只能是被意识到了的存在，而人们的存在就是他们的现实生活过程。"[20]而"任何深奥的哲学问题……都可以十分简单地归结为某种经验的事实。"[21]正是以人的存在的"现实生活过程"为基础解释人的意识及人与自然、人与社会的关系，"新世界观"也因此走出了传统"世界观哲学"一直置困于"迷宫"之中的困境，将颠倒的思维（意识）与存在（物质）的关系重新"颠倒"过来，"新世界观"与传统"世界观哲学"相比表现出独特的现实性、实证性、历史性。因此可以说，"马克思的新世界观从实质上说已经根本离开了哲学的基础，已经彻底离开了一般的哲学的前提，在这个意义上可以界定，马克思的新世界观已经不再是哲学"[22]。

从世界观的确立上看，世界观的构成既有"主体性"的因素，也有"客体性"的因素，以及主体与客体相关联的历史性因素。如果按中文语意理解"世界观"的含义，"观"是人的能力，世界观是人"观"世界的理论表达。因此，世界观必然要体现主体的视角、精神旨趣和价值取向，体现出世界观的"主体性"因素；"世"是人所面对"世界"的总体境况，是"观"的对象，体现着世界观的"客体性"因素；"界"是人"观""世界"的"界面"，是人"观""世界"的限度，体现的是主体与客体的关联度，体现的是世界观的"历史性"因素。传统"世界观哲学"没有认识到人与"世界"（属人世界）的生成性特点，试图以预设的、不动的"世界本体"为终极根据解释人所生活的整体世界（自在世界），没有体现世界观的"界"，即"历史性"的构成因素。黑格尔哲学中有了"界"的设定，但它所设定的"界"是"绝对精神"在现实中自我显现的"界"，不是随着现实的主体生成不断发展所"观""世界"的"界"。因此，以这样的"世界观"解释世界，仍然是内在意识范围内的"解释哲学"。"界"的存在是不可辩解的事实，也是人的理想精神、超越精神、创造精神即"形而上"本性超越现实的体现。然而传统"世界观哲学"却以绝对的理想化、超验化、抽象化的"本体"遮掩了"界"的存在，最终丧失了"改变世界"的功能和作用，沦为哲学家们对世界的虚幻的设想。马克思"新世界观"以人的生成性特点为依据，体现了主体现实层面上的价值追求和意义追问，完整体现了世界观确立的"主体性"因素、"客体性"因素和"历史性"因素，科学地回答了人与世界的历史发展。从这个意义上讲，马克思的"新世界观"与传统"世界观哲学"不同，它"根本不再是哲学"，而只是"世界观"。按"新世界观"具有的"历史性"因素理解，任何将其"本体论"倾向的解读都是片面的。

然而，从哲学与世界观的关系上来看，由于马克思的"新世界观"仍然具有"世界观哲学"的理想精神、超越精神和反思批判精神等特点，仍然为人提供真实理解"世界"的哲学思维方式，并以反思方式为人"勾画"关于"世界"的理想图景，从这个意义上说，它仍然是一种"哲学"。因此，也不能将"新世界观"等同于科学。如果说传统"世界观哲学"以永恒不变的"本体"为依据解释世界，是"以不变应万变"，那么马克思的"新世界观"就是以人的生成性特点理解认识"世界"，就是"以变应变"，追求的是"实事求是"地把握世界。这里的"是"是"规律"，而它的根据是"实事"，即不断变化着的人与世界。因此，教条式地解读"新世界观"也是错误的。

"新世界观"把关注的目光从抽象王国返回了现实世界，克服了旧唯物主义和唯心主义的抽象对立，解决了主观与客观、主体与客体的统一问题，实现了由"解释世界"向"改变世界"的世界观思想的历史性变革。如果说传统"世界观哲学"是将"世界观"置留在"哲学"之中，将"哲学"看作是人对"世界"的终极解释，其实质是世界观的哲学，那么马克思的"新世界观"则是将"世界观""归还"给现实的处于生成发展状态的人，将"哲学"视作人思考"世界"的一种方式，其实质是哲学的世界观。只是它不再是抽象的、亘古不变的、包罗万象的本体论的"世界观"，而是随着人与世界的变化而不断发展变化的"世界观"。

参考文献

[1][7][8] 大卫·K. 诺格尔:《世界观的历史》，胡自信译，北京大学出版社 2006 年版，第 149、167、181 页。

[2][9][10] 海德格尔:《现象学之基本问题》，上海译文出版社 2008 年版，第 7、13、13 页。

[3] 马克斯·舍勒:《哲学与世界观》，上海人民出版社 2003 年版，第 27 页。

[4]《费尔巴哈哲学著作选集》上卷，商务印书馆 1984 年版，第 120 页。

[5] 维特根斯坦:《逻辑哲学论》,商务印书馆 1962 年版,第 20 页。

[6] 维特根斯坦:《哲学研究》,商务印书馆 1996 年版,第 109 页。

[11] 海德格尔:《存在与时间》,生活·读书·新知三联书店 2006 年版,第 8—9 页。

[12] 欧阳康:《本体论的兴衰与哲学观念的变革》,《天津社会科学》1997 年第 2 期。

[13] 海德格尔:《面向思的事情》,商务印书馆 1996 年版,第 69—70页。

[14] 黄颂杰:《论西方哲学的宗教和神学之品性》,《哲学研究》2000 年第 9 期。

[15][22] 陆杰荣:《马克思"新世界观"的现实性向度及其实质》,《中国社会科学》2007 年第 6 期。

[16][17][18][20][21]《马克思恩格斯选集》第 1 卷,人民出版社 1995 年版,第 7、8、16、72、76 页。

[19]《马克思恩格斯选集》第 4 卷,人民出版社 1995 年版,第 220 页。

古希腊本体论"世界观哲学"特性探析*

[摘要] "世界观哲学"是人借助反思方式对世界终极性存在的确认与理解，从根本上解释人与世界存在与变化的理论表达。"世界观"的思想一直内含在所有早期古希腊哲学理论之中。古希腊本体论"世界观哲学"具有人与世界的同质性；解释世界的超验性；理性思维的至上性的特征。

[关键词] 古希腊；"世界观哲学"；特性

古希腊哲学是在否定原始宗教和神话中幻想意识的基础上产生的，其主要目的就是要说明现实世界存在与发展的原理和原因，也是人类早期科学的认识形式。尽管在古希腊哲学产生之初，并没有"世界观"的概念，但"世界观"的思想却一直内含在所有早期古希腊哲学理论之中，并与人的意识活动密切相联且指向"人"生成与存在的"世界"。换言之，古希腊哲学本身一直面对着"世界"，内含着一个"观世界"的解释。无论后来的哲学思想如何发展，人对"世界"自身的认识始终是哲学的基础部分。因此，大卫·K. 诺格尔认为，"历史地看，哲学与世界观其实是一回事儿，所有的重要哲学归根到底都是一种世界观"[1]，"哲学按其概念便是世界观哲学。"[2] 在马克斯·舍勒看来，"世界观哲学"所阐述的世界就是把客观世界看作是永恒的、固定不变的世界，表达的是人一劳永逸地理解与把握世界的精神诉求，他认为："世界观哲学一词仅意味着有关对人类而言保持恒定不变，但相互之间又变换不断的所有世界观的哲学。"[3] 所以，所谓的"世界观哲学"就是指人借助反思方式对世界终极性存在的确认与理解，从

---

*该文发表在《社会科学辑刊》2012 年第 5 期。

根本上解释人与世界存在与变化的理论表达。亚里士多德第一次明确地将哲学寻求的"世界终极性存在"称为"本体",并在《形而上学》中建立起比较系统的古代本体论体系。不论后世之人如何定义评价"本体论",本体论始终像一个不灭的"幽灵"一样挥之不去,正如奎因所认为的,"任何拒斥形而上学的哲学家都有自己的本体论承诺"。[4] 因此,对于如何定义"本体论"似乎就变成了一个无关紧要的"小问题",而如何把握本体论思维及古希腊本体论"世界观哲学"的特征却是任何赞成与反对"本体论"的人都必须认真思考和研究的重要问题。总的来看,古希腊本体论"世界观哲学"具有以下几个明显的特征。

一 人与世界的同质性

按照古希腊本体论"世界观哲学"的逻辑,"无中不能生有",世间万物必然是由一种或多种"有"或"存在"而来。万物(包括人)都是由它构成的,都是从它产生,最后又化为它。这也就是亚里士多德说的,实体始终不变,变换的只是它的形态。按照这种逻辑依次推理,古希腊人认为,最原始的那个"有"或"存在",应该是万物之源,是万物的元素,是"本原",是"始基"。人和万物具有共同的本原,都由"始基""生长"变化而来。从源初的性质看,既然人与世间万物是天然一体的,那么,"始基"和宇宙本原的性质也就决定了人的属性。而全部古代哲学从理解人与世界关系的问题上看,都可以归结为寻找宇宙的"始基"、"本原"的活动。对万物之源——"始基"的崇拜和追求成为古希腊本体论"世界观哲学"的主要特征。

回溯古希腊本体论"世界观哲学"会发现,古代哲人对"始基"的称谓有许多。从最初的"水"、"火"到"数"、"原子"、"四根"、"存在",再到柏拉图的"理念",亚里士多德的"实体",包括后来基督教哲学中的"上帝",可以说都是本体论"世界观哲学""万物寻宗"思想的结果。而各种各样本体论"世界观哲学"中的"始基"以及后来的"衍生"概念都具有以下几个特点。

第一，古希腊哲学家认为"始基"是不生不灭、超越时空的。古代哲学家一般都承认人与世界上的其他具体事物都处于生灭变化中。但这种变化只局限于感官世界的"现象"之中，而"始基"在人的感官世界之外，是绝对的、永恒的。把"存在"看作是世界"始基"的巴门尼德就宣称："存在者不是产生出来的，也不能消灭，因为它是完全的、不动的、无止境的。"[5]

第二，古希腊哲学家认为"始基"是完美无缺、不可分割的。尽管在宇宙万物的"始基"是一个或多个上存在不同的理解，有的认为"始基"是单一的，如水、火、气、存在等；有的认为"始基"是多个，如数、原子、元素等。然而，不论是认为宇宙"始基"是一个还是多个，几乎所有的古代哲学家都强调"始基"具有内在的完满自足、不可分割性。在他们看来，世间万物是从"始基"中产生出来的，但"始基"本身是连续且不可分割的，万物是获得了"始基"的规定才能够存在的。

第三，古希腊哲学家认为"始基"是无所不包、无所不在的。从数量上看，古代哲学的宇宙"始基"大致可以分为两种类型：一种在数量上表现为多，是最为细小的存在；一种是数量上为一，是至大无边的存在。"始基"具有无所不包、无所不能的潜能，内部藏有生成万物的种子，潜在地囊括一切、包含万物。古希腊哲学家阿那克西曼德认为："万物的本原是无限者……因为那化生一切的应当什么都不欠缺。"[6]中世纪宗教哲学，把"始基"无所不包的观念推到了登峰造极的地步，基督教神学所崇拜的宇宙创造者——上帝就是一个无所不能、无所不在、全善全能的"大全"之物。

总之，按照古希腊哲学家的设想，自然界怎样，人就怎样，人的一切本性都是"始基"赋予的。基于这种逻辑，人怎样，自然界就怎样。于是，一些热衷于探索宇宙"始基"的古希腊哲学家便把视点投向了"人"。"认识自己"也就成了哲学又一新的主题，哲学也就从最初的向外部自然世界寻找整个世界的"根据"转向对人的关注。因此有的学者认为，"至少从苏格拉底以后，西方哲学家即开始自觉寻求一种经过系统理论反思、具有明确目的和意义的理性生活，并力求用一种普遍的公共理性的观念构造秩序良好的政治和社会生活"[7]。

二 解释世界的超验性

从古希腊本体论"世界观哲学"理论关注的对象来看，哲学从产生之初就以独特的方式考察世界的整体性。哲学家们力求通过对世界整体性、根本性、普遍性问题的认识与把握，解开人们感官世界中的其他问题。哲学关注对象的特殊性决定了哲学理论中的概念，并不是如一般经验概念那样从感觉经验中概括出来的，而且人类也不可能在穷尽一切感觉经验之后，再概括出"哲学概念"来。"就经验来说，哲学概念似乎是一种跳跃，或者说是超越——超验。"[8]哲学不仅以科学为基础，而且"这也勉强可以说，哲学有时也能走在科学的前面——道理上说，哲学似乎应该走在科学的前面。"[9]实证主义大师杜威认为，"哲学妄自以为论证超越的、绝对的或更深奥的、实在的存在和启示这个究极的、至上的、实在的性质和特色为己任。所以它主张它有一个比实证的科学和日常实际经验所用的更为高尚的认识的官能，并主张这个官能独具优异的尊严和特殊的重要性。如果哲学是引导人到日常生活和特殊科学所启示的实在以外的实在（reallty）的证明和直觉去的，那么这个主张是无可否认的"[10]。

从古希腊本体论"世界观哲学"的发展过程来看，古希腊哲学家不是以具体的、实证的方法研究"世界"，而是借助人的抽象思维直面那些人的直接经验把握不到的"超验"的东西。哲学对象本身是一个不断"纯净化"和明确化的过程。这种纯净化和明确化并不是说哲学像科学研究对象那样越来越具有实证性，越来越明晰，而是哲学中原有实证性知识问题越来越分化出去，只剩下了非实证的、超验的、抽象的、最一般的根本问题。在古希腊早期哲学中，哲学和知识是同义语，哲学和科学是融为一体的。到亚里士多德，他才把科学进行了详细的分类，把专门研究具体事物之外的作为一般的共相、普遍本质或实体即"存在的存在"的学问叫作"第一哲学"。古希腊本体论"世界观哲学"以某种超验的"终极存在"作为追求目标，用它来解释和说明世间万物，把一切都归结为本体的变相。由于它把"终极存在"预设为某种"存在者"，又依照"终极存在"是万物根据的逻辑，必然从一个"存在者"追问另一个"存在者"，最终追溯并抽象为某一个原始的、本原式的"存在者"，把它视为推动一切、派生一切而自身不动的最高"存在者"。然而由于这个"终极"的"存在者"是超验抽象的产物，因而就与宗教神学"造物主"、"神"、"上帝"有了相近的意味，甚至演变成了"理性神"。亚里士多德就把以"寻求最初的根源和最高的原因"为目的的形而上学视为对具有神性的事物的研究。本体论"世界观哲学"的这种超验性解释世界的方式，在中世纪为基督教神学所利用，哲学作为"上帝存在的本体论证明"也就不足为奇了。

既然古希腊本体论"世界观哲学"解释世界的方法是超验的、无法实证的，它本身不是科学却力图把自身建成一门为所有科学提供基础的理论，其结论则是"自由"的。为保证各自结论在"自由"前提下的"准确"，防止各自哲学理论的"无序"，哲学家就借助"纯净化"的概念、准确的语言、严密的思维构建各自的哲学理论，在"自由"中寻找规范的"秩序"。从这个意义上说，"创新就是哲学的常规工作"[11]。因此可以说，与自然科学等实证科学相比，任何本体论"世界观哲学"的"转换"、"创新"都是"世界观——宇宙观的革命"。

三　理性思维的至上性

古希腊人从哲学思考的开端之际，就对感官世界的真实性抱以怀疑的态度，他们一直试图通过理论意识为人的生存寻找根据并确定人的生存价值。亚里士多德认为，"求知是所有人的本性"[12]。这里的"求知"与"人是理性的动物"中的"理性"是紧密相连，甚至是同一的。人被定义为

"理性动物"也就意味着是"理性"将人与动物区别开来，人的理性也被人自己赋予了新的"权利"。人的理性获得这种"权利"的深层原因在于，人的理性思维超越了动物的"知性思维"，它既立足于现实又不断寻求超越现实，表现出一种由有限趋向无限的内在超越性。"哲学思维正是人类理性思维的这种无限性、普遍性、至极性追求的最典型和最集中的表现和实现。恩格斯把人类思维的这种特性叫作至上性，认为人的思维是至上的和非至上的统一。"[13] 就泰勒斯的"水"与赫拉克利特的"火"而言，这里的"水"与"火"已经超越了现实的感性的有限的具体事物含义，它更蕴含着人们对经验世界多样性的统一性的理解与追求，是对一种万物都产生于它、根据于它又复归于它的"终极存在"的探索，是对于超现实的、普遍的、无限的追问、追求，也就是人类理性追求的哲学表达。亚里士多德把人类的这种理性追求的"终极存在"称为"实体"（也就是"本体"），并把本体的问题确定为形而上学的核心问题，把哲学规定为关于第一本体和最高原因的理论，确立了"哲学就是形而上学，就是本体论"的基本观念。自此以后，在相当长的时期内，本体论"世界观哲学"就以追求永恒实体和超验本质为基本旨趣，以奠定"解释世界"的基础为主要任务，本体论问题成为整个古代哲学探究人与世界关系问题中的核心问题。即使在中世纪的基督教哲学理论中，经院哲学的理论家们也要通过至极性的"本体论"证明，为万能的上帝寻找其存在的根据。

古希腊哲学家寄托理性寻找世界终极根据的思考，在展现了人类理性求真力量的同时，往往又从某种人类社会特有的信念或观点出发去思考外部世界的整体性问题，并作为一种内在的精神动力鼓舞人们去探求世界的终极根据、终极解释和终极价值的奥秘。因此，古希腊本体论"世界观哲学"既同科学一样具有揭示真理的属性，同时它又以一种价值理论表现出来，体现着人们对"善"与"美"的价值追求。因此，"哲学"在古希腊之时就是认知功能、价值功能和审美功能的统一，也就是统一"真"、"善"、"美"的认识的最高理论表达。应该说，古希腊本体论"世界观哲学"表达的超越物理世界、超越现象世界、超越有限世界的众多理论，探索终极存在、终极原因，寻求终极解释和终极价值的哲学追求，既反映了人类理性求真力量的升华与跃迁，同时也把一个理想的、理性的"至真"、"至善"、"至美"的"世界"呈现给世人。

古希腊本体论"世界观哲学"试图在科学知识之外，去建立一种关于解释世界从而实现支配世界的最普遍原则的知识体系。这样的哲学体系常用理性思辨和简单的类比、想象来构造各自的哲学大厦，而每一体系都宣称自己是关于世界的绝对真理，从而造成传统"世界观哲学"的封闭性。这种哲学理论体系的封闭性是古希腊本体论"世界观哲学"的"通病"。无论是柏拉图的"理念世界"，还是亚里士多德的"实体世界"，他们都在某种意义上想通过哲学而达到对绝对真理体系的认识，而且往往宣布这一目的在自己的哲学中已经达到。这种以追求"终极存在"为旨趣，以达到对支配万物的本体的完全把握为根本目标而建立起来的所谓绝对真理、绝对知识的哲学理论体系，最终必然走向独断论。

古希腊本体论"世界观哲学"的三个基本特征，并不是彼此分离、完全独立的，而是有机联系、互相制约、共为一体的。在古希腊本体论"世界观哲学"中，世界的本质被还原为"预设性"的"存在"，而这种哲学理论中所阐述与理解的"人"，还属于与世界同质的"自然人"。随着人的自我意识的觉醒，人必然要不断设计新的"理想"，彻底将人与自然界区别开来，确立人在世界中的主体地位。这一任务随着科学的发展，在近代哲学中得到更为深刻的确认。

参考文献

[1] 大卫·K.诺格尔：《世界观的历史》，胡自信译，北京大学出版社2006年版，第149页。

[2] 海德格尔：《现象学之基本问题》，丁耘译，上海译文出版社2008年版，第7页。

[3] 马克斯·舍勒：《哲学与世界观》，曹卫东译，上海人民出版社2003

年版，第 27 页。

[4] 威拉德·奎因:《从逻辑的观点看》，江天骥等译，上海译文出版社 1987 年版，第 8 页。

[5][6] 北京大学哲学系外国哲学史教研室:《西方哲学原著选读》上卷，商务印书馆 1981 年版，第 32、16 页。

[7] 高清海、孙利天:《哲学的终结与人类生存》，《江海学刊》2003 年第 5 期。

[8][9][11] 叶秀山:《哲学作为哲学——对哲学学科性质的思考》，《中国社会科学》2005 年第 6 期。

[10] 杜威:《哲学的改造》，许崇清译，商务印书馆 1958 年版，第 13—14 页。

[12] 亚里士多德:《亚里士多德选集形而上学卷》，苗力田译，中国人民大学出版社 2000 年版，第 3 页。

[13] 欧阳康:《本体论的兴衰与哲学观念的变革》，《天津社会科学》1997 年第 2 期。

亚里士多德关于人的本质思想的理路探究[*]

[摘要] 亚里士多德在汲取古希腊诸圣贤思想的基础上，吸收了古希腊人学思想的精华，据此在形而上学的背景下创立了自己的丰富的人学思想。亚里士多德的人的本质的思想包括三个主要命题："求知是所有人的本性"、"人是理性的动物"、"人是天生的政治动物"。这些人的本质的思想构成了亚里士多德哲学的一个重要内容，这些思想对其后的哲学产生了不容低估的影响，也成为马克思人的本质观的一个古老的思想渊源。

[关键词] 亚里士多德；人的本质；马克思

一

　　哲学乃是以其特有的追问方式在探究追问对象的同时隐含着对人的规定的理解。在不同的历史阶段对哲学对象的反思正是体现了哲学在特定阶段对人的本性的把握。因此，古希腊的哲学家正是在追问自然界本原的同时，也间接地表达了对人自身本性的浓厚的理论兴趣，从而在古希腊本体论的总体背景下，创造了隐含在"自然"前提下的丰富的人学思想。这些思想为亚里士多德的人的本质观点的形成奠定了基础。

　　以泰勒斯为代表的米利都学派、赫拉克利特等是小亚细亚最初的哲学家。他们主要研究哲学本体论意义上的"自然"问题，同时他们也对人的

---

　　*该文发表在《学习与探索》2008年第3期。被评为辽宁省哲学学会优秀论文一等奖。

问题诸如对人的起源、人生目的、社会生活规则等做出了自然的唯物主义回答。正因为如此,这种研究多是从自然哲学的角度出发,把人看作一种"自然"的存在,认为人是自然万物中的一种,服从自然规律,没有把人当成不同于自然物的社会人来研究。这个时期的另一支哲学代表是南意大利城邦克罗顿的毕泰戈拉斯学派,他们主张人的神创论,认为"灵魂不死"、"转世轮回",人生的最高理想是使灵魂摆脱肉体。这一观点的实质是将人的本性看作是向"神性"的过渡。纵观这一时期的哲学思想,人虽然已经被作为关怀主体受到重视并不断得到深化。但我们依然可以看出,古希腊哲学思想"在逻辑上是不稳定的,而且缺乏说服力。这是因为这些早期思想家很少进行反思性分析,而是仅仅直率地陈述事实,有时甚至不知道自己究竟在谈论什么"。而在结果上,对人学领域而言,解决的也主要限于人的"出生"问题。但是,"这些早期希腊思想家既是现代哲学,也是现代科学之先驱,因为他们首次离开纯粹的现实关怀和古代神化的道德说教转向对自然中性的好奇和思考。"

具有真正意义的古希腊人学观点是在公元前5世纪到公元前4世纪中叶诞生的。这个时期古希腊的自然哲学经过恩培多克勒的四元素说、阿那克萨戈拉的种子论,到德谟克利特的原子论,达到了自己思想发展的顶峰。从这种自然哲学的立场出发,他们对人进行了更深入更宽广的研究。适应社会发展的需要,希腊哲学研究的重点开始从自然转向人及人的社会,于是出现了希腊人学具有开端性意义的基点,即智者派的普罗泰戈拉的"人是万物的尺度",苏格拉底的"认识你自己"。这两个命题标志着真正哲学意义上的人学的诞生。

普罗泰戈拉认为:"人是万物的尺度,是存在者存在的尺度,也是不存在者不存在的尺度。"这个命题在当时起了重大的历史作用,它冲破传统的人与神、人与自然关系思想的束缚,把人置于历史舞台的中心地位,为人们干预生活起到了积极的促进作用,实现了古希腊哲学从"自然哲学"向"人本哲学"的转变。而苏格拉底的工作是,通过"定义"的方式将人的问题从哲学的对话中凸显出来,"认识你自己",其指向将人们的目光从天上引向人间，从而开辟了哲学意义上人的自我认识道路，为人类对自身进行总体的理性审视做出了不朽的贡献。此后，古希腊及其后的哲学家们便从不同的角度审视人的生存状况，沿着苏格拉底的思之路径以寻求人本性自身的确定性，力图通过认识自己来实现自身，以期到达幸福理想的精神乐园。苏格拉底从哲学的层级上提出"人是什么"的问题，即人应该认识你自己是谁。在他看来，哲学探讨的问题不应当是自然，而应当是人性自身，哲学研究的对象应当是人类精神的自我，哲学研究的任务应当是"认识自己"，哲学研究的目的应当是改善人的本性。

　　古希腊哲学家柏拉图沿着苏格拉底的思路，提出了更为完备的关于人的本性理解的各个方面的学说。柏拉图认为人是"理性的动物"，看到理性在人与动物之间所起到的决定性作用。他提出了人的灵魂结构说：理性起最高统帅作用，意志次之，情欲最低。当理性摆脱肉体战胜情欲，认识了最高的知识——善的理念时，就进入了人生真善美的完美的理想境界。不难看出，柏拉图关于人生的真实意义和全部价值的观点是：人是一个求真的理性存在者，真善美的统一实质上是以获取真知、得到智慧为基础与内容的。综上所论，可以看到亚里士多德关于人的本性的探究逻辑是从"自然"的反思起步，在对"自然"的追问中进而提出了对"人"的本性的诠释，这一诠释的重心是从人与"自然"的一体性规定的理解演进到对人与"自然"的分别性规定把握的过程，对这一演进过程的思想结晶的提取与跃升就构成了亚里士多德哲学所面临的一个相当重要的任务。

二

　　亚里士多德汲取了古希腊哲学思想的精华，创立了自己庞大的哲学体系，其中包括前人的丰富的人学思想。概括起来说，亚里士多德的人学思想主要包括三个相关的主要命题，即"求知是所有人的本性"、"人是理性的动物"、"人是政治动物"。这三个命题是亚里士多德本人分别从"理性认知"和"社会历史"两个视角对人的本性进行哲学考究所得出的重要结论。

首先，亚里士多德侧重于感性认知的角度提出"求知是所有人的本性"。在《形而上学》一书中，亚里士多德开宗明义地指出："求知是所有人的本性。对感觉的喜爱就是证明。人们甚至离开实用而喜爱感觉本身，喜爱视觉尤胜于其他。不仅是在实际活动中，就在并不打算做什么的时候，正如人们所说，和其他相比，我们也更愿意观看。这是由于，它最能使我们识别事物，并揭示各种各样的区别。"

事实上，亚里士多德的这一命题充分地体现和概括了古希腊爱智慧的优良传统。在对这一命题进行展开的过程中，亚里士多德将人的认知区分为不同的层次，即从感觉、记忆、经验到技术这个层级序列，既是从动物到人的不断进化的过程，也是人的智慧的不断提升的过程，从而把人与动物以及不同的人彼此区分开。在技术之后还有一个更高的层次——智慧。人之为人而区别于其他一切动物的最根本的标志就在于人有理性、有智慧。智慧不像技术一样为某种实用的目的所支配，它是为知识而知识，因而是自由、自足的，不为他物所限制和束缚。关于智慧的知识实际上就是哲学。亚里士多德认为，研究哲学的目的不是为了实用，而是为了求知。这样，在肯定"求知是所有人的本性"的基础上，亚里士多德进而指出了求知、获得智慧的途径，那就是研究哲学。这表明，"求知是所有人的本性"这一命题，反映了亚里士多德试图弥合由柏拉图的理念论所造成的感性世界和理念世界的断裂。柏拉图认为知识和真理属于先验系列，属于一个纯粹的永恒理念的王国。亚里士多德却认为这两个领域具有不间断的连续性：感觉、记忆、经验、技术和智慧都被一个共同的纽带联结在一起，它们只不过是认识活动的不同阶段和不同表现而已。在这里，亚里士多德通过"求知是所有人的本性"这一命题使理智活动生活化，使求知、爱智深深地根植于人的本性，内化为人的自觉意志。

其次，亚里士多德侧重于理性思辨的角度认为人是理性的动物。他认为理性和智慧是人之所以为人而区别于其他一切动物的重要标志。在他看来，"对每一事物是本己的东西，自然就是最强大、最使其快乐的东西。对人来说这就是合于理智的生命。如若人以理智为主宰，那么，理智的生命就是最高的幸福。"亚里士多德明确提出"人是理性动物"，强调理性为人类所独有，它是灵魂中较善的部分，操修理性而运用思想正是人生至高目的。至此，理性人学的思想被明确地阐发出来了。在亚里士多德那里，理性是超越于感性与理智之上的"思维的思维"。一方面，它既是进行概念、判断、推理的有效工具；另一方面，它又以自己为自己的对象和追求目标，自己朝向自己、自己意识自己、自己规定自己、自己决定自己。亚里士多德指出："世上各物并非各自为业，实乃随处相关。一切悉被安排于一个目的。"这个目的无疑是万物被规定、所朝向的"最高目的"，它实质上就是亚里士多德所推崇的作为世界本体和人的最高本质的理性，或是上帝。上帝是神圣化了的理性，它按照一定目的理性地、井然有序地、能动地推动着世界万物，使之趋向自己。

亚里士多德提出的"人是理性的动物"这一论断，目的在于告诉世人，理性是人生所具有的，是人的根本的、固有的目的和活动，是人的特殊本质。人一旦能够运用这种自身所特有的理性工具来支配自己的行为，控制自己的欲望，使行为合乎道德和一定的社会规范，这就是人的幸福和快乐了。不同的人对于幸福的理解是不同的，同一个人在人生的不同境地和阶段对幸福的理解也不尽相同。生病的时候，健康就是幸福；贫穷的时候，财富就是幸福；感到无知的时候，求知便是最大的幸福了。然而亚里士多德认为，最好的幸福生活应该是遵循理性的生活，应该是理智德性——即亚里士多德所说的与"行德"相对应的"知德"的获得。如果说"行德"使人成为"良好的公民"，那么"知德"则使人成为一个"极完善的人"。所谓知德就是脱离行动的玄思、沉思，为求知而求知，为研究学术而研究学术的纯思辨活动。亚里士多德认为，这种理性的沉思活动是悠闲自在的，不以本身之外的任何目的为目的，它是所有美德活动中最愉快的，而这种愉快的体验是完美的、纯粹的和持久的，是最高的幸福。伽达默尔指出，亚里士多德为人的本质下了一个经典的定义，根据这个定义，人就是具有逻各斯的生物。在西方文化传统中，这个定义成为一种规范的定义。它表明，人是具有理性的生物，作为有理性的生物，人由于能够思维而同一切其他动物相区别。"人是理性的动物"这一论断的提出，把理性主义对事物确定性的追寻提高到了哲学本体论的高度加以思辨的把握，从而把古希腊哲学对人的本质的研究推向了最高峰。

最后，亚里士多德侧重于社会政治的角度提出人是天生的政治动物。亚里士多德在这里谈到的"政治"主要指城邦国家和社会共同体。亚里士多德在《政治学》中指出："每一个事物是什么，只有当其完全生成时，我们才能说出它们每一个的本性，比如人的、马的以及家庭的本性。……由此可见，城邦显然是自然的产物，人天生是一种政治动物，在本性上而非偶然地脱离城邦的人，他要么是一位超人，要么是一个恶人；就像荷马所指责的那种人：无族、无法、无家之人，这种人是卑贱的，具有这种本性的人是好战之人，这种人就仿佛棋盘中的孤子。"这个命题表明，人从来没有也不可能以单独的个人而存在，只有结合在城邦和国家之中，人才能满足自己的需要，充分体现自己的本性。国家、城邦是根本，是整体，政治是最高的东西，政治权利是最优越的权利。一个人如果脱离了国家、城邦，就不成其为人，他不是一只禽兽，就是一个神灵："城邦作为自然的产物，并且先于个人，其证据就在于，当个人被隔离开时他就不再是自足的；就像部分之于整体一样。不能在社会中生存的东西或因为自足而无此需要的东西，就不是城邦的一个部分，它要么是只禽兽，要么是个神，人类天生就注入了社会本能，最先缔造城邦的人乃是给人们最大恩泽的人。"也正因为如此，亚里士多德得出结论："人是政治动物，天生要过共同的生活。这也正是一个幸福的人所不可缺少的。"就国家和个人的最高目的来说，他们都追求至善和普遍的幸福，但是个人无法达到这个目的，他只有在国家中来实现，因而政治目的乃是社会实践的最高目的，人只有在社会政治中才能实现自己的本质和使命。社会与国家的目的在于培养人，使之成为良好的公民，使他成为一个能够体现美德的人，从而使公民能够过上有德性、幸福的生活。

"人是政治动物"这个命题表明：要认识人，就必须把人放在一定的社会关系中来考察、分析，而不能脱离社会和国家来抽象地考察人。同时，它也表明社会性是人的重要属性。

三

亚里士多德对人的认识是全面的，他的关于人的学说的三个论断分别揭示了人的精神属性、自然属性和社会属性，达到了古希腊人学思想发展的顶峰。"求知是所有人的本性"侧重于人的感性，"人是理性的动物"倾向于人的理性，"人是政治动物"则着眼于人的社会性，强调个人对社会整体的依存性。尽管亚里士多德把人放在一定的社会关系中来考察、分析，但他主要揭示了奴隶社会人的社会属性，深深打上了其所处的时代的烙印。由于亚里士多德在理性与劳动的关系上偏重理性，忽视手脑结合的劳动实践，所以在他那里，理性和社会性还缺乏必要的统一基础，人的本质还不能得以真正揭示。恰恰在这个问题上，马克思抓住了问题的实质，使二者在人的劳动实践基础上得以有机统一。

首先，人是自然属性、社会属性和精神属性的统一体。这是马克思对人性的科学概括，是马克思关于"完整的人"基本特性的科学描述。作为一种自然的、肉体的、感性的、对象性的存在物，人有自然需要，即维持人的生命存在的生物需要、生理需要，具有自然力、生命力。作为社会存在物，人具有群体性、交往性、合作性和归属性。作为有意识的存在物，人具有自我意识，能思维，有理性，具有情感、意志等非理性因素，有着精神需要、精神能力以及精神生活等。在人的自然属性、社会属性和精神属性中，社会属性居于主导和决定的地位，决定和制约着人的自然属性和精神属性。在活动过程中，人的自然属性、社会属性和精神属性相互联系、相互作用，形成人性的系统结构，完整地表征了作为整体存在的个人。人的本质力量的发展表现为人的素质的发展。人在自然属性、社会属性和精神属性方面所表现出的相对稳定的品质和质量就是人的素质，即人的自然素质、社会素质和精神素质。人的素质是主体进行一定活动的一种内在根据和准备状态，素质的高低决定人的活动能力的大小。人的发展是在社会实践基础上人的自然素质、社会素质和心理素质的发展，包括人的思想道德素质和科学文化素质的改善和提高。只有人的素质提高了，才能在实践中增强认识世界和改造世界的能力，使客观世界成为一个合目的性的存在。人的素质的改善和提高，集中体现为人的个性得到发展，也就是在人的各种素质综合作用的基础上人的个性的发展。

其次，在其现实性上，人的本质是一切社会关系的总和。在《关于费尔巴哈的提纲》中，马克思明确提出了这一著名论断，从而把要认识人的本质，就必须把人放在一定的社会关系的体系中进行考察这一方法论原则明确地提出和确定下来。

实践活动是在人与人的交往和社会关系中来进行的，人只有在现实的社会关系中才能开展其活动。人的本质存在于人的社会关系、物质生活条件、历史文化环境之中。人的本质不是单个人天生就具有的东西，也不是从所有个体的人身上抽象出来的共同性，而是取决于现实的社会关系。社会关系包括与人的生存和发展相联系的一切历史的、现存的、自然的、社会的条件和关系。人是社会关系的承担者，社会关系使个体变成社会的人，形成独特的社会品质。社会关系是多方面的，有经济关系、政治关系和思想关系等。人的本质取决于人的全部社会关系的总和，而不只是社会关系的某一方面。社会关系的总和作为一个统一整体决定人的本质。在人的全部社会关系中，经济关系即生产关系是最主要的，是决定其他一切社会关系的基本关系，在社会关系的总和中起着支配作用。因此人在生产关系中获得的规定性也就构成人的最基本的规定性。人的社会关系总是现实的、具体的、发展的，人的本质也是现实的、具体的、历史变化着的。正是由于这种变化和发展，马克思才要求人们在研究了人的一般本性之后，还要研究人的历史地变化着的本性。

再次，自由自觉的劳动是人的类特性，这是马克思在《1844年经济学哲学手稿》中对于人的本质的论述。在马克思看来，劳动能力是人类赖以生存和发展的"第一个基本条件"，劳动是人与自然界进行物质、能量交换的特殊方式。人通过劳动改造世界，提供必要的生活资料，保证人们吃、穿、住和其他的必需品。没有劳动，人便无法生存。劳动又是人获得发展的根本途径，人类历史就是人类通过劳动而诞生和不断发展的历史。人在劳动中，不断改造客观世界，而且同时改造自己本身。正是劳动不断改造和完善着人和社会，推动着人和社会不断发展。劳动给每个人提供了全面发展和展示自己的机会和场所。人只有通过生产劳动才能使自己的本质力量外化为对象性产品，人的能力也从而得到确证与发展。劳动过程是人的本质力量实现、展开的过程，是人在其所创造的世界中直观自身、肯定自身的过程。劳动实现了人的肉体和精神的潜力，以客观的物化形式展现人的本质力量，表现人的创造性的社会本质，确证人在世界上的历史地位和意义。马克思强调，如果人类沿着使人的本质——劳动得以实现的方向发展自己，就应该使自己从旧的分工体系中解脱出来，自由地选择自己的职业，全面发展自己的爱好和天赋。这里关键的是要在劳动过程中，注意形成自己全面的综合的劳动能力。离开劳动，人类的存在和发展都是不可思议的。在这个意义上，人的发展实质上就是人的劳动的发展、人的劳动能力的发展。

马克思关于人的本质的思想，在亚里士多德有关人的本质的论断中，已经有了一定程度的天才萌芽。尽管这些命题还具有一定的朴素性、直观性乃至臆想性，但这不能掩盖亚里士多德为西方人学发展所做出的巨大贡献，他为西方人学思想的发展提供了宝贵的思想资源。

参考文献

[1] 汪子嵩:《要重视对亚里士多德的研究》,《清华大学学报》(哲学社会科学版) 2002 年第 3 期。

[2] 牛顿·P. 斯特克尼克特、罗波特·S. 布鲁姆鲍格:《欧洲哲学起源——前苏格拉底思辨》,刘晓英译,《理论探讨》1995 年第 1 期。

[3] 周辅成:《西方伦理学名著选辑》上卷,商务印书馆 1987 年版,第 27 页。

[4]《亚里士多德全集》第 7 卷,苗力田译,中国人民大学出版社 1997 年版,第 27 页。

[5]《亚里士多德全集》第 8 卷,苗力田译,中国人民大学出版社 1997 年版,第 228、205 页。

[6] 亚里士多德:《形而上学》,吴寿彭译,商务印书馆 1996 年版,第 4 页。

[7] 加达默尔:《哲学解释学》,夏镇平、宋建平译,上海译文出版社 1994 年版,第 59 页。

[8]《亚里士多德全集》第 9 卷,颜一、泰典华译,中国人民大学出版社 1997 年版,第 6、7 页。

[9]《马克思恩格斯选集》第 1 卷,人民出版社 1997 年版,第 56 页。

试析古希腊人学思想[*]

[摘要] 作为哲学思想发源地的古希腊哲学，其人学思想同样闪烁着理性的光辉，呈现出"自然性"、"社会性"和"理性"的特征，对后来西方人学发展产生了巨大影响。研究古希腊人学思想中关于人的本质问题及其产生根源，对于厘清整个西方人学思想发展脉络，把握人学思想发展规律，自觉确立马克思主义的人学观，具有重要的理论意义和现实意义。

[关键词] 古希腊；人学；影响

人是哲学的奥秘，是哲学的真正主题。作为哲学思想发源地的古希腊哲学，其人学思想同样闪烁着理性的光辉，正如瑞士学者安·邦纳所说："全部希腊文明的出发点和对象是人。它从人的需要出发，它注意的是人的利益和进步。为了求得人的利益和进步，它同时既探索世界也探索人，通过一方探索另一方，在希腊文明的观念中，人和世界都是一方对另一方的反映，即都是彼此摆在对立面的、相互照映的镜子。"[1]希腊哲学中关于人与世界的关系及对人的本质问题的多种分析与解读，对于厘清整个西方人学思想发展脉络，把握人学思想发展规律，自觉确立马克思主义的人学观，具有重要的理论意义和现实意义。

＊该文发表在《辽宁大学学报》2009年第5期。被评为辽宁省哲学学会优秀论文一等奖。

一 古希腊人学对人的本质问题的理解

古希腊哲学产生之初就把人与世界的关系和人的本质问题作为理论关注的焦点，尽管在其后的哲学发展过程中不断变换思维方式、观察角度和精神主旨，但却一直直接或间接地面对"人是什么"这一斯芬克斯之谜。为了把握人的前途与命运，"希腊人对人的本质的思考非常广泛和深刻，经历了从神到人，从身体到灵魂，从人的感性到理性的转变和发展"[2]。但这种"转变与发展"并不是简单的跨越式的分离与改变，古希腊哲学中的"人的本质"具有"自然性"、"社会性"和"理性"等多重特点，尽管古希腊先哲们描述的各种特质的"人"登场的顺序和登场时间长短有所不同，但这些关于"人的本质"的认识与理解为世人展示了多种关于人的"图景"，逐步积累、丰富着"人"对自己的认识与理解，进而为认识和理解人所面对的"世界"提供帮助。

（一）与物同一的自然性的人

古希腊的早期哲学来源于宗教神话。在古希腊神话中，自然和人是混沌不分的，"对神话和宗教的感情来说，自然成了一个巨大的社会——生命的社会。人在这个社会里并没有被赋予突出的地位，他是这个社会的一部分，但他在任何方面都不比任何其他成员更高。生命在其最低级的形式和最高级的形式中都具有同样的宗教尊严。人与动物、动物与植物全部处于同一个层次上。在图腾崇拜的社会中我们发现，植物图腾和动物图腾比肩而立"[3]。希腊人按照这种"天人合一"的拟人化的世界观，解释自然界和社会发生发展的一切现象，指导宗教和道德活动。随着历史的发展，人和自然逐渐分离，希腊人开始通过人的眼光，而不是通过神的眼光看待宇宙、世界、社会和人。但在认识与把握人与世界的关系时，宗教神话中"天人合一"的世界观思想在古希腊早期哲学中占有主导地位，自然哲学就成为古希腊哲学开始时的主要形态。

早期的自然哲学家从探索宇宙本原和万物的起源的目的出发，把人看作是宇宙的一部分，人的存在受制于外部世界的对象性关系，人的"价值与意义"在人同外部世界的对象性关系中得到实现，因此，人与自然界的其他存在物有着相同的"本原"和"本性"，遵从相同的变化规律和发展原则，世间万物都可以归结到一个原因。按照宇宙是如何构成的，人也如何构成的原则，理所当然地推导出人存在的最终根据，即"始基"或"本原"。在对世界本原的追问中，早期的哲学家们基于各自对世界"整体"的观察与把握，提出了各种他们认为正确的猜测与构想。泰勒斯的"水"、赫拉克利特的"火"以及后来德谟克利特提出的"原子"，这些思想都是要在杂多的、变化的、暂时的对象世界中，寻找最为真实的、单纯的、统一的、永恒不变的对象。应该说，"希腊哲学的这种静观特征并不是现实生活的直接反映，毋宁说，它反映的是超越现实的理想。"[4]当古希腊人提出"世界的本原是什么"、"人是什么"时，并不是寻找自己的起源，而是为了把握自己的命运。"人是小宇宙"是西方人学的一个基本命题，后世很多思想家从不同角度对此命题做了深入的阐发。

纵观古希腊自然哲学中的"自然人"，人被作为关怀主体虽然已经受到重视并不断得到深化，但自然哲学中"人"的论述"在逻辑上是不稳定的，而且缺乏说服力。这是因为这些早期思想家很少进行反思性分析，而是仅仅直率地陈述事实，有时甚至不知道自己究竟在谈论什么。"[5]而对人的"命运"解决的也主要限于人的"出生"问题，很少自觉地把人当成社会的人，当作不同于自然万物的特殊的独立的对象加以研究。

（二）以人为中心的社会性的人

古希腊自然哲学流派经过恩培多克勒的四元素说、阿那克萨戈拉的种子论，到德谟克利特的原子论，古希腊自然哲学达到了自己发展的顶峰。

为适应社会发展的需要，希腊哲学的研究对象，从自然转向了人及人的社会。古希腊人从反复追问"自然是什么"，转向直接追问"人是什么"，人成为万物的中心。"就这样，希腊科学从本质上说，走上了人类学的道路，或者说走上了主体性的道路：研究人们的内心活动，研究人们的观念力和意志力；与此同时它也就丧失了它的纯理论品格，获得了占绝对优势的实践意义。"[6]这其中智者派的普罗泰戈拉提出的"人是万物的尺度"和苏格拉底提出的"认识你自己"两个命题是对人的社会性的最有代表性的直接阐述，也标志着真正哲学意义上的人学的诞生。

普罗泰戈拉认为："人是万物的尺度，是存在者存在的尺度，也是不存在者不存在的尺度。"[7]虽然这个命题有主观唯心主义和相对主义的缺陷，但从人学意义上讲，他是说明世界万物的存在、真理、规律等都要以人的感觉为标准，也是第一次把人从万物中独立出来，冲破传统的人与神、人与自然关系思想的束缚，把人置于历史舞台的中心地位，促进了古希腊哲学从"自然哲学"向"人本哲学"的转变。苏格拉底则更为直接地把人的问题从哲学中凸显出来，"认识你自己"，将人们的目光从天上引向人间。苏格拉底主张，哲学探讨的问题不应当是自然，而应当是人自身，哲学的对象应当是人类精神的自我，哲学的任务应当是"认识自己"，哲学的目的应当是改善人的本性。他从哲学高度提出"人是什么"的问题，即人应该认识你自己是谁，从而开辟了哲学意义上人的自我认识道路。此后，哲学家们便从不同的角度审视人的生存状况，寻求人自身的确定性，企图通过认识自己来实现自身，以期到达幸福理想的精神乐园。

自然性的人是在人与自然的关系中理解人、认识人，而社会性的人是在人际关系以及人与社会的关系中理解人、认识人。"由于人自己是一个社会体系的构成部分，你也要让你的每一行为都成为社会生活的一个构成部分。"[8]人的社会性的理解与认识改变了人作为宇宙自然延伸者的"形象"，将人放在一定的社会关系中来考察、分析，增强了人的主体意识。亚里士多德更是将人置于国家和社会的整体中来定位和把握，指出："人是政治动物，天生要过共同的生活。这也正是一个幸福的人所不可缺少的。"[9]古希腊对人的社会性的认识构成了对人的本质认识的重要组成部分，成为后来许多西方人学流派的思想渊源。

（三）灵魂至上的理性的人

人的灵魂问题早为古希腊人所关注，只是在哲学发展中对人的灵魂的认识有着不同的理解。古希腊哲学早期的毕泰戈拉派，就认为"灵魂不死"、"转世轮回"，人生的最高理想是使灵魂摆脱肉体。但这时人的"灵魂"并不具有人的主体意识，人的灵魂从根本上属于神，是完全神创的"灵魂"。随着人的主体意识的增强，古希腊人越来越认为，通过对人的灵魂的认识才能认识人的本质，而"智慧"就是人的"灵魂"的本质所在。黑格尔指出："在希腊，精神的原则居于首位，自然事物的存在形态不复有独立的效准，只不过是那照澈一切的精神的表现，并被降为精神存在的工具与外形。"[10]

苏格拉底关于人的本质的论述具有开创性的意义。苏格拉底认为，"人的本质是灵魂，而灵魂的特点就是精神和理性，是能够自我认识的理性。人不是感性的、个别的存在物，而是普遍的、不变的理性灵魂，这才是人的本质之所在。"[11]柏拉图沿着苏格拉底的思路，提出了较完备的关于人的各个方面的学说。柏拉图看到了理性在区别人与动物时所起到的决定性作用，认为人是"理性的动物"。他认为人是灵魂与身体的统一，人的灵魂是由"知、意、情"三部分构成的。理性起最高统帅作用，意志次之，情欲最低。当理性摆脱肉体战胜情欲，认识了最高的知识——善的理念时，就进入了人生真善美的完美的理想境界。柏拉图甚至在对"国家"进行论述时，都认为，"人的本质是内在的人，即灵魂，如果说灵魂是身体里的小人，那么，国家就是放大了的人"[12]。亚里士多德认为理性和智慧是人之所以为人而区别于其他一切动物的重要标志，他侧重于理性思辨的角度提出"人是理性的动物"这个重要命题。他认为："对每一事物是本己的东西，自然就是最强大、最使其快乐的东西。对人来说这就是合于理智的生命。如若人以理智为主宰，那么，理智的生命就是最高的幸福"。[13] 这一论断告诉世人，理性是人生所具有的，是人的根本的、固有的目的和活动，是人的特殊本质。

二　古希腊人学思想产生的理论根源与人性根据

古希腊哲学承载着古希腊人学的主要内容，人学思想与哲学思想如影随形。古希腊人学思想的产生既有外部的理论根源，也有人性的内在根据。

（一）古希腊人学思想的理论根源

神话与宗教是远古文化的主要形式，神话与宗教是人摆脱恐惧的一种重要精神寄托。人在无际广袤的宇宙时空的衬照下，心灵深处涌动着神秘、悲凉和迷茫的人生体验，人深切地渴望着对自我生命的意义和灵魂归宿的认识。如何摆脱"死亡的宿命"，如何化解外部世界的威胁，如何驱赶黑暗永处光明，成为人类的共同思考和追求所在。在古希腊关于人与宇宙起源与命运的诗歌里，诗人们凭借个人的幻想描写了充满神性的天堂，为人类摆脱神秘命运的摆布与束缚设计出种种理想的世界。也正是在诗人们幻想的完整而系统的神话基础上，哲学诞生了。"希腊哲学起源的直接背景是宇宙起源诗。宇宙起源诗以神话的外衣叙述客观世界史前的故事，从而利用流行的有关万物恒变的观念叙述宇宙创始的形成。"[14]

古希腊人传颂的神话是各民族神话中最为完整和系统的。古希腊人用它解释世界与人类发生的各种现象，指导人的宗教和社会活动。从人学的意义上看，神话中最主要的内容是"人从哪里来"、"人往哪里去"、"人与神及外部世界的关系"，也就是关于人的起源、人的主体性和人的命运的问题。神话中的神是被理想化了的人的自我形象，而自然则是神将其"拟人化"的产物。在古希腊神话中，自然界的运行与发展以及人的命运全部归之于神的主宰。在世界中起决定作用的是神的情欲和意志，神执掌人类的活动的目的和结果，人的命运是不可更改的；世界的生成由神的自我生成开始，是从一神的生成到多神的生成，再到万物与人的生成的过程；古希腊神话中的神与人是同形同性的，神与人有相同的体貌特征和情感欲望。人与神共在的自然界和社会没有自身的秩序和规则，神也要遵从"命运"的安排，神也不能改变人的"命运"。

希腊神话所内含的世界观特征是明显的，但也是非理性的。"希腊神话的世界生成图式对后来的希腊哲学的宇宙生成论发生直接的影响；但是，这种图式以神人同形同性观念为基础，用人类的生殖力比拟自然的生成，它只是安排了自然物的时间次序，并没有表达自然界的内在联系、活动秩序和变化原因。"[15]古希腊的最早的哲学先贤正是为了寻找比神话世界观更为合理的自然观和道德原则，才开始了对人与世界的"哲学思考"。

古希腊神话除在"世界生成"问题上对后来的"哲学"产生影响外，希腊神话中内含的人文精神对"哲学"产生的影响极大。希腊神话中，对神与人共同生育的"英雄"的无私赞美赋予了希腊人改变"命运"的决心与勇气；对人的"智慧"的高度颂扬赋予了希腊人对智慧追求的信心与渴望；对众神所拥有的意志上的"自由"的描述激发了希腊人超越神与自然限制的向往与理想；对众神所存在的欺骗、嫉妒、争斗、虚荣等弱点引发了希腊人对神与命运的怀疑与猜测……"英雄"、"智慧"、"自由"、"怀疑"等情结纠缠在一起促使古希腊人打开了通往改变人的"命运"的"哲学之门"。

（二）古希腊人学思想的人性根据

海德格尔认为："形而上学是人的本性。"哲学意义上的形而上学不是一种抽象的思辨方式，而是人立足于"形而下"的世界，超越"形而下"的世界，追求"形而上"的世界的精神自觉。正如马克斯·舍勒所说："形而上学观念和形而上学情感是否能够形成，也就是说，一种有关作为自为存在和所有其他存在者的始基，并奠定人自身以及世界的基础的存在者的观念是否能够形成，对此，人自身无权抉择。但是，不管意识到没有，也不管自己努力得来的，还是继承而来的，人始终都必定拥有这样一种［形而上学］观念和［形而上学］的情感。"[16] 不论这种观念是"美好的"、"合理的"，还是"糟糕的"、"悖理的"，"早在思维意识到之前，人就拥有这片绝对存在的领域。这是属于人的本质，它同自我意识、世界意识、语言和良知一起形成了统一的稳定结构。"[17] "人"不会完全相信外部世界现存的各种"存在"，总是抱着怀疑的目的，希望通过自己的力量和活动去创造属于自己的"世界"，不断地超越自我，追求超越现实的理想，这是人之为人的"自为式"的本性。"古希腊哲学从一开始就以素朴的形式体现出了人的这一超越本性。"[18]

希腊哲学开始于对自然的思考。远望海天一色的空阔，面对万千变化的天穹，世界是什么？人是什么？这是世界上所有民族都要思考的问题。既然古希腊神话中的"神"也无法改变一个人的"命运"，古希腊人就要依靠人的力量寻找能够改变"命运"的钥匙。而这一"钥匙"在早期古希腊人看来就是整个世界的"本原"或"始基"。它是统摄世界与人的最高原则，世界上的一切，包括人的变化都是依照"始基"或"本原"的本性而变化的，并不受外在的神的支配。

神话让位于哲学，意味着人实现了一次"超越"。人开始用自己的眼睛去观察世界，用自己的心灵去把握世界。尽管作为最初的哲学形态的古希腊哲学尚属于笼统直观性质的理论，但它已经把人"灵魂"的一部分交给了自己。人不再是仅依靠感觉来直接判断世界是否"真实"，更多的则是依赖心灵的想象去理解和判断所看到的世界是否"真实"。古希腊人把"一般"从"个别"中分离，把"灵魂"从"肉体"中分离，把"人"从"自然"中分离，这是人类主体意识提升的重要表现，它说明人的思维已经彻底摆脱感官的局限，进入一个超越自然的新境界。"摆脱感官局限也就意味着摆脱本能意识，在古代条件下应该说是人性的一次提升。"[19]

三　古希腊人学思想对西方人学及马克思人学发展的影响

古希腊的人学思想丰富，蕴含了后来各种人学思想的萌芽。正如恩格斯所说：古希腊哲学丰富多彩，在它的"多种多样的形式中，差不多可以找到以后各种观点的胚胎、萌芽。"[20] 黑格尔也认为："然而今生，现世，科学与艺术，凡是满足我们精神生活，使精神生活有价值、有光辉的东西，我们知道都是从希腊直接或间接传来的，——间接地绕道通过罗马。"[21]

西方从古希腊人开始，人的起源、人的形成、人的本性、人的地位、人的自由、人的幸福、人的价值、人的命运等问题，一直是哲学家们思考的主要问题。他们始终在寻找一个更加客观且全面的人性思维原则，试图找到人性的根本所在，用一种普遍人性论来解释人类的种种行为，出现了自然主义、经验主义、理性主义、德性主义、功利主义、历史主义、自由主义、意志主义等多种人学思想。但不管其怎样变化，古希腊人的人学思想都在这些"主义"中有不同的积淀和闪耀，这其中，又以希腊人对"自然性的人"、"社会性的人"和"理性的人"的认识影响最大。

关于人的自然性，古希腊哲学家认为人是自然界的产物，人的本质就是自然的本质。在西方人学的发展过程中，尤其是在文艺复兴以来的启蒙运动中，自然主义的人性观十分盛行。18 世纪法国唯物主义把这一思想发展为以肉体感受性为基础的人性理论，强调人的一切都是自然造就的，遵从自然要求是人的本质所在。后来费尔巴哈又进一步论证了人的自然的生理属性，但这种思想忽视了人的社会性和历史发展，陷入了历史唯心主义。马克思主义在实践活动基础之上进一步丰富了人的自然性思想，马克思在《1844 年经济学哲学手稿》中指出："吃、喝、性行为等等，固然也是真正的人的机能。但是如果使这些机能脱离了人的其他活动，并使他们成为最后的和唯一的终极目的。那么，在这种抽象中，它们就是动物的机能。"[22] 在马克思看来，人是自然界的产物，但人不是完全消极的受动的、受制约的和受限制的存在物，而是一种能动的主体性存在，人的活动具有超越性和能动性，"动物只生产自身，而人再生产整个自然界；动物的产品直接同它的肉体相联系，而人则自由地对待自己的产品"[23]。人通过生产实践活动发现和确证了人对于自然的主体性地位。

关于人的社会性方面，古希腊人学思想中关于"人的社会性"有过多种论述，尤其是亚里士多德提出的"人是政治动物"这个命题直接表明了"社会性"是人的重要属性。这种思想在18世纪法国唯物论者、19世纪空想社会主义者，直至现代"哲学人类学"中都有系统的论证和发挥，也对马克思主义人学产生了重大影响。在《关于费尔巴哈的提纲》中，马克思明确提出"人的本质不是单个人所固有的抽象物，在其现实性上，它是一切社会关系的总和"。[24]实践活动是在人与人的交往和社会关系中来进行的，人只有在现实的社会关系中才能开展其活动。人的本质存在于人的社会关系、物质生活条件、历史文化环境之中。人的本质不是单个人天生就具有的东西，也不是从所有个体的人身上抽象出来的共同性，而是取决于现实的社会关系。

关于人的理性的论述，古希腊人学思想直接影响了几乎所有后世的人学思想及其他思想文化领域。尽管古希腊思想家提到的人的理性，实际上是一种抽象的、超验的存在，在后世各种哲学流派中理性甚至演变成了脱离世俗基础的空洞的抽象存在，或者被至高无上的神的理性所取代。但古希腊人所倡导的"理性原则与精神"却始终是世界发展的"原动力"。这点在德国古典哲学那里表现得最为显著。德国古典哲学不仅是近代西方哲学的高峰，也是近代西方人性思想的高峰。其代表人物康德与黑格尔都认为，人的本质最终是由理性来规定的。"人的落脚点不是在感性世界，而是在理性的力量之中。"[25]康德作为德国古典哲学的先驱和典范，他发起的"哥白尼式的革命"，不仅是一场认识论的革命，而且是一场人学思想的革命。康德在《纯粹理性批判》中，提出了三个著名的哲学问题：我能够认识什么？我应该做什么？我可以期望什么？在回答这三个问题的基础上，他继续追问"人是什么"这个人类永恒的问题。在康德看来，自人产生以来一直生活在两重世界中：人生活在自然世界之中，人作为感性的存在物，人有自然存在的一面，必然受制于并服从于外在的因果必然性，与动物没有区别；人作为理性的存在物，人亦有超自然亦即有理性存在的一面。人可以凭借自由意志改变外部自然世界，从而把握自己的命运，达到自由的境地并与动物区别开来。因此他断言，人的本质最终是由理性来决定的。黑格尔把德国古典哲学推到了顶峰。他把"绝对精神"设为"最终实在"，把人的本质归结为自我意识，归结为理性。他认为，只有人才有思维，所以人是自由的，人的本质是"精神"。黑格尔正是在纯粹理性的基础上构建了封闭的自足的庞大的哲学体系。他克服了康德哲学的二元论困境，确立人的理性和自由本质，使人的自我认识达到了一个崭新的高度，使得以理性主义为标志的传统哲学发展到了顶峰。但由于他站在唯心主义的立场上，把人类世界的发展都归结为理性自身的运动，丧失了人的现实的感性存在，从而使理性落入抽象思辨的形而上学之中，必然成为后世哲学批判的对象。马克思主义继承了古希腊重视人的理性的传统，注重对人的精神属性（理性）的研究，但是反对抽象地谈论理性。马克思的人学思想彻底抛弃了各种抽象本体和形而上学的先验设定，从抽象的人到现实的人，从人的感性活动、从主体实践的角度去理解世界。马克思提出了"意识、理性"是社会存在的理论形式的科学观点，认为："我的普遍意识不过是以现实共同体、社会存在物为生动形式的那个东西的理论形式，而在今天，普遍意识是现实生活的抽象，并且作为这样的抽象是与现实生活相敌对的。因此，我的普遍意识的活动本身也是我作为社会存在物的理论存在。"[26]

从人学的发展来看，马克思主义哲学批判地继承和发展了古希腊的人学思想，将人学研究置于历史唯物主义之中，从社会存在、历史发展和实践活动出发来研究人，得出了人是自然属性、社会属性和精神属性的统一体，"在其现实性上，人的本质是一切社会关系的总和"等一系列科学论断，为正确理解人性和人的本质，为人的自由全面发展开辟了广阔的道路。

参考文献

[1] [瑞士] 安·邦纳:《希腊文明》第 1 卷,莫斯科 1958 年俄文版,转引自鲍·季·格里戈里扬《关于人的本质的哲学》,生活·读书·新知三联书店 1984 年版。

[2][11][12] 赵敦华:《人学理论与历史》,北京出版社 2004 年版。

[3] [德] 恩斯特·卡西尔:《人论》,甘阳译,上海译文出版社 1985 年版。

[4][15] 赵敦华:《西方哲学简史》,北京大学出版社 2001 年版。

[5] 牛顿·P. 斯特克尼克特、罗波特·S. 布鲁姆鲍格:《欧洲哲学起源——前苏格拉底思辨》,刘晓英译,《理论探讨》1995 年第 1 期。

[6][14][德] 文德尔班:《哲学史教程》,商务印书馆 1987 年版。

[7] 周辅成:《西方伦理学名著选辑》上卷,商务印书馆 1987 年版。

[8] 马可·奥勒留:《沉思录》,中央编译出版社 2008 年版。

[9][13]《亚里士多德全集》第 8 卷,苗力田译,中国人民大学出版社 1997 年版。

[10][21][德] 黑格尔:《哲学史讲演录》,商务印书馆 1959 年版。

[16][17] 马克斯·舍勒:《哲学世界观》,上海人民出版社 2003 年版。

[18][19] 高清海:《寻找失去的哲学自我》,北京师范大学出版社 2004 年版。

[20] 恩格斯:《自然辩证法》,人民出版社 1971 年版。

[22][23][26]《马克思恩格斯全集》第 42 卷,人民出版社 1979 年版。

[24]《马克思恩格斯选集》第 1 卷,人民出版社 1997 年版。

[25] 张志伟:《西方哲学问题研究》,中国人民大学出版社 1999 年版。

马克思“新世界观”的当代意蕴*

[摘要] 马克思“新世界观”是人借助自身的眼光，从人的自身生存活动中去寻求人的活动的价值与意义的根据的理论尝试。“新世界观”为人科学地理解人与自然的关系提供了新的范式；为人科学地认识与把握人类社会的历史发展提供了理论武器；“新世界观”从人生境界的层面，为人类提供安身立命的精神家园；“新世界观”颠覆了西方形而上学的基本建制，划清了与西方现代哲学的界限。

[关键词] “新世界观”；马克思哲学；当代意蕴

一　“新世界观”为人科学地理解人与自然的关系提供了新的范式

对于自然的理解，传统“世界观哲学”一般是将其看作独立于人之外的物质存在。自从人从自然界产生出来，人类就自己主宰着自己，自然界成为给人类提供生活资料的场所，自然规律对人而言越来越处于从属作用的地位。这种近似于自然科学“实用性”的观点，“将自然界仅仅理解为服从于人的历史目的的对象，这种对待自然界的态度正是早期资产阶级意识形态的主要内容之一。”[1] 用这种观点对待自然，就决定了人们对自然界的认识不可能自觉上升到总体性的水平，而不可避免地带有局限性和片面性。

---

* 该文发表在《理论界》2010 年第 10 期。

从现代资本主义的发展暴露出来的环境保护和生态平衡问题上看，这种对待自然的态度已经不是简单的"局限性"和"片面性"的问题，而是"危害性"和"破坏性"的问题。

"新世界观"强调以"现实的人"为出发点认识世界，强调以"人的解放"为其历史使命，但这种思想是以承认自然界的先在性为前提的。它承认自然界是一个统一的有机整体，人类社会是这个整体的有机组成部分，承认自然界有其自身运动、变化的规律和法则，并对人类社会的发展具有广泛、深刻的影响和作用，即"人本身是自然界的产物，是在自己所处的环境中并且和这个环境一起发展起来的"。[2] "新世界观"把自然界看作一个整体，有其内部的平衡、发展和协调的机制和规律，而人类社会是这个有机整体中具有主观能动性且发挥着巨大作用的一部分。人在自然界具有双重地位，由于人的生存活动，自然是"人化的自然"、人是"自然化的人"，人类的活动必然要受到自然规律的制约和控制，而不能随心所欲。马克思曾深刻地指出："在工业中向来就有那个很著名的人和自然的统一，而且这种统一在每一个时代都随着工业或慢或快的发展而不断改变，就像人与自然的斗争促进其生产力在相应基础上的发展一样。"[3] 也就是说，自然与人类活动的历史是紧密联系的，非辩证地看待人与自然的关系，最后危害的可能正是人类自身。

21 世纪的中国将会是自然科学快速发展，人们对知识必然性的渴望越来越强烈的时代，同时也是人类改造自然步伐不断加快的时代，"新世界观"以"和解"、"和谐"为根本态度理解人与自然的关系，辩证看待人与自然的发展，必将为中国乃至人类研究自然界和人类社会之间的关系，合理调节人与自然之间的关系提供合理的范式，开辟广阔的发展空间。

二　"新世界观"为人科学地认识与把握人类社会的历史发展提供了理论武器

在传统"世界观哲学"中，无论是唯心主义还是旧唯物主义，往往试图通过对自然发展规律的揭示与把握而形成的理论观点，理解整体世界的发展变化，其虚构的、预设的、永恒的、静止的"本体"脱离了人的现实性，既缺乏社会历史领域的根基，更没有在社会历史发展领域得到验证，根本称不上是真正的哲学世界观。以对世界整体某个部分的理解而形成的哲学，其对象、结论无法涵盖整个世界，不可能有整体意义上的"世界观"，当然就不是"科学的世界观"。

"新世界观"以辩证思维科学地认识自然界与人类社会，是自然观、历史观、认识论的统一。它的产生使社会领域成为可以被科学地加以理解的对象，指出了人的实践活动在社会发展中的基础性作用，发现了社会历史发展的一般规律，因此，恩格斯说，"自从历史也得到唯物主义的解释以后，一条新的发展道路也在这里开辟出来了"[4]。这里所说的"道路"就是从"解释世界"向"改变世界"的革命性转变。传统"世界观哲学"都有通过对世界的认识、理解、解释，从而指导人的生存活动的意图。然而，这些哲学虽然在自然、思维等领域获得了许多真理性见解，并且对人类社会进步起到了一定的促进作用，但是由于其在社会历史领域的"功能缺陷"，缺乏对人的实践作用及人的主体地位的理解，缺乏对人的本质的理解，缺乏对人类社会发展规律的把握，一旦自然科学、社会学、心理学等具体科学在现代得到迅速发展，传统"世界观哲学"被逐出上述领域，这种哲学自身的存在就成为现实的问题。现代、后现代哲学对传统哲学的"否定"、"拒斥"、"消解"就是一个有力的证明。而"新世界观"却因为具有"唯一科学地说明历史的方法"[5]和对"改变世界"主体力量（无产阶级）的正确认识，成为人类科学地认识与把握人类社会历史发展的理论武器。

马克思"新世界观"从来都不是教条，它也没有想"教条式地预料未来"。它对资本主义社会基本规律的揭示，对人类社会未来发展的预见，都是以立足"现实"为基础的。因此恩格斯强调指出："马克思的整个世界观不是教义，而是方法。它提供的不是现成的教条，而是进一步研究的出发点和供这种研究使用的方法。"[6] 在当代，资本主义在一定程度上引进了计划经济，市场经济的发展有了更多的"国家干预"，这与马克思所处的年代大不相同。但是，在资本主义社会，生产资料私人占有制不可能从根本上改变，生产社会化和生产资料私有制的矛盾依然存在，作为社会基本经济规律的剩余价值规律仍在发挥作用，周期性的经济危机还时有发生。因此说，"新世界观"中指出的资本主义的根本缺陷和致命弱点并没有得到解决和改变，"新世界观"强调的在"批判旧世界中发现新世界"仍然是劳动主体改变自己命运的根本途径。

三 "新世界观"从人生境界的层面，为人类提供安身立命的精神家园

就人的生命而言，人生本无意义，人从生到死是一个自然的过程，而人又是独特的"存在"，并有其独特的能力，非要追问、寻找人之为人的意义，追问、寻找"意义"越广、越急、越深，则"意义"的价值也越重、越大、越明。在追问、寻找人生意义的过程中，人"必然"要确立自己对自然、社会和精神世界的总体评价体系，建构自己追究意义的框架，这就是人都有世界观的主要缘由。因此可以说，几乎所有的世界观最终都指向"人"的生存与生活，世界观与人生观是一体的。海德格尔在对康德以来"世界观"概念的演化进行分析后认为，"从提到的这些世界观的形式和可能性可以清楚地看到，它不仅被理解为对自然物之关联体的把握，而且同时被理解为对人的此在的意义与目的，因而也是对历史的意义与目的的解说。世界观向来在自身中包含了人生观"。[7]

世界观内含人生观则意味着人生的意义可以从"境界"层面在世界观

中得到确定。也就是说人有了世界观，只是向人生有"意义"的生活迈出了"第一步"。只有确立与现实生活紧密相联的系统化、科学化的世界观，生活的"意义"才会有坚实的理论基础和现实指导，人生的"意义"才是真正"可问"、"可答"、"可追"的意义，才能起到"升华人性，给人世开创新的空间、把人生带进新的境界、为生活增添新的意义"[8]的精神家园作用。正是从这个意义上讲，"新世界观"既直面人的现实生活，正视历史发展的现实过程，又对资本主义社会现实进行道德控诉，尤其是对现实生活中无产者的恶劣生存状况和悲惨现实展开理论批判，表达出对人类价值理想的终极关切和对人生价值与意义的全新回答。因此可以说，"新世界观"能够为人类提供安身立命的精神家园。

从当前中国的现实来看，中国正在进行的社会主义市场经济建设的伟大实践，实现了经济的跨越式发展，创造了令世界瞩目和赞叹的"中国模式"，这无疑是实现富民强国的重大举措，也是实现中华民族伟大复兴的必由之路。但不容忽视的是，在经济社会发展进程中，经济的发展与人文精神的建设出现巨大反差，突出表现在人对精神境界的漠视和迷茫。这又使人沦落为马克思一直批判并力求改变的"物"的奴隶，即"人对物的依赖性"的危险，进而危及中国改革开放与社会主义现代化的顺利进行。因此笔者认为，"新世界观"在人生价值与意义上的承诺和回答，对个人利益与社会利益统一的理解，从而实现人与社会的共同发展，最终实现人的自由全面发展的根本目标，是解决这一问题的"良药"。

四 "新世界观"颠覆了西方形而上学的基本建制，划清了与西方现代哲学的界限

西方传统"世界观哲学"就其起源和演进的逻辑来看，其基本旨趣就是确立形而上学的本体论框架，并试图通过预设的本体解释现实世界存在与变化的原因。因此可以说，形而上学的本体论的思维方式从根本上讲是停留在

人的意识范围之内带有神秘主义色彩的话语结构,"整个现实世界都淹没在抽象世界之中,即淹没在逻辑范畴的世界之中"[9]。马克思的"新世界观"认为,脱离人的生存实践活动、脱离一切社会关系,抽象地、形而上学地谈论和追溯世界的本体是毫无意义的。"新世界观"思考的"世界"是变化的、生成的、发展的现实生活世界(属人世界),而不是内在于人的意识之中的抽象的思辨的神秘的"精神世界"。它是要在人的现实世界中确认人的生存与发展的方式、根据和发展规律,以实现西方哲学一直以来所希望实现的对世界的真实把握。这样一来,马克思的"新世界观"就摆脱了传统本体论思维的束缚,赋予了"世界观"现实性、历史性、科学性的理论品格。

黑格尔之后的西方现代哲学也认识到形而上学的本体论思维的弊端并对其采取"批判"、"拒斥"和"消解"的态度,尝试在新的基础上构建各自不同的哲学理论,特别是自觉地回归生活世界、关注当下的人、关注人类生存问题,从而对人、世界及两者之间的关系给出各种各样的答案,并出现了科学主义和人本主义两大思潮。其中最有代表性的是以海德格尔、萨特为代表的存在主义和以维特根斯坦、卡尔纳普等为代表的逻辑经验主义的哲学观点。然而,这些西方现代哲学观点大多数是激烈抨击了传统哲学的形而上学倾向,却往往把哲学对真理、理想等的形而上的追求与近代哲学将这种追求思辨化、绝对化相混淆,对之进行了简单的批判与否定。他们在"批判"、"拒斥"和"消解""形而上学"的同时,自己又以新的理论形态去辩护、构建某种新的"形而上学"。他们对传统哲学的理性独断主义和绝对主义做了深刻的揭露和批判,却又因忽视排斥理性的作用而走向另一极端,也就是走向了某种形式的相对主义和非理性主义。他们揭示了主客二元对立的弊病,强调发挥人的能动性和创造性,然而却走向了无视客观实际的主观主义。比如,非理性主义哲学家尼采将世界看作是"强力意志"的永恒轮回的世界,将世界上的一切都看作是非理性的存在。而他所强调的非理性的"强力意志"从本质上讲与理性一样,仍属于人的精神世界的范畴;胡塞尔在其"现象学"大谈人的"生活世界",却因为排斥作为具体生物的人及其生活世界,始终不能从"纯粹意识"中挣脱出来,这导致其所谓的"生活世界"只能是意识中的世界；维特根斯坦的分析哲学强调通过对"语言"的分析重新界定人与世界及人与人的关系，然而他所说的人与世界及人与人的关系仍旧是一种抽象的关系。

总之，现代西方哲学仍旧没有完全走出人的精神世界，就其对传统"世界观哲学"的超越而言，"西方现代哲学对近代哲学的超越有很大局限性。就各个具体的哲学流派说，往往只是在某些方面或环节上有一定程度的超越，在其他方面则可能仍然徘徊于传统哲学的框架之中"[10]。而就"新世界观"来说，"马克思的实践纲领及其意义恰恰在于颠覆整个形而上学，而此一颠覆的核心恰恰在于洞穿并瓦解现代形而上学的基本建制"。[11]由于"新世界观"特别强调历史地、现实地、实践地看待人与世界的关系，因而表现出理论上的开放性与发展性。这与传统"世界观哲学"封闭于人的自我意识之中永恒地、绝对地解释世界根本不同。因此，马克思的"新世界观"才会有"本土化"、"具体化"的发展可能。中国特色社会主义理论中的"邓小平理论"、"三个代表"重要思想及"科学发展观"正是马克思"新世界观"理论在当代中国发展的结果。

参考文献

[1] 孙伯鍨、张一兵:《走进马克思》，江苏人民出版社 2001 年版，第146 页。

[2]《马克思恩格斯选集》第 3 卷，人民出版社 1995 年版，第 374—375 页。

[3][9]《马克思恩格斯选集》第 1 卷，人民出版社 1995 年版，第 76—77、139 页。

[4][6]《马克思恩格斯选集》第 4 卷，人民出版社 1995 年版，第 228、742—743 页。

[5]《列宁选集》第 1 卷上，人民出版社 1995 年版，第 13 页。

[7] 海德格尔:《现象学之基本问题》，丁耘译，上海译文出版社 2008 年版，

第6页。

[8] 高清海:《哲学的憧憬》,吉林大学出版社1995年版,第30页。

[10] 刘放桐:《新编现代西方哲学》,人民出版社2000年版,第35页。

[11] 吴晓明:《形而上学的没落》,人民出版社2006年版,第539页。

论以人为本思想与社会主义和谐社会的构建*

[摘要] 以人为本是科学发展观的核心和本质，是人获得和谐发展的前提和条件，也是构建社会主义和谐社会的根本前提；以人为本思想是建设社会主义和谐社会的指导思想；构建社会主义和谐社会要坚持以人为本，大力推进制度创新。

[关键词] 以人为本；和谐社会；社会主义和谐社会

中国共产党在 21 世纪初提出构建社会主义和谐社会和科学发展观，既适应了中国改革发展进入关键时期的客观要求，又体现了广大人民群众的根本利益和共同愿望。以人为本是科学发展观的核心和本质，是人获得和谐发展的前提和条件。它要求社会尊重人的权利，提高人的素质，改善人的生活质量，优化人的发展环境，妥善处理人与人之间的、各类群体之间的社会关系。以人为本就是要求社会更加和谐、更加有利于实现人的全面发展的目标。所有这一切都充分显示，中国正在坚定地向人回归，走进以人为本的新时代。从理论层面揭示构建和谐社会与以人为本思想之间的密切联系，是当前理论研究的重大课题。

一 和谐社会的历史溯源与当代发展

和谐是指事物协调、均衡、有序的发展状态。社会和谐是指社会共同

* 该文发表在《社会科学辑刊》2006 年第 2 期。被评为马克思主义中国化成果理论研讨会论文三等奖。（辽宁省委宣传部）

体内各种要素处于相互依存、相互协调、相互促进的状态。实现社会和谐是古往今来人们不断追求的理想境界，也是人们向往的美好生活状态。在中国古代，和谐社会就是一种理想的大同社会。孔子所言的"致中和"、道家主张的"合异以为同"、董仲舒宣扬的"天人之际，合而为一"、张载的"天人合一"等思想充分表明，追求社会和谐是中华民族的理想。在西方，早在古希腊，就有人把和谐作为美的重要特征。如新毕达哥拉斯学派的哲学家柯玛赫在其《数学》中提出：美是和谐的比例。柏拉图的《理想国》里，国家是放大的个人，个人是缩小的国家。在理想国内，各个阶层的人应该如同人的灵魂的各个部分的器官，各司其职，协调和谐。19世纪德国哲学家黑格尔则说，各因素的协调一致就是和谐。19世纪空想社会主义者傅立叶曾天才般地预言：不合理不公正的现存制度和现存社会，终将被新的和谐制度、和谐社会所取代。魏特林则直接把资本主义称为"病态社会"，把社会主义称为"和谐与自由的社会"，并且指出，新社会的"和谐"不是"个人的和谐"，而是"全体和谐"。这一思想得到马克思的高度称赞，并在一定意义上给马克思以启发。马克思把共产主义定义为"人和自然界之间、人和人之间的矛盾的真正解决"。恩格斯也把共产主义称为"人类同自然的和解以及人类本身的和解"。可见，"构建社会主义和谐社会"作为中国共产党的执政能力的重要方面，既具有深刻的思想史根源，也符合人类共同发展的意向。

"社会主义和谐社会"是一种以社会主义制度为基础的和谐社会。它应当是全体人民各尽所能、充满创造活力的社会，是全体人民各得其所和利益关系得到有效协调的社会，是社会管理体制不断健全的社会，是稳定有序的社会。胡锦涛从六个方面归纳出社会主义和谐社会的基本特征，这就是"民主法治、公平正义、诚信友爱、充满活力、安定有序、人与自然和谐相处"。这六个方面全面体现了社会主义和谐社会的本质，也体现了构建社会主义和谐社会的目标指向。具体而言，民主法治，就是社会主义民主得到充分发扬，依法治国基本方略得到切实落实，各方面积极因素得到广泛调动；公平正义，就是社会各方面的利益得到妥善协调，人民内部矛盾和其他社会矛盾得到正确处理，社会公平和正义得到切实维护和实现；诚信友爱，就是全社会互相帮助、诚实守信，全体人民平等友爱、融洽相处；充满活力，就是能够使一切有利于社会进步的创造愿望得到尊重，创造活动得到支持，创造才能得到发挥，创造成果得到肯定；安定有序，就是社会组织机制健全，社会管理完善，社会秩序良好，人民群众安居乐业，社会保持安定团结；人与自然和谐相处，就是生产发展，生活富裕，生态良好。社会活力是和谐社会的基础条件，公平正义，是和谐社会的关键环节，而民主法治、诚信友爱、安定有序、人与自然和谐相处则是和谐社会的核心内容，这六个特征是衡量一个社会是否真正和谐的标尺，也是我们当前构建和谐社会的努力方向。

二　以人为本思想发展的历史基础与科学内涵

在我国历史文化中，一直没有形成完整的人本主义思想。原始时期的图腾崇拜，表明人的自我认知幼稚而渺小。古代天人合一思想的提出，虽然提升了人的地位，但并没有从根本上改变人的附属性质。几千年的封建统治，更是进一步强化了人的从属地位，只不过是形式上由早期的虚构的天神演变为以天神化身出现的统治者。直到 20 世纪初期，新文化运动的爆发和孙中山先生"三民主义"的提出，我国历史上才第一次真正出现了带有人文主义色彩的思想解放运动。只是由于半殖民地半封建的社会现实的制约，这一思想解放运动并不彻底，不仅没能把中国引入资本主义的发展轨道，就是在思想上也没能建立起堪与封建道德观念相抗衡的新道德观，但是这次思想解放运动仍然具有极其重要的意义，它毕竟动摇了长期禁锢人们思想的封建樊篱，从此"民主"、"共和"开始深入人心，首先在政治上为打破封建道德体系撕开了缺口。

以人为本思想的萌芽可以追溯到欧洲文艺复兴时期。中世纪的欧洲，为了反击宗教神学的统治，兴起了以人与自然的世俗文化为研究对象的人文主义思潮。人文主义思潮的兴起，冲破了以神学为代表的宗教保守势力对人的思想禁锢，使人们开始重新认识人在世界上的地位，关注现世人生，改变生存条件，成为人们追求的目标。资产阶级登上历史舞台以后，人文主义所倡导的人性论和人道主义成为贯穿资产阶级文化的一种基本精神，人文主义的发展带有阶段性和局限性。

马克思继承了欧洲近代以来人文主义和人道主义的优秀思想遗产，并把对人的价值和全面发展的伟大理想置于由他实现了的哲学革命变革的基础之上。马克思科学的人学思想为现时代以人为本的理念提供了不竭的思想源泉，是社会主义转向关注人的生存和价值的不朽的精神动力和理论根基。

"以人为本"的"人"是指现实存在于社会主义社会中的所有社会成员，其主体是人民，人民是社会主义国家的主人，人民，只有人民才是创造历史、建设中国特色社会主义的伟大动力。"本"就是根本。"以人为本"就是把人民的利益放在首位，人民的生存、享受、发展，是中国特色社会主义事业全部工作的出发点、目的和衡量标准。具体说来，"以人为本"具有三方面的含义：（1）"以人为本"是一种对人在社会历史发展中的主体作用与目的地位的肯定。它既强调人在社会历史发展中的主体地位和目的地位，又强调人在社会历史发展中的主体作用。（2）就当前中国来讲，"以人为本"是一种立足于解放人与为了人并实现人的现代化的价值取向。完整地讲，即在人与自然的关系上，"以人为本"就是提高人的生活质量；在人与社会的关系上，"以人为本"就是促进人的全面发展，尊重和关怀人性发展的要求，使发展成果惠及全体人民；在人与人的关系上，"以人为本"就是强调公正，就是关注弱势群体；在人与自身的关系上，"以人为本"就是尊重人的合法权利，尊重人的能力差异，尊重人的个性，尊重人的独立人格，不断满足人的基本需求。（3）"以人为本"是一种思维方式。就是对人的主体地位、目的地位与主体作用的肯定，把尊重人、解放人、依靠人、为了人和塑造人的价值取向落实到社会实践中，要求人们在分析、思考和解决一切问题时，要确立起人（或人性化）的尺度，实行人性化服务。

三　在以人为本思想指导下的社会主义和谐社会构建

以胡锦涛为总书记的新的党中央领导集体明确提出："坚持以人为本，树立全面、协调、可持续的发展观，促进经济社会和人的全面发展。"以人为本思想与构建社会主义和谐社会密切联系，是建设社会主义和谐社会的指导思想。

1. 以人为本是科学发展观的核心内容，也是构建社会主义和谐社会的根本前提

以人为本是科学发展观的核心和本质。以人为本的发展观，就是在社会发展中要以满足人的需要，提高人的素质，促进人的发展为核心内容和终极目标，要把人们对物质、精神、文化的需求和自身发展的实现程度作为衡量社会进步的根本标准。具体地说，就是要一切从人民的利益和要求出发，在经济发展的基础上，不断提高人民群众的物质文化生活和健康水平。不仅要满足人的生存的需要，还要满足安全、享受和发展的需要；不仅要满足物质生活需要，还要满足精神文化的需要。

以人为本，就是突出人是社会的核心和主体，而构建社会主义和谐社会从根本上讲就是围绕人这一核心和主体处理好政治、经济、文化等各个方面的关系，保证政治、经济、文化以及环境等各个层次结构中各个要素之间的协调和发展。这就要求要保障人民的政治、经济和文化权利，尊重和保障人权，支持人民当家做主，扩大公民有序的政治参与，保障人民在教育、就业、收入、财产和发明创造等方面的合法权益；这就要尊重劳动、尊重知识、尊重人才、尊重创造，充分发挥人的聪明才智，创造有利于人们平等竞争、全面发展的环境和条件，营造鼓励人们干事业，支持人们干成事业的社会氛围；这就要加强社会主义思想道德建设，发展教育和文化事业，建设学习型社会，不断提高人们的思想道德素质、科学文化素质和健康素质。因此，以人为本是构建社会主义和谐社会的主体内容，没有以

人为本这一理念，就无法成功构建社会主义和谐社会。

2. 以人为本是构建社会主义和谐社会的指导思想

社会主义和谐社会首先包含着人与自然之间关系的和谐发展。工业文明的发展，以生产力的一定发达程度为物质基础。表现为以高消耗、高污染、粗放型经济增长为特征的社会生产力水平给自然带来巨大的反作用，造成人与自然矛盾的尖锐紧张，可持续发展的价值诉求必然要求我们既关心人，也关注自然，实现人与自然的携手。人与人之间关系的和谐发展，是指人们之间没有根本的利益冲突，能够各尽其能地劳动，各得其所地生活，人的差异性得到尊重，个人获得充分自由的发展空间。人与社会的和谐，是个人的自由与社会的认同、社会的需要相适应，个人发展和社会发展方向协调一致。以人为本的政治和谐，是构成政治系统的内部各个要素保持和谐的关系。以人为本的经济和谐，是影响社会经济系统的全部因素得到有效的控制和配置，保障经济的持续、快速和稳定发展。以人为本的文化和谐，是在牢牢把握先进文化主旋律的前提下，提倡文化的多样性，实现传统文化与现代文化、本土文化与外来文化的和谐相处。构建社会主义和谐社会，最根本的是坚持以人为本，注重人的全面发展，最终目的就是让人民群众心情舒畅，生活幸福，切实维护好最广大人民的根本利益。构建和谐社会是一个动态而非静态，相对而非绝对的过程。

3. 构建社会主义和谐社会要坚持"以人为本"，大力推进制度创新

制度创新是推动社会发展的强大动力。一个国家若想国力强盛，它的制度就必须鼓励和保证充分发挥大多数人的创造潜能与创新能力。由此，以人为本的发展理念的实现，根本上还要从制度、体制和机制上入手。（1）通过确立一种使优秀人才脱颖而出的选人用人制度推进以人为本。改革和完善选人用人制度，在全社会范围内真正建立一种能使人的素质得到全面提高并确保那些凭能力做好工作而且有业绩的优秀人才脱颖而出的制度。（2）通过确立一种按能力贡献大小进行分配的制度体现以人为本。建立一个能使每个人"各尽所能"的激励机制，既把人的能力及其贡献作为分配的根据和尺度，又进一步促使一切社会成员尽可能全面正确发挥其全

部能力。（3）在教育制度创新方面，通过实施素质教育体现以人为本。在我国现阶段，推进素质教育，就意味着要不断进行教育创新，通过教育创新，"努力创造有利于创新人才成长的良好教育环境和社会环境，使每一个受教育者能充分发挥自身潜能，激发学习成长的主动性，实现全面发展"[1]。（4）在管理体制创新中，以人为本，为民服务。改革开放后，大量"单位人"向"社会人"，特别是"社区人"转变，大量与公民相关的社会公共事务要由社会各种组织来承担。因此，要按照以人为本的要求，通过积极培育各类社会组织，加强和改进对各类社会组织的管理和监督，完善社会化网络，努力形成社会管理和社会服务的合力，建立健全各种社会保障机制，不断满足人们日益增长的物质、文化需求。

参考文献

[1] 江泽民:《实施科教兴国战略　大力推进教育创新》,《中国教育报》2002 年 9 月 8 日。

论马克思主义人的发展理论的当代发展*

[摘要] 人的发展理论是马克思主义学说的重要组成部分，以人为本思想的提出是马克思主义关于人的发展理论在当代中国的新发展，是构建社会主义和谐社会的指导思想。

[关键词] 马克思主义；人的发展理论；当代发展

19 世纪中叶以后诞生的马克思主义人学，实现了人学理论发展史上的革命变革。马克思对人的发展的历史过程的考察不同于以往一切旧哲学家的根本之处就在于，他从现实的、历史的个人出发，把人的发展看作是处于社会历史发展过程中的动态的发展。

马克思主义认为，人的发展就是人的本质力量不断实现的过程，也就是在一定社会关系下人的自由自觉的创造活动的发展过程。马克思讲人的发展，主要包括三个方面的内容：一是人的个性，即人的自我意识的发展。作为独立的人，他必须是自身的主体，他的意志能够支配自己的生命活动，选择自己的命运，负责自己的行为，即自己成为自己的主人；二是人的本质力量，即人的能力的发展。在马克思关于人的发展的论述中，能力的发展一直处于核心地位。人的能力是人的本质力量的体现。人的诸方面能力的发展，是指人所从事各种创造性活动的全部才能和力量，是指人的能力发展的普遍性和全面性；三是人的生存和发展的基础——社会关系的丰富。人的发展离不开社会关系。实践本身就是社会性的活动，内在地包含了社会关系。人们在生产活动和交往活动不断发展的基础上，创造着日益丰富

---

* 该文发表在《社会科学辑刊》2007 年第 1 期。

的社会关系。这种社会关系反过来制约人、塑造人，人也获得多方面的社会规定性。正如马克思所指出的："个人的全面性不是想象或设想的全面性，而是它的现实关系或观念关系的全面性。"[1]

人的发展是人类所追求的理想目标，而这一目标的实现程度又同一定的社会经济条件相联系，因此，马克思总是将人和人的发展放到特定的社会历史过程中加以考察。马克思把人类社会发展的历史理解为人自身发展的历史，提出了人的发展的三形态理论："人的依赖关系（起初完全是自然发生的），是最初的社会形态，在这种形态下，人的生产能力只是在狭窄的范围内和孤立的地点上发展着。以物的依赖性为基础的人的独立性，是第二大形态，在这种形态下，才形成普遍的社会物质交换，全面的关系，多方面的需求以及全面的能力的体系。建立在个人全面发展和他们共同的社会生产能力成为他们的社会财富这一基础上的自由个性，是第三个阶段。第二个阶段为第三个阶段创造条件。"[2] 这种划分也可以说是依据生产力发展水平划分的，人的发展、生产力的发展和社会发展具有内在的一致性。

马克思主义认为人的发展的目标应是人的自由全面发展。主要包括人的需要和劳动能力的全面发展；人的社会关系的全面丰富；人的自由个性的全面发展。人的需要和能力的发展、人们社会关系的丰富、人的个性的发展之间是相互联系、渗透、制约着的，并在劳动实践中内在地统一起来。

马克思恩格斯从两个方面深入探讨了人的自由全面发展的前提条件：一是从社会方面，探索社会利用条件的方式。人的自由全面发展的社会客观历史条件主要有：大力发展生产力，消灭不合理的旧式分工；丰富人的社会关系。二是从作为主体的人这一方面，探索个人利用社会客观条件的方式。人的自由全面发展与人的内部主观条件即人利用客观条件的程度和方式有关。内部主观条件的作用在于，它把外部客观条件的可能性作用变成现实的作用。人的自由全面发展由自身可能性变为现实性，在更大程度上取决于主体自身的条件，即主体意识和主体能力。此外，马克思和恩格斯还提出，教育与生产劳动相结合是培养人的自由全面发展的根本途径。

在新的实践中，列宁、毛泽东、邓小平、江泽民对马克思主义人的发展理论进行了继承和发展。毛泽东、邓小平等社会主义国家领导人从时代特点和本国国情出发，坚持和发展马克思主义关于人的发展理论，并且按照全面发展的人的标准和方向，培养社会主义的一代新人，为促进人的发展和社会的全面进步而努力奋斗。以江泽民为核心的第三代领导集体对人的发展理论做出了新的贡献。尤其是中共十六大报告把"促进人的全面发展"列入全面建设小康社会的目标之中。

中共十六届三中全会公报明确提出要"坚持以人为本，树立全面、协调、可持续的发展观，促进经济社会和人的全面发展"，这是对社会发展理论的重大创新。同时，这也是党在中央正式文件中第一次使用"以人为本"的概念，并第一次把人的发展放到了与经济社会发展并列的重要位置。胡锦涛指出："坚持以人为本，全面、协调、可持续的发展观，是我们以邓小平理论和三个代表重要思想为指导，在建设中国特色社会主义新的实践中进一步得出的重要结论。强调要科学认识和正确把握以经济建设为中心和全面发展的辩证关系。"[3]"以人为本"思想的提出，是对马克思主义关于人的发展理论的进一步发展，反映了我国经济社会发展的迫切要求，是当前我国构建社会主义和谐社会的指导思想。

以人为本，着眼于新的形势和任务，科学地回答了发展的目的问题，即发展是为了实现社会的全面进步和人的全面发展。"以人为本"的"人"是指现实存在于社会主义社会中的所有社会成员，其主体是人民。在这里使用"以人为本"一词主要是与中国历史上出现的民本思想相区分。我国古代的民本思想反映了一些开明的思想家、政治家和封建君主在一定程度上对民众疾苦的体察和对群众力量的认识，但其实质是维护封建君主专制统治的。这与我们现在所讲的以人民为本思想的价值取向相去甚远。以人为本的核心是以人民为本。中国共产党在执政党的政治实践中落实"以人为本"思想主要就是"以人民为本"。这是对人民群众是历史创造者这一原理的实践运用，也是与中国共产党全心全意为人民服务的宗旨相一致的。

以人为本与和谐社会这两个概念，是在全面建设小康社会的过程中提出的联系密切的概念。以人为本是科学发展观的核心，强调人是发展的动力，人是发展的目的，人是发展的标志，社会发展的最终目标是促进人的全面发展；而和谐社会则是强调全体人民各尽其能、各得其所、和谐相处，其最终目的也是实现人的全面发展。以人为本与和谐社会在本质上是一致的，以人为本是社会发展的指导思想，和谐社会是发展的目标。以人为本是和谐社会的前提，和谐社会是以人为本的保证。只有坚持以人为本的科学发展观，才能真正构建起社会主义和谐社会；同样，只有构建起和谐社会，才能更好地保证人的全面发展的目标实现。可以说，和谐社会就是以人为本的社会。二者都统一于全面建设小康社会的奋斗目标之中，统一于促进人的全面发展和人类彻底解放的历史进程之中。

（1）坚持以人为本，全面贯彻尊重劳动、尊重知识、尊重人才、尊重创造的方针，不断增强全社会的创造活力。社会主义事业是亿万人民的事业。只有最广泛最充分地调动一切积极因素，焕发全社会的创造活力，才能不断为中国特色社会主义事业和中华民族的伟大复兴增添新的力量。人民群众是我们党的力量源泉和胜利之本。提高党对人民群众的影响力和感召力，对于巩固党的群众基础，最广泛最充分地调动一切积极因素，促进社会主义和谐社会的构建，具有决定性的意义。

（2）必须在全社会大力提倡团结互助、扶贫济困的道德风尚，营造平等友爱、融洽和谐的人际关系环境。社会主义和谐社会应是人与自然、人与社会、人与人之间和谐相处的社会，其中最重要的是人与人之间的和谐相处。要营造良好的人际关系环境，执政党必须始终贯彻以民为先、以人为本的施政理念，实实在在地为群众办好事、办实事，牢记"群众利益无小事"。

（3）坚持以人为本，正确处理人民内部矛盾，是构建社会主义和谐社会的必然要求。人民是社会发展的主要推动力量，是社会主义国家的主人。构建和谐社会必须坚持以人为本，始终把最广大人民的根本利益作为党和政府工作的根本出发点和落脚点，在经济发展的基础上不断满足人民群众日益增长的物质文化需要，促进人的全面发展；尊重人民群众的创造精神，通过深化改革、创新体制，调动一切积极因素，激发全社会的创造活力，促进各个阶层为社会主义建设多做贡献；在肯定每个人为社会所做出的贡献的前提条件下，承认他们的价值与收益，还要协调他们的利益冲突。对人民内部矛盾，要从切实维护人民利益着手，千方百计地急群众之所急、想群众之所想，真心实意地为群众排忧解难，使群众的困难和问题得到满意的解决，增强他们对党和政府的理解和信任。只有这样，才能形成安定团结的社会局面，才能为构建和谐社会提供稳定的社会环境。

参考文献

[1]《马克思恩格斯全集》第46卷（下），人民出版社1979年版，第36页。

[2]《马克思恩格斯全集》第46卷（上），人民出版社1979年版，第104页。

[3] 胡锦涛:《牢固树立认真落实科学发展观　进一步实施好西部大开发战略》,《人民日报》2004年3月6日。

后 记

　　本书是在我的博士论文的基础上修改而成的。论文付梓之际，三年前博士求学的场景又历历在目。2007 年，我 36 岁，评上教授的同时，我收到了博士录取通知书，成为了辽宁大学哲学与公共管理学院首届马克思主义哲学专业博士生，新的起点，新的征程。

　　三年的博士学习期间，最要感谢我的导师陆杰荣教授，论文从选题的论证、框架的构建到最后修改定稿，数易其稿，都是在老师的悉心指导和不断鞭策下完成的。在求学期间，导师严谨的治学风范、开阔的学术视野、豁达淡定的做人品格，深深地感染、启迪着我！感谢恩师的诲人不倦使我能够顺利完成学业；感谢恩师指引我在哲学的殿堂里遨游，使我在喧嚣的尘世中仍然存有一方净土任思想自由碰撞、激荡，我的人生因哲学而不再"漂泊"，变得更加有意义。

　　在论文开题和预答辩过程中，辽宁大学哲学与公共管理学院导师组的邵晓光教授、王国坛教授和郭忠义教授在百忙之中对我的论文提出了宝贵而中肯的修改建议，同时，何琳教授和王国富教授也对我的论文写作给予了很大帮助，在这里一并向他们表示深深的谢意！辽宁大学哲学与公共管理学院是个学术氛围浓厚、师生其乐融融的暖暖大家庭，三年的学习时光稍纵即逝，而绵绵的师生情谊永相随。

　　感谢我的家人对于我学业和工作的理解、支持和鼓励！是他们涓涓的爱意和无私的奉献让我勇于面对学习与生活中的各种挑战和困难，最终顺利完成学业。

　　本书的顺利出版，还要感谢中国社会科学出版社的冯春凤编辑的热情帮助和辛勤劳作。

  论文在写作过程中，学习、引用和借鉴了国内外一些专家学者的研究成果，他们的真知灼见使我深受启发。在注释和参考文献中力图详细标注，但难免会有疏漏，这里也特别向他们深表感激与歉意！

  "路漫漫其修远兮，吾将上下而求索"！论文虽然完稿，但对该问题的研究还需要继续深入。由于自己的时间和水平有限，在写作过程中，虽然付出了很多心血，论文仍难免纰漏之处，尤其是随着时间的推移，学术界关于此方面问题的研究又有了更深层次的探索，敬请学术前辈与学界同人不吝赐教！

陈丽杰
2013 年 9 月于辽宁鞍山